# 养老机构事务管理

主 编 张炜玮 周淑英
参 编 陈中建 王 琼

北京理工大学出版社
BEIJING INSTITUTE OF TECHNOLOGY PRESS

版权专有　侵权必究

### 图书在版编目(CIP)数据

养老机构事务管理 / 张炜玮, 周淑英主编. -- 北京：北京理工大学出版社, 2021.11
ISBN 978-7-5763-0687-3

Ⅰ. ①养… Ⅱ. ①张… ②周… Ⅲ. ①养老院 - 经营管理 - 研究 - 中国 Ⅳ. ①D669.6

中国版本图书馆 CIP 数据核字(2021)第 232272 号

| | |
|---|---|
| 出版发行 / | 北京理工大学出版社有限责任公司 |
| 社　　址 / | 北京市海淀区中关村南大街 5 号 |
| 邮　　编 / | 100081 |
| 电　　话 / | (010) 68914775（总编室） |
| | (010) 82562903（教材售后服务热线） |
| | (010) 68944723（其他图书服务热线） |
| 网　　址 / | http：//www.bitpress.com.cn |
| 经　　销 / | 全国各地新华书店 |
| 印　　刷 / | 定州市新华印刷有限公司 |
| 开　　本 / | 787 毫米 × 1092 毫米　1/16 |
| 印　　张 / | 15 |
| 字　　数 / | 356 千字 |
| 版　　次 / | 2021 年 11 月第 1 版　2021 年 11 月第 1 次印刷 |
| 定　　价 / | 40.00 元 |

责任编辑 / 徐艳君
文案编辑 / 徐艳君
责任校对 / 周瑞红
责任印制 / 边心超

图书出现印装质量问题，请拨打售后服务热线，本社负责调换

# 序

我国在1999年已步入人口老龄化社会。进入21世纪以来，随着老龄化进程的不断加快，老龄人口的不断增长，我国正在经历着世界历史上规模最大、速度最快的老龄化进程。2019年1月，国家统计局发布的人口数据显示，我国60岁以上的老年人口达到2.495亿，占总人口的17.9%。根据人口惯性规律，我国老年人口规模在2025年将超过3亿。可以说，人口老龄化已日益成为影响我国未来发展的重要社会问题，养老形势异常严峻。

人口老龄化是在社会发展的大背景下出现的不可避免的社会事实。解决好社会人口老龄化及养老问题是体现社会文明与科技进步的重要标志。大力发展养老服务业，不仅能够很好地解决人口老龄化带来的社会问题，还可以提高养老服务业对经济社会发展的贡献率。实现养老服务高质量和经济社会高质量发展的良性互动与协同共进，应该是每个文明社会不懈追求的目标。

经过多年的发展，我国以"居家为基础、社区为依托、机构为补充、医养相结合"的养老服务体系已经形成，中国特色的养老服务制度已基本建立，养老服务质量得到不断提升，成绩显著。但我们也必须看到，养老服务仍存在弱项和短板，与社会期望和需求仍有距离，特别是在机构养老服务方面。截至2019年6月底，全国各类养老服务机构2.99万个，这些服务机构在为我国失能、半失能、困难和特困老年人服务方面发挥了很大作用。但总体而言，这些服务机构仍存在服务供给不足、队伍建设滞后和运营管理专业化程度偏低等问题，这些问题直接制约了养老产业的健康发展。

养老机构的运营管理是一门科学，需要进行系统的专业学习。在这样的背景下，由北京理工大学出版社组织编写的老年服务与管理专业教材《养老机构事务管理》，旨在以教材推进课程建设和专业建设，提高老年服务与管理人才培养质量，更好地服务于我国养老事业的发展。

在编写指导思想上，以培养应用型养老服务与管理人才为目标，基于"项目导向、任务驱动、教学做一体"的思路，以项目为单元组织教学内容，以任务引领学习，以案例为载体，注重培养学生的理论认知与实践能力。

在编写形式上，本书应用规范的编写体例，采用项目导向、任务驱动、案例导入的模式，紧密结合实践内容，穿插灵活的模块，实用性强，能较好地激发学生的学习兴趣。

　　在编写内容上，本书较好地适应了养老产业的发展和养老机构运营与管理的需要，从养老机构的选址、设计、建设、运营策划、各项服务、风险预防及质量管理等方面，在借鉴国内外养老机构管理经验的基础上，结合国家最新政策法规，进行了系统的介绍。本书理论体系完善，操作指导性强，不仅适用于养老服务专业的教学，还适合养老机构的研究者、投资者、经营者、管理者和护理服务人员参考使用，是一本养老服务领域的实用工具用书。

　　编写本书的作者，既有养老服务理论的研究者，又有养老机构的运营管理者，他们深怀对养老问题的忧虑，心系天下老年人的福祉，把自己对养老事业的热爱倾注到字里行间。希望本书能为我国的养老事业贡献一份力量。

常东阳

# 前言

随着我国社会老龄化的加剧,养老服务需求快速增加,养老服务产业快速发展,但同时也面临着服务供给不足和专业化水平不高的现实问题。养老机构在我国养老服务体系中具有重要作用,我国养老机构的服务水平和能力虽然在不断提高,但和发达国家相比还有较大差距,与我国快速增长的高水平需求相比任务仍十分繁重。养老机构的经营管理水平不仅决定着养老机构的服务能力和水平,还直接影响着养老机构的生存与发展,重视养老机构的经营与管理极为重要,快速提高养老机构的经营与管理水平十分迫切。在此背景下,我们怀着对养老事业的热爱,组织编写了这本书。

本书依据最新的国家政策法规,参考大量文献资料,以培养应用型养老服务与管理人才为目标,对养老机构事务管理理论进行了系统阐述。

全书的理论体系由两个单元,共七个项目组成。第一单元养老机构的运营策划事务,从养老机构的选址立项、设计建设、市场定位、盈利模式、品牌营销、组织架构及人力资源管理等方面进行了系统的阐述,该单元的内容是养老机构事务运营管理的前提;第二单元养老机构的运营管理,从养老机构的行政管理、风险管理、财务管理、健康管理等方面对养老机构的主要管理内容进行了系统讲述,重点介绍了养老机构运营管理的主要途径和方法,这是养老机构"软实力"的体现,也是实现养老机构有效运营与管理的核心内容。

本书的编写人员分工如下:项目一由陈中建编写;项目二、三、六由张炜玮编写;项目四、五由周淑英编写;项目七由王琼编写。张莉、曹红玲、李文琦、魏文参与了书稿的前期策划和整理。

本书的编写团队中既有来自职业院校多年从事职业教育的研究者,也有多年从事养老机构运营与管理的高级管理人员。在编写过程中,他们深入养老机构内部,与养老机构管理人员、护理人员、老年人以及老年人家属进行深入沟通,了解养老机构现状以及存在的问题,从行业政策理论、行业管理、投资人、开发商、运营商、使用者、旁观者等多种角度思考,审视本书的科学性和可操作性,使本书的理论性与实践性相结合、现实性与前瞻性相结合,不仅满足养老服务与管理专业教学需要,还适合养老机构研究者、投资者、管理者、服务者等养老产业热爱者学习使用,是一本养老领域的实用工具用书。

  本书在编写过程中,既学习了各位专家学者之长,也参考了部分网络资料,限于篇幅没有完全标注,在此向各位作者表达诚挚的谢意!

  本书的编写得到了各编者所在单位的大力支持,也得到了北京理工大学出版社领导、编辑和该项目负责人的专业指导和帮助,在此表示衷心的感谢!

  由于时间紧迫,编者能力和水平有限,书中错误及疏漏在所难免,恳请使用本书的师生和读者多提宝贵意见。

编 者

2020 年 4 月 12 日

# 目　录

## 第一单元　养老机构的运营策划事务

**项目一　养老机构的筹建与开业** ………………………………………………………… 3
　任务一　养老机构项目的立项 ………………………………………………………… 5
　任务二　养老机构项目的设计与建设 ………………………………………………… 12
　任务三　养老机构的开业 ……………………………………………………………… 28

**项目二　养老机构的运营策划** …………………………………………………………… 34
　任务一　养老机构的市场定位 ………………………………………………………… 36
　任务二　养老机构的品牌建设 ………………………………………………………… 44
　任务三　养老机构的商业模式 ………………………………………………………… 52
　任务四　养老机构的营销推广 ………………………………………………………… 62
　任务五　养老机构的效益评估 ………………………………………………………… 68

**项目三　养老机构的组织管理** …………………………………………………………… 77
　任务一　养老机构的组织结构设计 …………………………………………………… 79
　任务二　养老机构的岗位设置与人员配置 …………………………………………… 87
　任务三　养老机构的人力资源管理 …………………………………………………… 98

## 第二单元　养老机构的运营管理

**项目四　养老机构的行政管理** …………………………………………………………… 113
　任务一　养老机构的公共关系管理 …………………………………………………… 115
　任务二　养老机构的印章管理 ………………………………………………………… 121
　任务三　养老机构的合同管理 ………………………………………………………… 126
　任务四　养老机构的日常事务督办 …………………………………………………… 144
　任务五　养老机构的制度建设 ………………………………………………………… 150

**项目五　养老机构的风险管理** ·········································································· 156
　　任务一　养老机构风险管理的基本认知 ······················································· 158
　　任务二　养老机构风险事故的诱因 ······························································ 161
　　任务三　养老机构风险管理的原则与措施 ··················································· 165
　　任务四　养老机构常见风险事故应急预案与流程 ········································ 170

**项目六　养老机构的财务管理** ·········································································· 177
　　任务一　养老机构的财务管理 ····································································· 179
　　任务二　养老机构的经费管理 ····································································· 193
　　任务三　养老机构的物品管理 ····································································· 199
　　任务四　养老机构的预算管理 ····································································· 204

**项目七　养老机构的健康管理** ·········································································· 211
　　任务一　养老机构健康管理概述 ·································································· 213
　　任务二　老年人的心理健康管理 ·································································· 215
　　任务三　老年人的康复服务 ········································································· 223
　　任务四　老年人的健康教育 ········································································· 227

**参考文献** ··········································································································· 231

# 第一单元 养老机构的运营策划事务

本单元共包括项目一养老机构的筹建与开业、项目二养老机构的运营策划、项目三养老机构的组织管理三个项目,从养老机构的选址立项、设计建设、市场定位、盈利模式、品牌营销、组织架构及人力资源管理方面进行了系统的阐述。本单元内容是养老机构运营管理的前提。

# 项目一　养老机构的筹建与开业

【知识目标】

◇ 了解养老机构筹建过程中所需要的手续
◇ 了解养老机构项目的规划选址、建筑设计、建设管理
◇ 掌握养老机构从筹建到开业的流程
◇ 掌握养老机构开业登记与备案的相关要求
◇ 熟悉养老机构开业应具备的基本条件

【能力目标】

◇ 能根据政府相关部门的要求，整理好养老机构从筹建到开业过程中所需要的资料
◇ 能根据有关文件、政策法规等确定养老机构选址及总平面布局方案
◇ 能够以合法合规的形式完成养老机构从筹建到开业的全部任务

【思维导图】

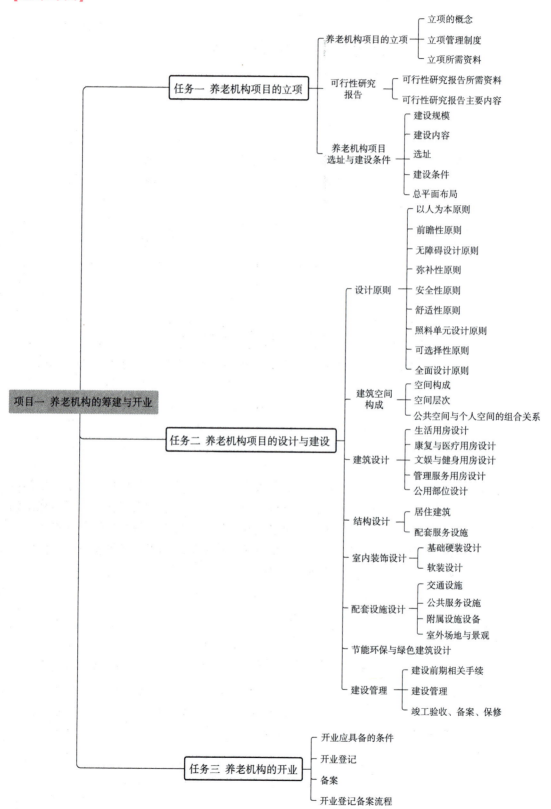

## 任务一 养老机构项目的立项

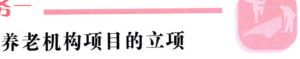

**案例导入**

老师提出了一个问题：大家知道什么是项目立项吗？

A 同学回答：立项就是给养老机构起个名字，作为一个项目。

B 同学回答：立项就是养老机构的经营范围。

C 同学回答：A、B 两位同学回答都不全面，立项是政府有关部门要求的程序。

D 同学回答：A、B、C 三位同学回答都不对，立项是政府对建设工程项目的管理要求。

【思考】

你觉得 A、B、C、D 四位同学给立项下的定义准确吗？

## 一、养老机构项目的立项

### （一）立项的概念

养老机构项目立项又称为项目建议书审批或立项报告书审批，是项目筹建单位根据国民经济发展、国家和地方中长期规划、产业政策、生产力布局、国内市场、项目所在地的内外部条件等提出该项目的建议文件，是对拟建养老机构项目提出的框架性总体设想。项目通过项目筹建单位决策者申请，得到政府发展和改革委员会（以下简称发改委）的审议批准，并列入项目实施组织或政府计划的过程叫发改委立项。

> 我国中大型工程项目建设程序一般为项目建议书、选址意见书、可行性研究报告、建设用地规划许可证、土地证（不动产权证）、建设工程规划许可证、施工准备（包括招标、设计、建筑工程施工许可证等）、建设、竣工验收、后评价（主要指政府投资项目实施后对整个项目造价、工期、质量、安全、节能等指标进行分析评价或与类似项目进行对比）。

养老机构项目根据需要编写立项报告书（项目建议书），立项报告书在项目的初始阶段编写，它也是可行性研究报告的依据。对于使用国家资金建设的养老机构项目以及政府投资的养老机构项目，实行立项报告书审批制；对于民营企业（私人投资）投资的养老机构项目，不再编写立项报告书，实行备案制；对于在国家和本省发改委制定的核准项目名录中的养老机构项目，实行核准制。养老机构项目在立项报告书批准后，方可办理建设用地规划许可证、土地证（不动产权证）、建设工程规划许可证、建筑工程施工许可证等。

> **知识拓展**
>
> 项目立项分鼓励类项目、许可类项目、限制类项目，分别对应的报批程序为备案制、核准制、审批制。申请项目的立项时，应将立项报告书递交给项目的有关审批部门。立项报告书包括项目实施前所涉及的各种由文字、图纸、图片、表格和电子数据组成的材料。

项目建设是为完成依法立项的新建、改建、扩建的各类工程（如土木工程、建筑工程及安装工程等）而进行的有起止日期的、达到规定要求的一组相互关联的受控活动组成的特定过程，包括策划、勘察、设计、采购、施工、试运行、竣工验收和移交等环节。

想一想：新建一所养老机构是否需要将其作为一个建设项目来整体考虑？

### （二）立项管理制度

新建一所养老机构，其项目立项就是向项目所在地县（市、区）发改委提交立项报告书，发改委按规定的程序、时限与审查条件，对企业投资项目做出准予或不准予备案的决定，企业根据发改委出具的项目备案通知书，依法办理土地、规划、环保等各方面手续后方可开工建设，手续不完善的项目不得开工建设。

### （三）立项所需资料

（1）养老机构筹建项目备案申请文件（包括项目筹建单位概况、申请理由、拟建地址、拟建规模、总投资估算及资金来源等）；

（2）使用国家资金建设的养老机构项目或政府投资的养老机构项目应委托有资质的工程咨询单位编制立项报告书；

（3）项目土地合同、文件、租地合同、政府协议或土地使用证（不动产权证）；

（4）企业营业执照副本或《企业名称预先核准通知书》复印件；

（5）根据有关法律法规应提交的其他文件。

1. 哪些养老机构项目需要立项备案？
2. 哪些养老机构项目需要立项核准？
3. 外商投资的养老机构项目立项应采用哪种报批程序？

## 二、可行性研究报告

新建养老机构项目可行性研究报告是向项目所在地县（市、区）发改委提交可行性研究报告或建设方案，经县（市、区）发改委核准或备案。

编制可行性研究报告是一项在进行经济活动（投资）和确定建设项目之前具有决定性意义的工作，旨在综合论证投资决策的合理性、技术的先进性和适应性以及建设条件的可能性和可行性，从而为投资决策提供科学依据。可行性研究报告通过对项目的主要内容和配套条件，如市场需求、资源供应、建设规模、设备选型、环境影响、资金筹措、盈利能力等，从技术、经济、工程等方面进行调查研究和分析比较，并对项目建成以后可能产生的经济效益及社会影响进行预测，从而提出该项目是否值得投资和如何进行建设的咨询意见，是项目决策者和发改委审批的依据。

### （一）可行性研究报告所需资料

（1）项目筹建单位的申请文件；
（2）立项报告书的核准、备案文件；
（3）有相应资质的工程咨询公司编制的可行性研究报告或建设方案；
（4）自然资源和规划局的《选址意见书》或《建设用地规划许可证》；
（5）环境保护部门批准的环境影响评价文件；
（6）项目规划设计方案；
（7）企业营业执照副本（或《企业名称预先核准通知书》复印件）、企业开发资质复印件；
（8）近期资本金证明；
（9）根据有关法律法规应提交的其他文件。

如果公司需要筹建一所养老机构，已确定养老机构建设规模、建设用地、资金来源、环境评估报告、初步规划设计方案等，你作为公司负责报批的人员，应如何办理可行性研究报告备案？

### （二）可行性研究报告主要内容

（1）养老机构名称及项目概况；
（2）发展规划、产业政策和行业准入；

（3）市场分析和需求预测；

（4）建设用地选址和建设条件；

（5）工程建设方案；

（6）公用工程（包括给水、排水、供电、采暖、空调、智能化弱电、燃气等方面）方案；

（7）节能分析；

（8）环境影响分析；

（9）劳动安全、卫生及消防设施；

（10）项目组织机构与设施；

（11）项目招投标文件；

（12）投资估算与资金筹措；

（13）综合效益评价；

（14）研究结论与建议。

> **知识拓展**
>
> 无论是使用国家资金建设或政府投资的养老机构项目，还是企业投资的养老机构项目，都需要根据项目所在地县（市、区）发改委要求进行立项和可行性研究报告的审批或备案。当筹建一所养老机构时，要了解项目所在地发改委对立项管理的审批流程及办事须知，整理立项所需各项资料，并使其符合当地发改委的要求。

## 三、养老机构项目选址与建设条件

新建或投资养老机构项目应确定其建设规模、建设内容、选址、建设条件和总平面布局。其中，养老机构项目选址是决定养老机构经营成败的关键。

### （一）建设规模

**1. 养老设施建筑大多数按其配置的床位数量进行分级**

养老机构每床位最小建筑面积不应小于 25 $m^2$，养老公寓每床建筑面积不应小于 40 $m^2$。养老设施建筑等级划分如表 1-1 所示。

表 1-1　养老设施建筑等级划分

| 规模等级 | 老年养护院、养老公寓/床 | 养老院/床 | 老年日间照料中心/人 |
| --- | --- | --- | --- |
| 小型 | ≤100 | ≤150 | ≤40 |
| 中型 | 101~250 | 151~300 | 41~100 |
| 大型 | 251~350 | 301~500 | — |
| 特大型 | ≥351 | ≥501 | — |

**2. 养老机构划分**

在综合考察环境、设施设备、运营管理、服务的基础上，养老机构可划分为五个等级，从低到高依次为一级、二级、三级、四级、五级。级数越高，表示养老机构在环境、设施设备、运营管理、服务方面的综合能力越强。如五级养老机构提供的服务项目不仅包括生活照料服务、膳食服务和医疗护理服务，还提供康复服务、教育服务和居家上门服务等。之前五星级养老机构规定床位数必须达到300张以上，入住率必须达到85%以上，根据最新《养老机构等级划分与评定》，不再将床位数、入住率、绿化率作为一票否决项，这三个方面仅作为加减分项。

> **知识拓展**
>
> 《郑州市城市规划管理技术规定》提出：新建的居住区、居住小区应配置与居住区、居住小区入住人口规模相适应的养老设施，其配置总床位数不应小于人口规模的2‰。3万~5万人的新建居住区应按人均占地不小于0.1 $m^2$ 配建养老院一处，每处养老院的规模宜为100~150床，占地面积每床30 $m^2$，建筑面积每床40 $m^2$。

### （二）建设内容

建设内容包括老年人全日照料设施或老年人日间照料设施。

老年养护院、养老院、老年日间照料中心、养老公寓等统称为老年人全日照料设施，其建设内容包括老年人照料设施建筑及配套建筑设备、活动场地、附属设施等。针对服务对象及基本服务内容，老年人照料设施建筑及配套建筑设备应有老年人生活用房、餐饮服务、医疗保健、文娱与健身、综合管理服务用房等；活动场地应包括道路、绿地、室外活动场地及停车场等；附属设施设备应包括供电、供暖与通风空调、给水、排水、消防、智能化监控、污水处理、垃圾收集等。

> **提示**
>
> 查阅《老年人照料设施建筑设计标准》《城镇老年人设施规划设计规范》等相关文件。

### （三）选址

**1. 从生理和心理需求考虑**

为满足老年人的安全和体能的需要，新建养老机构项目应选择地形平坦、不受洪涝灾害威胁、地质稳定的地理位置。由于老年人对自然，尤其是对阳光、空气有较高的要求，所以尽可能选择绿化条件好、空气清新、日照充足、接近河湖水面等环境的地段进行建设。

**2. 从基础设施条件考虑**

新建养老机构项目应选择在具有良好基础设施条件的地段。除考虑用地本身所建设的基础设施条件外，还应考虑用地临近地区的可利用的基础设施条件，如供电、给排水、通信等市政条件较好的地段，还要便于利用周边生活、医疗等社会公共服务设施。

**3. 从交通便利方面考虑**

新建养老机构项目选址要考虑老年人的出行需求，尽量选择在交通便捷的地段，以满足老年人由于体力不支和行动不便带来的乘车需求，还要考虑子女探望入住老年人是否方便等问题。分析调查资料得知，子女探望老年人不但要有便捷可达的交通，而且路途上所花的时间以不超过一个小时为佳，所以选址不可过于偏离市区，要让老年人感觉自己没有脱离城市，没有离开社会。这对养老机构入住率具有重要的影响。

**4. 从安全和安静的角度考虑**

新建养老机构项目选址应避开临近高速公路、快速干道及交通量大的交叉口路段，宜临近公园、公共绿地或旅游景区。

**5. 从周边环境方面考虑**

老年人身体素质一般较差，对环境的敏感度也很高，因此选址要特别考虑周边环境情况，应远离污染源、噪声源及易燃、易爆、危险品的生产和储运等地点，并应处在存在以上不利因素的地点的上风向，最好避开繁华商业区和公共娱乐场所。

**6. 从总体规划方面考虑**

新建养老机构项目选址应符合所在地县（市、区）总体规划、土地利用规划、养老服务体系建设规划的要求，科学、经济、合理地选择地段，并充分利用土地，同时应注重与相邻地块及城市的市政、消防、防灾资源、交通空间、人文环境和生活质量的联系、接纳与融合，实现资源共享。

筹建养老机构需要考虑项目建设规模、建设内容、选址与总平面布局，能够使所筹建养老机构满足老年人的需求，适宜老年人居住生活。

想一想：筹建养老机构还需要考虑哪些事项？

## （四）建设条件

**1. 自然条件**

气候条件指项目所在地属于何种气候以及年平均气温、年平均降雨量、年平均降雪量、年平均风速、全年主导风向等数据；水文地质条件是指项目所在地地下水位埋深、地下水资源、地基承载力、地下土层类型、土层分布、地质条件等。针对气候条件、水文地质条件的综合研究分析，判断项目地址是否适宜建设养老机构。

**2. 交通条件**

养老机构项目交通条件主要指地理位置、交通网络和出行条件等。

**3. 基础设施条件**

养老机构项目基础设施主要指项目用水由市政管网直接供给，污水经化粪池处理后可排入市政管网，供电能够满足项目需求，燃气根据需要可保证项目正常使用，通信网络已覆盖项目所在区域，能满足网络、电视、电话等要求。

## （五）总平面布局

**1. 建设用地规划符合相关规定**

养老机构建设用地包括建筑物、配套设施、景观绿化、室外活动、停车、衣物晾晒等用地，按照建设规模要求和节约土地的原则确定用地面积，建筑密度、绿地率和停车场用地面积不应低于《城市居住区规划设计标准》和《城镇老年人设施规划设计规范》的规定以及当地城市规划管理的规定，合理确定总平面布置图及经济技术指标。

**2. 布局合理**

养老机构项目应根据老年人照料设施的不同类别进行合理布局，功能分区、动静分区应明确，规划内交通组织应设置便捷车流系统和人行系统，最大限度地避免车行与人行的交叉。除满足消防疏散、运输等要求外，还应保证救护车通畅到达所需停靠的建筑物出入口，在建筑物出入口最近的位置应设置供轮椅使用者专用的无障碍停车位，人行通道中无障碍设计应贯穿整个布局，当场地有高差时应设计无障碍坡道，并应有明显标识，整体交通组织应便捷流畅，标识系统应明晰、连续。

**3. 建筑宜为低层或多层，且独立布置**

老年人居住用房和主要公共活动用房应布置在日照充足、通风良好的地段，居住用房要满足冬至日日照不低于2小时的日照标准；老年人集中的室外活动场地附近应设置公共卫生间，且应配置无障碍厕位；公共配套服务设施宜与居住用房就近设置。

**4. 利用原有地形条件，减少土石方工程量**

在改善老年人居住区日照、通风、噪声等居住环境质量的前提下，可对地形地貌进行局部调整，居住区内土方宜挖、填平衡，其他区域应通过合理的规划，保护用地的生态价值，维持原地形地貌的自然特征。

**5. 景观绿化布局根据核心功能营造组合景观**

"自然、生态、绿色、高效"应贯穿项目规划区域，并以舒适、安全、适老性为基调进行设计；同时配以质朴的材质，使老年人居住环境与自然景观和谐统一。绿化种植应灌木、草地结合，以乔木为主，并对原生植物和原生水系实施保护。

**6. 贯彻以人为本的原则**

以提高老年人居住环境和建设生态型空间环境为规划目标，以满足老年人居住性、舒适性和安全性为基本原则，合理布局老年人生活设施和配套设施。

### 7. 单独设置主要出入口

货物、垃圾、殡葬等的运输宜设置单独通道和出入口，且出入口不宜开向城市主干道。

规划设计是指对项目进行较具体的规划或总体设计，需要综合考虑政治、经济、历史、文化、民俗、地理、气候、交通等多项因素，提出规划预期、愿景及发展方式、发展方向、控制指标等理论。筹建一所养老机构要能最大限度地保证老年人自理、自立、有尊严的生活，提高老年人的生活质量，为老年人营造一个安全、舒适、方便的居住环境，因此，总平面布局设计就显得非常重要。

想一想：如果你作为投资人，应如何选择一个好的设计单位？

由老师带队，利用实践课时间并结合当地行政服务办事大厅工作时间，到发改委窗口模拟办理养老机构项目的立项备案，咨询办事须知、办事流程、需要提供的资料等，收集整理立项所需资料。

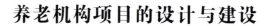

## 任务二 养老机构项目的设计与建设

**案例导入**

企业决定新建一个养老机构项目，建设规模与选址已经完成，准备开展项目图纸设计，A、B、C、D四位同学围绕该养老机构项目如何进行设计展开讨论。

A同学说：养老机构项目设计是建筑物的外观效果、功能方面的设计。

B同学说：养老机构项目设计是功能设计、空间设计、照料单元设计等。

C同学说：养老机构设计不仅是A、B两位同学说的，还应有无障碍设计、舒适性设计、符合老年人生活特点和满足老年人生活需求的配套设计等。

D同学说：我赞同C同学的说法，养老机构项目设计要把握好老年人照料设施的设计原则，以老年人为本。

【思考】

你觉得养老机构项目设计的原则是什么？如何评价A、B、C、D四位同学的观点？

## 一、养老机构项目的设计原则

### （一）以人为本原则

养老机构项目设计应当充分考虑老年人心理和生理方面的特点，以及自理老年人、介助老年人和介护老年人的需求，本着一切为了老年人、一切方便老年人的原则，从根本上减少或消除安全隐患，为老年人营造一个安全、舒适、方便的居住环境。

### （二）前瞻性原则

随着社会经济的发展、生活水平的提高，老年人对居住条件、医疗服务、文体娱乐设施也提出了更高的要求，因此，养老机构项目设计应具有一定的前瞻性。前瞻性设计并不是片面地追求设施的豪华，而应更多地考虑设施功能齐全、服务方便，确保在一定时间内建筑不会被淘汰。

### （三）无障碍设计原则

随着年龄的增长，老年人会出现不同程度的功能障碍，为防止老年人因建筑设计的缺陷而发生跌倒摔伤等意外，老年人照料设施必须考虑无障碍设计，主要是对老年人移动、听觉和视觉障碍等方面进行考虑。对应到建筑中，即应考虑建筑物的无障碍出入口、无障碍电梯和楼梯、无障碍通道、安全抓杆、无障碍厕所和淋浴间等设施，方便老年人生活，如将建筑物入口宽度加大、有高差部位建成坡道等，保证老年人安全和方便地使用各项设施。

### （四）弥补性设计原则

弥补性设计是指针对老年人、残疾人等人群的生理和心理的特殊需求进行的人性化设计。由于老年人身体功能下降，需要通过各种弥补性环境以弥补其能力与生理的缺陷。如在视觉方面，老年人视力有所下降，可以通过强烈的色彩变化刺激其视觉神经，提高老年人对环境的感知能力；在原来照明照度设计标准的基础上，适度地提高照度，同时要加强照度的均匀性，因为和年轻人相比老年人对明暗转换的适应能力相对较差，过强的照明度反差将会造成行动的不便。在听觉方面，可以利用一些发声装置，帮助老年人确立自己所处的位置及周边环境。总之，弥补性设计使老年人更容易控制和了解周围环境、居住的空间、使用的场地、标志性设施等，在各细节处理上，利用合理的空间序列、借助实物的造型、颜色等方便老年人识别。

### （五）安全性原则

安全性对每个人来说都是最重要的。安全性居住环境应具备5个特征：
（1）易于识别：视觉、听觉等标志应具有明确显示性；

(2) 易于控制和选择：考虑老年人伸展、操作等使用的方便性；
(3) 易于到达：考虑建筑物、设施、活动场所等的可及性；
(4) 易于交往：无干扰、无噪声，设置一些有利于交往的场所；
(5) 无障碍性：防止碰撞、跌倒、坠落等其他意外事故发生。

### （六）舒适性原则

在室外环境设计中，考虑到老年人要在户外充分享受自然、享受阳光，所以要有充足的园林绿化。园内环境设施设计主要体现在细节上，如有台阶的地方应设置扶手，扶手的材质应为木质或其他环保材料，以增加老年人的舒适程度。在道路两旁、景观环境的周围以及休息园区内，应多设置一些座椅，并尽量减少石质座椅，增加木质座椅，解决老年人因体能下降而不能长久站立等问题。为了更好地消除老年人的孤单感、化解老年人的压力，应多创造一些便于交往的环境空间和休憩空间，当老年人相聚在一起聊天、娱乐和健身时，满足他们因生理和心理上的变化而产生的对空间环境舒适性的要求。

### （七）照料单元设计原则

在同住宅相近的居住及生活环境当中为老年人提供护理，即采用生活单元与照料单元相一致的设计原则。首先，要给护理人员或家属留有护理空间，特别是浴室和卫生间，要保证老年人活动和护理人员或家属护理老年人时所需的空间；其次，为了使老年人相互之间构筑社会关系、养成自立的日常生活习惯而提供空间层面的支持，即为老年人按照个人能力、自身生活方式与习惯而建立的个人日常生活模式提供支持，营造老年人熟悉的生活环境。

### （八）可选择性原则

创造多样性的居住场所，为老年人提供多种选择。由于入住者个性不同，所以应提供各种生活空间以满足他们不同的生活方式。既要尊重个人的生活，确保个人隐私，实现居住空间的个性化，使入住者可以在实现自己个性的同时也确保自己的生活行为能够顺利进行；又要遵循心理学和社会学的基本原则，尽可能多地为老年人设计相互交往的公共空间，提供更多的交流机会，如在设计中可考虑在门厅、休息厅、生活起居厅、电梯厅等地方适当安排桌椅，为老年人提供休息空间，增加公共交往空间。

### （九）全面设计原则

由于养老机构建筑的特殊性，其建筑设计不仅要符合现行国家标准《住宅设计规范》和《无障碍设计规范》，还应符合《建筑设计防火规范》和《老年人照料设施建筑设计标准》等行业规范的要求，实现全面设计。

## 二、养老机构建筑空间构成

我们应该参照《老年人照料设施建筑设计标准》和老年人的居住意愿设计多种照料单

元，包括单人室、双人室、一室一厅、两室一厅甚至三室两厅等，并深入考虑套型空间中卧室、起居厅、厨房、卫生间等功能空间构成。将老年人生活用房与"宿舍"区别对待，既方便老年人的生活，又能营造一种家庭氛围，让老年人住得温馨、舒适；在一些面积较大的户型中，考虑设置专门的护理用房，最大限度地保证老年人的身体健康；也可以将照料单元小型化，缩小到几个人的规模，这样既有利于老年人之间相互了解，构筑和谐的人际关系，也更便于护理人员观察每个入住者的生活情况，以便有针对性地对其进行护理。照料单元的组合，既确保个人空间的私密性，又不隔断与他人的接触，使每个人都能自由随意地选择独处或者交流，提高公共空间的魅力。同时，通过分段、分级式的空间设计和对空间边界的设计处理，使公共空间和个人空间之间形成舒缓的过渡，构成多种层次，为老年人提供优质的养老环境。

### (一) 空间构成

老年人照料设施中，为护理型床位设置的生活用房应按照料单元设计。照料单元的使用应具有相对独立性，每个照料单元设计的床位数不应大于60床。失智老年人的照料单元应单独设置，每个照料单元设计床位数不宜大于20床。照料单元包含的功能空间如表1-2所示。

表1-2 照料单元包含的功能空间

| 单元房间 | 功能空间 |
| --- | --- |
| 居室 | 包括卧室以及阳台等 |
| 卫生间 | 分为个人卫生间或2~3个房间共用的公共卫生间 |
| 单元起居厅 | 包括设有电视机、沙发或会客桌的客厅，以及走廊、谈话角等 |
| 护理站、清洁间等 | 包括集中式护理空间及各类护理设施用房 |
| 盥洗间、浴室 | 分为个人用浴室及公共浴室 |

### (二) 空间层次

以照料单元为核心的养老机构的空间层次大体可分为公共空间与个人空间。其中，公共空间可以进一步分为以区域交流为目的的公共空间，其下一层次为入住者相互交流的半公共空间；而个人空间又可分为共用空间和个人室。以上四种空间构成了养老机构的空间层次。

空间组合的特点是以照料单元为核心，保证个人的生活习惯，并为老年人提供多种形式及内容的公共空间，加强老年人之间的交流，以达到和谐、舒适生活的目的。

### (三) 公共空间与个人空间的组合关系

可以通过共同活动空间及过渡空间（如走廊、过厅）与个人空间的独立设计，营造适当的公共空间以及入住者之间的视觉关系等。老年人照料设施设计，要充分根据老年人的生理特点，在尽量维持和延长老年人自理能力的前提下，更多考虑护理功能的多样性。随着时代的发展,护理功能齐全、保护个人隐私的单人间的设计将成为一种趋势。

## 三、养老机构的建筑设计

养老机构的建筑设计应与城市经济发展水平相适应,同时要注意人文环境,按照老年人的生理和心理特点进行设计,特别是建筑空间、配件、设备设施的尺度设计,应考虑老年人功能衰退后的人体尺度和使用轮椅或需要护理等情况。在满足《城镇老年人设施规划规范》《老年人照料设施建筑设计标准》《建筑设计防火规范》《老年养护院建设标准》《社区老年人日间照料中心建设标准》和《无障碍设计规范》等行业规范的情况下,以老年人为主,做好相应设计。老年人照料设施包括老年人用房和管理服务用房等,其中老年人用房包括生活用房、康复与医疗用房、文娱与健身用房。不同类型老年人照料设施建筑的基本用房设置应符合规定,满足照料服务以及运营模式的要求。

### (一)生活用房设计

**1. 卧室、起居室、休息室**

老年人卧室、起居室、休息室不应设置在地下室、半地下室,不应与电梯井道、有噪声振动的设备机房等贴邻布置。起居室与厨房、餐厅连接时,不应有高差;起居室应具备天然采光与自然通风条件。

**2. 居室使用面积**

老年人生活用房每间居室使用面积不应小于 6.00 m²/床。单人间居室使用面积不应小于 10.00 m²,双人间居室使用面积不应小于 16.00 m²。居室的净高不宜低于 2.40 m,应留有轮椅回转空间,室内主要通道净宽不应小于 1.05 m,床边应留有护理和急救操作空间,相邻床位的长边间距不应小于 0.80 m。居室的门窗应采取安全防护措施与方便老年人辨识的措施。

**3. 多人间居室**

护理型床位的多人间居室,床位数不应大于 6 床;非护理型床位的多人间居室,床位数不应大于 4 床,床与床之间应有保护个人隐私的空间分隔措施。

**4. 居室阳台**

老年人居住用房宜设置阳台,开敞式阳台栏杆高度不应低于 1.10 m,开敞式阳台、上人平台的栏杆、栏板应采取防坠落措施,且距地 0.35 m 高度范围内不宜留空,阳台内宜设衣物晾晒装置。严寒及寒冷地区、多风沙地区的老年人用房阳台宜封闭,其有效通风换气面积不应小于窗面积的 30%。介护老年人中的失智老年人,居住用房应采用封闭阳台。

**5. 居室内卫生间**

老年人自用的卫生间与相邻的房间室内不宜有高差,当有不可避免的高差时,不应大于 15.00 mm,且应以斜坡过渡,地面应平整并选用防滑耐磨材料,以方便轮椅使用者。卫生间入口的有效宽度不应小于 0.80 m,宜采用推拉门或外开门,并设透光窗及从外部可开启的装置；浴盆、便器旁应安装扶手，便器安装高度不应低于 0.40 m，浴盆外缘距地高度宜小于 0.45 m，浴盆一端宜设坐台；宜设置适合坐姿的洗面台，并在侧面安装横向扶手。

### (二) 康复与医疗用房设计

**1. 医务室**

医务室的使用面积不应小于 10.00 m²，平面空间形式应满足开展基本医疗服务与救治的需求，且应有较好的天然采光和自然通风条件。

**2. 临终关怀室**

临终关怀室宜靠近医务室且相对独立设置，其对外通道不应与照料设施建筑的主入口合用。

**3. 保健和康复用房**

保健室和康复室的地面应平整，表面材料应具有弹性和防滑等防护性，房间的平面布局应适应不同康复设施的使用要求。

### (三) 文娱与健身用房设计

文娱与健身用房总使用面积不应小于 2.00 m²/床（人）。文娱与健身用房位置应避免对老年人居室、休息室产生干扰，宜设置在建筑的首层，地面应平整，且应临近设置公用卫生间及储藏间。严寒、寒冷、多风沙、多雾霾地区的老年人照料设施宜设置阳光厅，湿热、多雨地区的老年人照料设施宜设置风雨廊。

### (四) 管理服务用房设计

管理服务用房值班室宜靠近建筑主要出入口设置，应设置建筑设备设施控制系统、呼叫报警系统和电视监控系统。厨房应有供餐车停放及消毒的空间，满足卫生防疫等要求，并应避免噪声和气味对老年人用房的干扰。职工用房应考虑工作人员休息、洗浴、更衣、就餐等需要，设置相应的空间。洗衣房平面布置应洁污分区，并应满足洗衣、消毒、叠衣、存放等需求，墙面、地面应易于清洁、不渗漏。

### (五) 公用部位设计

**1. 门厅及门**

建筑主要出入口净宽度不应小于 1.20 m，门净宽不应小于 1.10 m；向公共活动区域开启的门不应阻碍交通；门内外不宜有高差，有门槛时，其高度不应大于 15.00 mm，并设坡面调节；供轮椅使用者出入的门，距地面 0.15~0.35 m 处宜安装防撞板。

**2. 套内公用过道**

公用过道的净宽度不应小于 1.20 m，过道的主要地方应设置连续式扶手，单层扶手的安装高度为 0.80~0.85 m，双层扶手的安装高度分别为 0.65 m 和 0.90 m。过道地面及其与各居室地面之间应无高差，过道地面高于卫生间地面时，标高变化不应大于 15.00 mm，门口应做小坡以不影响轮椅通行。

**3. 公用浴室和卫生间**

公用浴室和卫生间入口的有效宽度不应小于 0.90 m，地面应平整并选用防滑材料；门应选用内外均可开启的锁具及方便老年人使用的把手，安装高度距地面 0.80~0.85 m，且宜设应急观察装置。公用浴室应设轮椅使用者专用的淋浴间或盆浴间；淋浴间内应设高 0.45 m 的洗浴座椅，周边应设扶手；浴盆端部宜设洗浴坐台，旁边应设扶手。公用卫生间中应至少有一个为轮椅使用者设置的厕位；坐便器安装高度不应低于 0.40 m，坐便器两侧应安装扶手；厕位内宜设高 1.20 m 的挂衣物钩；宜设置适合轮椅坐姿的洗面器，洗面器高度 0.80 m，侧面宜安装扶手。养老机构卫生间参考如图 1-1 所示。

**图 1-1　养老机构卫生间参考**

## 四、养老机构项目的结构设计

养老设施建筑包括低层、多层和高层建筑，建筑物安全等级为二级，设计使用年限为 50 年，建筑抗震设防烈度和设计基本地震加速度值按项目所在地规定取值。主要建筑物结构设计及基础形式有以下两点：

### （一）居住建筑

居住建筑主体采用砖混结构、框架结构，基础采用钢筋混凝土条形基础和独立基础。

### （二）配套服务设施

配套服务设施建筑主体采用钢筋混凝土框架结构、框架剪力墙结构，基础采用钢筋混凝土柱下独立基础或筏形基础。

## 五、养老机构室内装饰设计

室内装饰装修一般可分为基础硬装和后期软装。基础硬装主要是从整体空间角度对室内顶面、内墙面、地面进行表面处理；后期软装是对室内家具及陈设方面的设计。装修材料的选择应符合国家资源节约、环保等要求，公共部位应采用耐久性强、防滑耐清洗、维修替换方便的装修材料。养老机构室内所有功能空间的固定面铺装、粉刷应一次完成，并严禁装修时破坏建筑结构。

### （一）基础硬装设计

基础硬装设计应从三个方面考虑：材质、色彩和造型。

**1. 材质**

厨房、卫生间顶面应选用防潮、耐污材料；墙面主要考虑卫生性，可采用石材和瓷砖等耐脏、可擦拭的材料，也可采用防污壁纸和易擦拭的防水乳胶漆等材料；地面应选用防水防潮、耐污易清洁材料，如防滑地板砖。卧室和起居室顶面避免使用光亮材料，墙面材质应舒适宜人，注意产品质量及性能符合老年人的要求，不宜选用化纤材质的壁纸等；地面材质应使老年人感觉安全舒适，避免产生眩光，应具有弹性好、耐磨等特点，常用的地面材质有实木地板、强化复合地板、地热专用地板、防滑地砖等。

**2. 色彩**

室内顶面色彩不宜过重，避免使老年人产生压抑感，顶面也不宜选择复杂的图案，以免给老年人带来混乱和不安定感；墙面宜选用暖色调，应以营造柔和、宁静、宜居的环境气氛为主，墙面的图案简洁、明晰；地面材质的色彩对比度不宜过大，以免对老年人形成强烈的视觉刺激。

**3. 造型**

室内顶面应减少不必要的吊顶造型，空调风口不能朝向老年人长时间活动的区域；墙面应避免有尖锐突出的造型，墙体阳角应有护角；地面装修在材质变换处宜尽量平整，避免高差。

### （二）软装设计

软装设计应注重居室的装饰效果，更应考虑老年人的身心特点，将安全、方便、舒适放在首位。

**1. 窗帘**

应避免窗帘的质地、色彩、图案引起老年人的错觉，如有些带小点状图案的窗帘，容易让老年人误以为上面有蝇虫或污渍等；窗帘开闭操作应顺滑省力。

**2. 家具**

家具应安全稳固，适合老年人生理特点和使用要求。宜多设台面类家具，便于老年人摆放物品，还可在老年人站起、坐下时起到撑扶作用；不宜有尖锐突出物，以免老年人发生磕碰、剐伤等意外。

**3. 绿植花卉**

绿植花卉摆放应无安全隐患，注意植物对老年人健康的影响，同时应考虑花卉养护的便利性。

**4. 室内标识**

室内标识设计应系统、连续、科学、合理，符合老年人的认知特点。

1. 老年人生活用房中的卫生间应如何设计？
2. 养老机构室内装饰设计、材料选择等应如何符合老年人的生活习惯、生理和心理特点？

## 六、养老机构配套设施设计

养老机构配套设施的设计从各个方面影响着老年人的生活便利与安全以及心理和生理健康，应充分考虑老年人体能心态的变化，为老年人营造一个安全、舒适、方便的居住环境。

### （一）交通设施

交通设施应考虑与其他相关专业规划布局相互衔接，在功能分区设计和实施中优先考虑公共交通设施的配套，形成公共交通体系及线网布局，与轨道交通站点、大型公交枢纽、公共服务设施网点相衔接，合理设置港湾式公交车站。

**1. 交通信息诱导系统**

养老机构出入口应设置清晰的区域地图，地图内应包含周边交通与配套设施的基本信息，提供清晰的交通导向指示牌。

**2. 道路**

养老机构内的道路应安全便捷，满足老年人无障碍通行的需求。机动车道应满足消防、防灾、运输、救护等通行要求，设置路面减速带或慢行设施。停车场应适当配置供轮椅使用者专用的停车位，宜采用绿色遮阴设施及透水铺装。

老年人使用的步行道路应做成无障碍通道，通道有效宽度不应小于 1.20 m；路面坡度不应大于 2.5%，当大于 2.5% 时，变坡点应予以提示，并宜在坡度较大处设扶手；路面应选用平整、防滑、色彩鲜明的铺装材料。建筑入口、室外地面有高差处应设坡道，坡道的坡度不大于 8%；需设平台时，平台的深度不应小于 1.50 m，并应设连续扶手。独立设置的坡道的有效宽度不应小于 1.50 m；轮椅坡道和台阶并用时，轮椅坡道的有效宽度不应小于 1.20 m，坡道的起止点应有不小于 1.50 m×1.50 m 的轮椅回转面积，坡道两侧应设护栏或护墙，扶手高度应为 0.90 m，设置双层扶手时下层扶手高度宜为 0.65 m，坡道起止点的扶手端部宜水平延伸 0.30 m 以上。

**3. 台阶**

养老机构内设置台阶的同时应设置轮椅坡道。台阶踏步宽度不宜小于 0.32 m，踏步高度不宜大于 0.13 m，台阶的净宽度不应小于 0.90 m，并宜在两侧设置连续的扶手；台阶宽度在 3.00 m 以上时，宜在中间加设扶手；在台阶转换处应设明显标志；台阶踏步应采用防滑、平整的铺装材料，不应出现积水。

**4. 走廊**

老年人使用的走廊，通行净宽不应小于 1.80 m，确有困难时净宽不应小于 1.40 m；当走廊的通行净宽大于 1.40 m 且小于 1.80 m 时，走廊中应设置通行净宽不小于 1.80 m 的轮椅错车空间，错车空间的间距不宜大于 15.00 m；走廊墙面不应有突出物，灭火器和标识板等应设置在不妨碍使用轮椅或拐杖通行的位置上；走廊转弯处的墙面阳角宜做成圆弧或切角；公用走廊地面有高差时，应设置坡道和明显标识。

**5. 公用楼梯的设计**

养老机构内公用楼梯的有效宽度不应小于 1.20 m，楼梯休息平台的宽度应大于梯段的有效宽度；楼梯应在内侧设置扶手，宽度在 1.50 m 以上时应在两侧设置扶手，扶手安装高度为 0.80~0.85 m，应与走廊的扶手相连接，扶手端部宜水平延伸 0.30 m 以上。严禁采用弧形楼梯和螺旋楼梯，踏步应采用防滑材料，踏步前缘不应突出，踏面下方不应透空，应采用不同颜色或材料区别楼梯的踏步和走廊地面，踏步起终点应有局部照明。

**6. 电梯**

养老机构中的建筑在两层及以上时应设置电梯，电梯应为无障碍电梯，且至少有一台能容纳担架；供老年人生活用房使用的电梯，每台电梯服务的床位数不应大于 120 床。电梯额定速度宜选 0.63~1.00 m/s；电梯门开关时间应较长，应设置关门保护装置，轿厢内两侧壁应安装扶手，距地高度 0.80~0.85 m，后壁上设镜子，地面材料应防滑，各种按钮和位置指示器数字应明显，宜配置电梯报站钟，呼梯按钮的颜色应与周围墙壁颜色有明显区别，基站候梯厅应设座椅，其他层站有条件时也可设置座椅，厢内宜配置电话，有条件时可安装电视监控系统。

养老机构中两层及以上的建筑设施或老年人生活用房设置电梯时，需要怎样设置？

### （二）公共服务设施

养老机构公共服务设施的配建水平，必须与入住人口规模相对应，应同步规划、同步建设和同时投入使用。如养老机构应设置垃圾收集点或转运站，配置与规模、功能相适应的公共卫生间，并宜设置于下风向及隐蔽处；室外照明设施应节能、经济、美观，满足照明需要；公共服务设施应符合无障碍设计要求。

### （三）附属设施设备

附属设施设备包括给水与排水、电气、智能化、供暖与通风空调、燃气设施、消防设施等。

### 1. 给水与排水

老年人照料设施给水系统的供水水质应符合国家现行标准的规定，应满足供水配件最低工作压力需求。建筑内宜供应热水，并宜采用集中热水供应系统，热水供应系统应有控温、稳压装置；有条件的地区宜优先采用热泵或太阳能等非传统热源制备生活热水；卫生洁具和给水排水配件应选用节水型低噪声产品，并应符合国家相关标准的要求；自用卫生间、公用卫生间、公用淋浴间、老年人专用浴室等应选用无障碍使用与通行的洁具；公用卫生间宜采用光电感应式、触摸式等便于操作的水嘴和水冲式坐便器；排水系统应畅通便捷，并保证有效的水封要求。

### 2. 电气、智能化

老年人生活用房和公共活动用房宜设置备用照明，并宜采用自动控制方式；出入口雨篷底或门口两侧、阳台应设照明灯具；电源插座距地高度低于 1.80 m 时，应采用安全型电源插座，居室电源插座距地高度宜为 0.60~0.80 m，厨房操作台电源插座距地高度宜为 0.90~1.10 m；电气系统应采用埋管暗敷。照明开关应选用带夜间指示灯的宽板翘板开关，长过道宜安装多点控制的照明开关，卧室宜采用多点控制照明开关，浴室、卫生间可采用延时开关，在卧室至卫生间的走道墙面距地 0.40 m 处应设置嵌装脚灯；卫生间洗面台、厨房操作台、洗涤池应设局部照明。智能化系统应配置有线电视、电话、网络等信息系统，公共活动用房、生活用房及卫生间应设紧急呼叫装置；公共活动用房的呼叫装置距地高度宜为 1.20~1.30 m，卫生间的呼叫装置距地高度宜为 0.40~0.50 m；建筑公共部位以及室外活动场所应设置视频安防监控系统或护理智能化系统。

### 3. 供暖与通风空调

严寒地区的养老机构照料设施应设集中供暖系统，在夏热冬冷地区应设安全可靠的供暖设施。供暖方式宜选用低温热水地面辐射供暖系统，建筑内的水泵和风机等产生噪声的设备，应采取减震降噪措施。散热器、热水辐射供暖分集水器等必须有防止烫伤的保护措施。当设置集中空调系统时，应设置新风系统。

### 4. 燃气设施

根据《城镇燃气设计规范》，由专业燃气设计公司负责，确保安全使用燃气。

### 5. 消防设施

（1）根据《建筑设计防火规范》及相关规范规定，养老机构内应设计环形消防管网及地上式消火栓。

（2）认真做好电气设备设计，电气设备材料选择、配电线路的敷设要符合国家有关电气设备的设计和安装规定，确保用电设备及电气接地系统的可靠性。建筑物要设置完备的防雷装置，屋顶避雷针及女儿墙避雷带等防雷措施应和屋顶所有金属导体可靠焊接；应做总等电位联结。

（3）根据建筑物高度及耐火等级确定建筑物之间的防火间距，并保证各建筑物之间有足够的防火间距，以满足消防要求。

（4）养老机构内应设置消防车通道，并保证消防通道及消防车登高操作面均满足消防设计要求，各建筑安全出口、疏散距离、疏散走道、楼梯的消防设置均应满足安全疏散要求。

（5）室内装修严格按照现行《建筑内部装修设计防火规范》的有关规定执行。

（6）建筑物内配置完备的消防系统和消防设施，消火栓系统、自动喷水灭火系统、火灾自动报警、消防电话、消防广播及消防设备均应符合消防规范要求。

养老机构建筑空间按套型考虑设计厨房时，需要安装燃气吗？需要加装燃气泄漏报警装置吗？

### （四）室外场地与景观

**1. 室外环境**

养老设施建筑室外环境设计应结合当地的气候条件和民风民俗特点，合理布局。

**2. 活动场地与空间**

养老机构应合理设置老年人活动场地及空间设施，场地及设施均应采用无障碍设计，并满足轮椅进出的要求，通行净宽不应小于0.80 m，且应留有轮椅的回转空间。为老年人提供适当规模的绿地及休闲场地，并宜留有供老年人种植劳作的场地。场地布局宜动静分区，供老年人散步和休憩的场地宜设置健身器材、花架、座椅、阅报栏等设施，并避免烈日暴晒和寒风侵袭。

**3. 景观绿化**

养老机构内的集中绿地面积应按每位老年人不低于2.00 $m^2$ 设置，绿化环境应以植物为主体，不宜种植带刺、有毒、根茎易露出地面的植物，宜种植适宜当地条件、生命力强、维护成本低的树木和花草。如设置景观观赏水景，其水池水深不宜大于0.60 m，并应有安全提示和安全防护措施，合理布置硬质铺装（带遮阴）与草地和灌木地的比例。绿化环境建设应注重环境的均好性，做到立体与平面结合，观赏与功能结合。如设计地面停车场，宜运用树阵或棚架绿化等方式，建设绿荫停车场。

## 七、养老机构节能环保与绿色建筑设计

绿色建筑是指在全寿命周期内，实现节能、节水、节地、节材，保护环境，减少污染，为人们提供健康、适用、高效的使用空间，最大限度地实现人与自然和谐共生的高质量建筑。

（1）养老设施节能设计应按照国家的规范、规定执行；

（2）综合考虑建筑总体布局，注重建筑的体型、间距及建筑群体组合，充分利用日照和自然通风，建筑的主要朝向宜采用南北向或接近南北向，主要房间避免夏季受东、西向

的日晒；

（3）外围护结构应采用外保温做法，做好保温和隔热设计，并对外门窗、遮阳设施进行合理设计；

（4）养老机构应远离污染源，避免和有效控制水体、空气、噪声、电磁辐射等污染对居住环境的影响；

（5）室内装饰装修材料必须满足相应国家标准的要求，室内装修禁止使用无合格报告的人造板材及劣质胶水等不合格产品，宜少用人造板材、胶粘剂、化纤地毯等。

> 绿色建筑设计应注重低耗、高效、经济、环保、集成与优化，达到人与自然、现在与未来之间的利益共享，是可持续发展的建设手段。如《郑州市城市规划管理技术规定》中提出全市范围内新建民用建筑，应至少达到一星级绿色建筑设计标准，其中单体建筑面积大于等于 20 000 $m^2$ 的大型公共建筑和政府投资的公益性建筑应满足二星级（含二星级）以上绿色建筑设计标准。

## 八、养老机构项目建设管理

### （一）建设前期相关手续

**1. 养老机构项目立项备案**

养老机构经项目所在地发改委备案后，到所在地自然资源和规划管理部门办理项目的建设用地规划许可证。

**2. 办理不动产权证、规划证**

根据建设用地规划许可证到所在地国土自然资源和规划局办理土地证（土地证原包括国有土地使用权证和集体土地使用权证，自 2015 年 3 月 1 日起，统一为中华人民共和国不动产权证）和建设工程规划许可证。

**3. 养老机构项目开工**

有资质的设计单位完成施工图纸设计并经审查合格后，项目筹建单位通过招投标选定施工单位并签订施工承包合同，建立质量、安全管理体系，然后到项目所在地政府行政建设主管部门办理建筑工程施工许可证。建筑工程施工许可证是在符合各种施工条件下，政府行政建设主管部门允许开工建设的法律凭证，也是办理房屋产权登记的主要凭证之一，只有建筑工程施工许可证办理完成后，方可开工建设。

养老机构筹建项目，如何办理中华人民共和国不动产权证、建设工程规划许可证和建筑工程施工许可证？办理这些证书都需要什么资料？

### （二）建设管理

养老机构项目的建造标准不同于普通商品房，应充分考虑老年人的生活方式，有针对性地设定建造标准，在保证质量和安全的前提下实现项目成本、工期、节能目标，完成养老机构项目全过程、全方位的规划、组织、控制和协调任务。

**1. 项目建设管理组织体系**

养老机构项目筹建单位假设为××养老服务有限公司，公司有完善的组织架构，分工明确。对于项目建设管理成立专门工程部和招标采购部等健全项目质量、进度、安全、成本管理体系。

**2. 工程部管理职责**

（1）处理工程建设过程中不同阶段出现的各种技术问题；

（2）与设计、勘探单位密切合作，协调完成地质勘探及施工图纸设计工作；

（3）与施工单位各专业施工人员沟通，协调解决施工中出现的各种质量、技术问题，在保证质量、安全的前提下，保证工程进度顺利推进；

（4）与监理单位密切合作，做好施工质量、进度、安全监督和施工过程的协调工作；

（5）审核把关工程成本预算，审核工程款项支付。

**3. 招标采购部职责**

（1）负责项目建设过程中招标范围内的所有招标工作；

（2）负责设备、材料的采购、供应和管理工作；

（3）负责筹建单位有关业务的对内对外协调联系；

（4）负责工程各阶段的政府部门协调工作，办理相关报批手续；

（5）负责项目计划、统计、技术信息、宏观经济政策等各种资料的收集整理和信息管理。

**4. 项目招投标管理**

为提高经济效益，保证项目建设工程质量，缩短工程建设工期，防范和避免工程建设中的违规行为，保护国家利益、社会公共利益和项目筹建单位的合法权益，按照《中华人民共和国招标投标法》编制项目的招投标方案。在招标过程中要遵循公开、公平、公正和诚实信用的原则，应当接受依法实施的监督。使用国家资金以及政府投资的养老机构项目，可面向社会进行公开招标；由民营企业（私人）自身投资的养老机构项目，可实行邀请招标或直接发包。

（1）招标范围及招标组织形式。根据项目土地性质（划拨、招拍挂、租赁等）以及使用资金来源情况确定项目招标范围。使用政府资金或划拨土地的，项目招标范围包括项目的勘察、设计、施工、监理以及与工程项目有关的主要设备采购等，由招标采购部或委托专业的招标代理机构组织实施招标工作。

(2) 招投标程序：

①招标程序：按照国家有关规定履行项目招标审批备案手续，取得批准后委托招标代理机构进行公开招标。在国家指定媒体上发布招标公告，公告应当载明项目筹建单位即招标人的名称和地址，招标项目的性质、数量、实施地点和时间以及获取招标文件的办法等事项。招标文件应当包括招标项目的技术要求、对投标人资格审查的标准、投标报价要求和评标标准等所有实质性要求和条件以及拟签订合同的主要条款。招标文件从发出之日起至投标人提交投标文件截止之日，最短不得少于20日。

②投标程序：项目投标人应当具备承担招标项目的能力，并应按照招标文件的要求编制投标文件，投标文件的内容应当包括拟派出的项目负责人与主要技术人员的简历、业绩和拟用于完成招标项目的机械设备等。投标人应当在招标文件要求提交投标文件的截止时间前，将投标文件送达投标地点。投标人不得相互串通投标报价，不得排挤其他投标人的公平竞争，不得损害招标人或其他投标人的合法权益，不得以低于成本的报价投标，也不得以他人名义投标或者以其他方式弄虚作假，骗取中标。

③开标、评标和中标程序：开标由招标人或委托的代理机构主持，在招标文件确定提交投标文件截止时间的同一时间，在招标文件中预先确定的地点，邀请所有投标人参加。评标由招标人依法组建的评标小组负责，小组由5人及以上单数组成，其中技术和经济等方面的专家不得少于成员总数的2/3，应当客观、公正地履行职责，遵守职业道德。中标人确定后，招标人应向其发出中标通知书，自中标通知发出30日内，招标人和中标人应按招标文件和投标文件要求订立书面合同。

**5. 项目建设质量、进度、安全、成本管理**

(1) 实行工程质量终身负责制。对项目建设工程质量负主要责任的领导人、参建单位的领导人和直接责任人，实行工程质量终身追究制度。在确保工期和造价控制的原则下，工程质量应全部达到国家合格标准，严格按照国家工程技术标准、施工规范以及经批准的设计文件对工程项目施工的全过程实施质量控制，并以过程预控为重点，以工序质量为基本，对工程项目的人、材、机等因素进行全面质量控制。

(2) 实行工程监理制。建设单位应委托（或招标）有资质的工程监理机构，全面负责工程监理，并实行工程监理工程师负责制以确保项目工程质量和建设工期要求。

(3) 严格按照基本建设程序办事，接受监督部门和社会舆论的监督，建成后按照有关规定进行严格的竣工验收。

(4) 严格管理工程建设质量、进度，重视和加强安全文明施工的管理，执行国家和地方有关施工安全法规条例及建设工程现场文明施工管理办法的有关规定，在确保质量和安全的前提下，实现工期目标。

(5) 严格管理项目成本及资金使用，确保控制在预算范围内，实行专账管理、专款专用，严禁挪用和挤占。

(6) 在保证质量和安全的前提下，通过科学管理和先进技术，最大限度地节约成本和资源。

### (三) 项目竣工验收、备案、保修

**1. 项目竣工验收**

项目筹建单位要按照有关规定，组织勘察、设计、监理、施工等有关主体单位进行竣工验收，供水、供电、燃气、供暖、排水、电视、电话、网络、邮政等设施都达到使用条件，消防、环保验收合格，最终竣工验收合格。

**2. 项目竣工备案**

项目竣工备案是项目竣工验收合格后，由筹建单位向项目所在地建设管理部门进行工程竣工验收备案。

**3. 项目保修**

项目保修是施工验收合格后，筹建单位还应按合同要求继续履行工程的保修义务，负责保修期内的工程维修工作。

1. 勘察、设计单位招标：勘察设计是整个项目的前期基础性工作。对项目勘察设计进行公开招标时，投标人的资质要求在乙级及以上。

2. 监理单位招标：施工监理对工程的质量、进度、安全管理起着关键的作用。在进行施工监理招标时，公开选择施工监理单位进行项目的监理，投标人的资质要求必须在乙级及以上。

3. 施工单位招标：依据工程的需要，采用总承包的方式，选择施工企业，要求资质在二级及以上，公开选择投标人。

4. 主要设备采购招标：依据项目的需要，面向全国公开选择设备和原材料生产厂家，投标人的设备技术水平和原材料质量应符合本项目设计要求，质优价廉且有可靠的售后服务。

以上事项招标文件应如何起草？

1. 新建一所有200张床位的养老机构，按其床位数应建设多少建筑面积的养老设施，如何做好建筑设计？

2. 利用课余时间进行实践，到当地养老机构工程建设现场参观学习。

# 任务三 养老机构的开业

### 案例导入

养老机构筹建项目从立项、可行性研究报告到发改委备案，又进行了精心的规划设计，直到建设完成验收合格，老师提出了一个问题：什么时候养老机构可以开业呢？

A 同学回答：建设完成，具备开业条件就可以开业了。

B 同学回答：开业还需要到民政部门审批，批准后才能开业。

C 同学回答：A、B 两位同学回答都不全面，具备相应条件后，应到相关部门登记，登记后即可开业。

D 同学回答：C 同学回答也不全面，具备相应条件，到相关部门登记，可以开展养老服务活动，但是还要在一定时限内到登记机关同级民政部门备案。

【思考】

你觉得 A、B、C、D 四位同学对养老机构开业时间的回答正确吗？

## 一、养老机构开业应具备的基本条件

养老机构应当依照《中华人民共和国老年人权益保障法》（如图 1-2 所示）等法律法规和标准规范的规定开展服务活动，并符合下列基本条件：

（1）应当符合《中华人民共和国建筑法》《中华人民共和国消防法》和《无障碍环境建设条例》等法律法规，以及《老年人照料设施建筑设计标准》（住房和城乡建设部公告 2018 第 36 号）和《建筑设计防火规范》（住房和城乡建设部公告 2018 第 35 号）等国家标准或者行业标准规定的安全生产条件，并符合环境影响评价分类管理要求。依照《中华人民共和国安全生产法》第 17 条规定，不具备安全生产条件的组织或机构不得从事经营服务活动。

（2）应当符合《养老机构管理办法》的规定。

（3）开展医疗卫生服务的，应当符合《医疗机构管理条例》和《医疗机构管理条例实施细则》等法规规章，以及养老机构内设医务室、护理站等设置标准；

（4）开展餐饮服务的，应当符合《中华人民共和国食品安全法》等法律法规，以及相应食品安全标准。

（5）法律法规规定的其他条件。

项目一　养老机构的筹建与开业

图1-2　漫画《中华人民共和国老年人权益保障法》

《中华人民共和国老年人权益保障法》（2018修订）是保障老年人合法权益，发展养老事业，弘扬中华民族敬老、养老、助老的美德而制定的法律。

在我国，老年人是指多少周岁以上的公民？老年节是每年的哪一天？

## 二、养老机构开业登记

### （一）养老机构开业新法规

民政部关于贯彻落实新修改的《中华人民共和国老年人权益保障法》的通知（民函〔2019〕1号），作出如下相关规定：

**1. 不再实施养老机构设立许可**

自新修改的《中华人民共和国老年人权益保障法》发布之日起，各级民政部门不再受理养老机构设立许可申请。发布之日前已经受理，尚未完成审批的，应当终止审批，将申请材料退还申请人并做出说明。各级民政部门不得再实施许可或者以其他名目变相审批。已经取得养老机构设立许可证且在有效期的仍然有效，设立许可证有效期届满后，不再换发许可证。

**2. 依法做好登记和备案管理**

县级以上地方人民政府民政部门应当明确内部职责分工，加强与相关部门工作协同和信息共享，不断提高服务便利化水平，逐步实现申请登记养老机构线上"一网通办"、线下"只进一扇门"、现场办理"最多跑一次"，最大限度方便申请人办事。取消养老机构设立许可后，设立民办公益性养老机构时，依照《民办非企业单位登记管理暂行条例》规定，依法向县级以上地方人民政府民政部门申请社会服务机构登记。按照"一门、一网、一次"的办理原则，落实首问负责制，县级以上地方人民政府民政部门负责行政审批的窗口统一对外，受理举办者提交的申请材料，并征求养老服务部门的意见。民政部门批准成立登记的民办公益性养老机构，由民政部门承担业务主管单位职责，内部可明确由社会组织登记部门履行养老机构登记管理机关具体职责，养老服务部门履行业务主管单位具体职责。非民政部门（如行政审批局）批准成立登记的民办公益性养老机构、经营性养老机构，民政部门要及时与省级共享平台或者省市级部门间数据接口对接，掌握相关信息。

**3. 养老机构登记后即可开展服务活动**

养老机构登记后应当向民政部门备案，真实、准确、完整地提供备案信息，填写备案书和承诺书，民政部门应当提供备案回执，书面告知养老机构运营基本条件，以及本区域现行养老服务扶持政策措施清单。对于由民政部门承担业务主管单位职责的养老机构，可以相应简化备案手续。养老机构登记事项变更的，应当及时办理备案变更手续。

### （二）养老机构登记

**1. 规范养老机构登记相关内容**

设立养老机构，其经营（业务）范围应当包含"老年人养护服务"或者"为老年人提供集中居住和照料护理服务"的规范表述。养老机构应当符合建筑、消防、环境、卫生和食品安全等有关国家标准或者行业标准和规范。

**2. 公益性养老机构登记**

取消养老机构设立许可后，设立公益性（即非营利性）养老机构，举办者应向县级以上民政部门社会组织登记管理机关提交登记申请材料，社会组织登记管理机关将申请材料内部流转至本级养老服务业务部门，本级养老服务业务部门负责对举办者进行服务能力和场所条件的现场查验，并向本级社会组织登记管理机关出具是否同意作为业务主管单位意见。符合登记条件的，经登记管理机关审批后发给社会服务机构登记证书；登记管理机关不予登记的，应向举办者说明理由。

**3. 经营性养老机构登记**

设立经营性（即营利性）养老机构，由举办者依法向县级以上市场监督管理部门申请登记。

**4. 政府兴建的养老机构登记**

设立公办养老机构，应当按照规定向事业单位登记管理机关办理登记。采取公建民营形式（如租赁、委托经营等）设立的养老机构，应当按照机构经营性质依法向相关登记管理机关申请登记。

**5. 港澳台投资者和外国投资者兴建的养老机构登记**

港澳台投资者和外国投资者兴建养老机构应当按照机构经营性质依法向相关登记管理机关申请登记。

## 三、养老机构备案

### （一）养老机构备案

**1. 新设立养老机构备案**

新设立养老机构在完成登记手续后 7 个工作日内到养老机构法人登记管理机关的同级民政养老服务业务部门办理备案，真实、准确、完整地填写《设置养老机构备案书》和《养老机构备案承诺书》，领取《养老机构基本条件告知书》。对于提交的材料信息不全的，法人登记管理机关的同级民政养老服务业务部门应当现场一次性告知举办者补全材料后备案；经核对材料信息齐全的，当场提供《设置养老机构备案回执》，并书面告知本区域现行养老服务扶持政策。经营性养老机构在市场监督管理部门登记后，要通过政府信息共享平台及时推送给同级民政部门。

**2. 医疗机构设立养老机构备案**

具备法人资格的医疗机构设立养老机构的，可以不另行设立新的法人，不另行进行法人登记，可通过相应的登记管理有关规定向登记管理机关申请变更登记事项或经营（业务）范围开展养老服务，并在变更登记事项或经营（业务）范围后 7 个工作日内到医疗机构法人登记管理机关的同级民政养老服务业务部门办理备案。

**3. 已取得设立许可的养老机构备案**

养老机构设立许可取消前已经取得养老机构设立许可证且在有效期的仍然有效。养老机构设立许可证有效期满自动作废，需到该机构法人登记管理机关的同级民政养老服务业务部门办理备案；有效期满前，养老机构备案事项发生变化的，养老机构应当向法人登记管理机关的同级民政养老服务业务部门申请备案，并交回设立许可证，设立许可证自交回之日起作废。

**4. 养老机构变更备案**

养老机构登记事项变更的，举办者应当向登记管理机关申请变更登记，自变更登记完成后 7 个工作日内向原备案的民政部门办理变更备案；涉及其他备案事项变更的，养老机构举办者应当自变更之日起 7 个工作日内向原备案的民政部门办理变更备案，填写《养老机构变更备案书》。对于提交的材料信息不全的，民政养老服务业务部门应当现场一次性告知举办者补全材料后办理变更备案；经核对材料信息齐全的，提供《养老机构变更备案回执》。

**知识拓展**

"医养结合"就是把专业的医疗技术检查和先进设备与康复训练、日常学习、日常饮食和生活养老等专业相融合，是人类医疗改革创新中的重点康复工程，是一种切实可行的医疗改革新模式。医养结合养老机构是指同时具备医疗卫生资质和养老服务能力的医疗卫生机构或养老机构。为优化医养结合养老机构审批流程和环境，进一步促进医养结合发展，国家卫健委办公厅、民政部办公厅、国家市场监督管理总局办公厅、国家中医药局办公室四部门联合发布《关于做好医养结合机构审批登记工作的通知》，对医养结合养老机构审批登记做了具体要求，给予最大力度的支持，使开办流程更加简化。

### （二）养老机构备案事项公开

各地民政部门应当在门户网站、办事服务窗口等公开养老机构备案申请材料清单及样式、备案流程、办理部门、办理时限、办理结果等信息，切实保障社会公众的知情权、参与权和监督权。

### （三）备案承诺书样式

**备案承诺书**

本单位承诺如实填报××养老机构的备案信息，并将按照相关法律法规的要求，及时、准确报送后续重大事项变更信息。

承诺已了解养老机构管理相关法律法规和标准规范，承诺开展的养老服务符合《养老机构基本条件告知书》载明的要求。

承诺按照诚实信用、安全规范、以人为本的原则和相关国家和行业标准开展养老服务，不以养老机构名义从事欺老虐老、不正当关联交易、非法集资等损害老年人合法权益和公平竞争市场秩序的行为。

承诺主动接受并配合民政部门和其他有关部门的指导、监督和管理。

承诺不属实，或者违反上述承诺的，依法承担相应法律责任。

备案单位：（章）<br>
法定代表人（主要负责人）签字：<br>
年　月　日

## 四、养老机构开业登记备案流程

养老机构登记备案流程如图1-3所示。

项目一　养老机构的筹建与开业

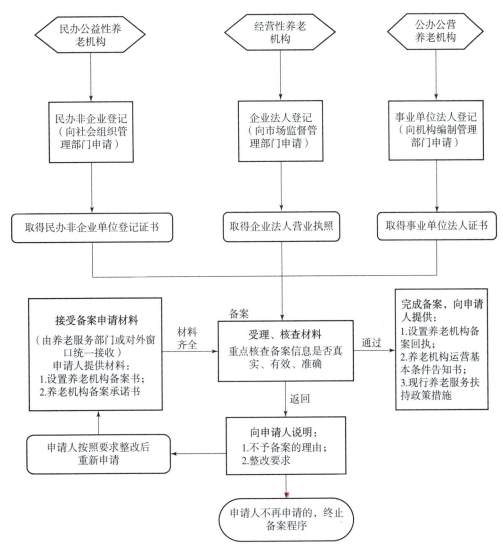

图1-3　养老机构登记备案流程

## 拓展训练

利用实践课时间，分组模拟成立养老机构，针对不同性质养老机构的登记、备案，按流程准备相关资料，进行养老机构开业训练。

# 项目二 养老机构的运营策划

## 【知识目标】

- ◇ 掌握品牌定位的概念、方法
- ◇ 掌握养老机构运营策划书的内容
- ◇ 掌握宣传推广的方式、方法
- ◇ 掌握养老机构效益评估的方式、方法
- ◇ 了解养老机构风险的种类
- ◇ 掌握养老机构风险规避的措施

## 【能力目标】

- ◇ 能确定企业的品牌定位
- ◇ 能设计养老机构运营策划书
- ◇ 能依据养老机构组织架构理论与实际确立养老机构组织结构
- ◇ 能制定宣传推广方案
- ◇ 能建立养老机构效益评估模型
- ◇ 能依据管理学模型分析判断养老机构运营效果
- ◇ 能依据养老机构风险评判相关知识判断本机构风险情况
- ◇ 能够运用养老机构风险规避措施指导机构运营

项目二　养老机构的运营策划

【思维导图】

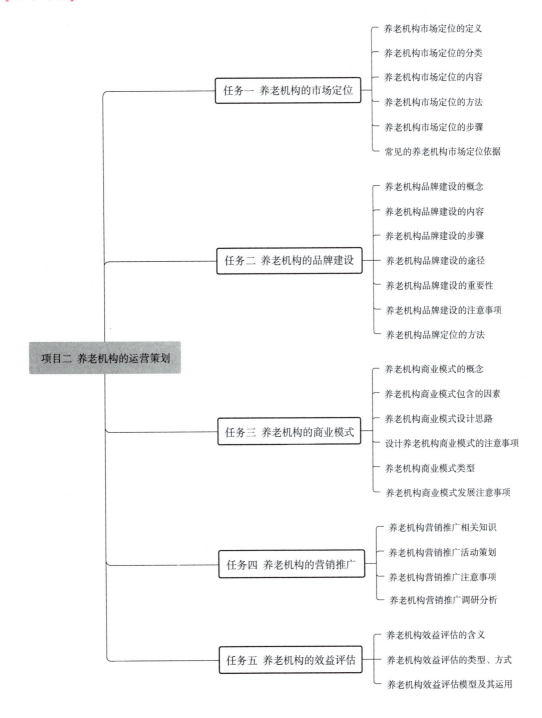

## 任务一 养老机构的市场定位

**案例导入**

李力从学校毕业后到某养老机构工作，成为一名院长秘书。有一天他陪同院长到市场了解该养老机构的市场定位情况，结果发现很多老年人一直认为该养老机构的入住价格比较高，但是对此没有再进行深入了解。院长认为是他们的营销环节没有做好，而且对当地消费群体的定位做得不够准确。

【思考】
1. 市场定位是什么意思？
2. 如何才能进行准确定位？

### 一、养老机构市场定位的定义

市场定位是由市场与定位两个词组合而成的，养老机构市场定位是指养老机构确定目标市场后，采取一定的营销方式，展示其养老服务手段和方法，以及与其他养老机构的区别，进而树立本养老机构形象，取得有利于自身发展的竞争地位。简而言之，养老机构市场定位就是在老年群体市场树立养老机构独特的形象，以吸引老年群体。

养老机构市场定位的过程，就是养老机构实现差别化的过程，也是养老机构不断寻找差别、实现差别、确定差别的过程。

1. 市场是指买卖双方在特定的时间、地点进行交易的场所。
2. 定位就是在目标客户中确立一定的位置。

市场都有什么类型？

> **知识拓展**
>
> 市场定位（Marketing Positioning）也称作"营销定位"，是20世纪70年代美国营销学家艾里斯和杰克特劳特提出的。其含义是企业根据竞争者现有产品在市场上所处的位置，针对客户对该类产品某些特征或属性的重视程度，为本企业产品塑造与众不同的、给人印象鲜明的形象，并将这种形象生动地传递给客户，从而使该产品在市场上确定适当的位置。

## 二、养老机构市场定位的分类

依据养老机构是否有服务对象将其分为养老机构现有市场定位和养老机构潜在市场定位。

养老机构现有市场定位往往属于已经定位过的，因而又叫再定位，这也意味着需要重新对现有养老机构从机构名称、服务价格、机构形象及宣传渠道等诸多环节进行更改。再定位是在原有定位基础上的升级和改造。

养老机构潜在市场定位又叫预定位，针对的是还未提供服务的养老机构，或者即将进入养老市场的机构，或者想要重新进行设计的养老机构。潜在养老机构的营销者必须从零开始设计其养老机构服务，要确保机构提供的服务类型、价格等符合所选择的老年群体的需求。养老机构在进行市场定位时，一方面要了解其他养老机构的服务具有何种特色；另一方面要研究老年群体对其服务信息的了解重视程度。然后再根据这两方面进行分析，选定本养老机构的特色和形象。

## 三、养老机构市场定位的内容

养老机构市场定位的内容如图2-1所示。

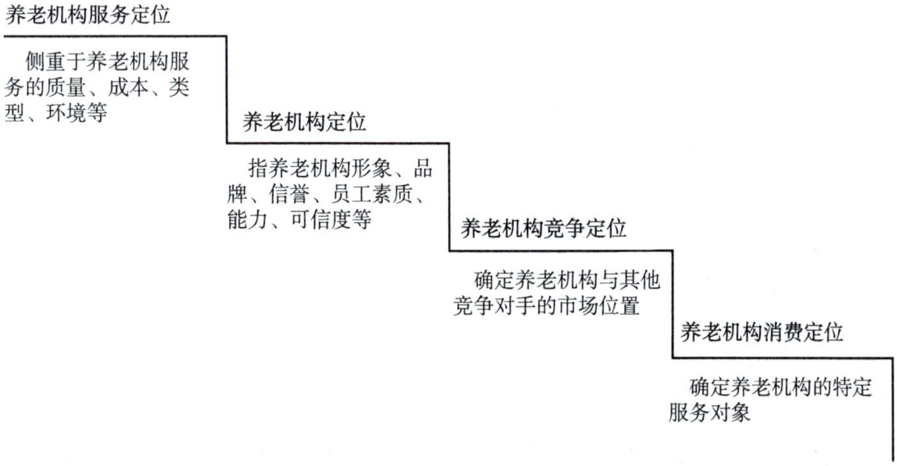

**养老机构服务定位**
　侧重于养老机构服务的质量、成本、类型、环境等

**养老机构定位**
　指养老机构形象、品牌、信誉、员工素质、能力、可信度等

**养老机构竞争定位**
　确定养老机构与其他竞争对手的市场位置

**养老机构消费定位**
　确定养老机构的特定服务对象

图2-1　养老机构市场定位的内容

> **提示**
>
> 在某一行业或领域中，有与你相同或相似资源（包括人力、资金、产品、环境、渠道、品牌、智力、相貌、体力等资源）的个体（或团体），并且该个体（或团体）的目标与你相同，产生的行为会给你带来一定的利益影响，该个体称为你的竞争对手。

> **知识拓展**
>
> 七喜汽水面世之初，面临百事可乐、可口可乐两个"超级大国"，夹缝里如何求生存？七喜为自己的汽水精心设计了简短的广告词："七喜——非可乐"。将饮料市场一分为二：一边是可乐，另一边不是可乐。在广告宣传中将自己定位为"非可乐"饮料，暗示其他"可乐型"饮料中含有咖啡因，对消费者健康有害。

## 四、养老机构市场定位的方法

### （一）避强定位法

（1）定义：指养老机构力图避免与实力最强的或者比较强的养老机构发生竞争，而将自己的产品定位在另一区域，使自己的产品在某些特征或属性方面与最强或较强的对手有比较显著的区别。

（2）优点：该方法有利于养老机构快速在市场站稳脚跟，并能在老年群体中树立形象，风险小。

（3）缺点：该策略往往意味着养老机构必须放弃某个最佳市场位置，很可能使养老机构处于最差的市场位置。

### （二）迎头定位法

（1）定义：指养老机构根据自身实力，为占据较佳的市场位置，不惜与市场上占支配地位的、实力最强的或较强的竞争对手发生正面竞争，从而使自己的产品进入与对手相同的市场位置。

（2）优点：竞争过程中往往容易引人注目，引起轰动效应，有利于老年群体快速了解该养老机构，能迅速树立起市场形象。

（3）缺点：具有较大风险。

### （三）创新定位法

（1）定义：寻找新的尚未被占领或者有潜在市场需求的位置，填补市场上的空缺，提供养老市场上没有的、具有某种特色的养老机构。

(2) 优点：独辟蹊径，易占领市场，获取较好效益。

(3) 缺点：要求养老机构有较强的经济实力和技术实力，对养老市场容量、公司盈利状况及时跟踪。

### （四）重新定位法

(1) 定义：养老机构虽然已经有市场定位，但发现定位不准确，或者随着形势的变化，原定位已经不能适应市场变化时进行的市场定位。

(2) 优点：以退为进，更有针对性。

(3) 缺点：容易引起定位混乱、定位过宽或过窄的情况。

**知识拓展**

万宝路香烟刚进入市场时，以女性为目标市场，它推出的口号是"像5月的天气一样温和"。然而，尽管当时美国吸烟人数年年都在上升，万宝路的销路却始终平平。后来，广告大师李奥贝纳为其做广告策划。他将万宝路重新定位为男子汉香烟，并将它与最具男子汉气概的西部牛仔形象联系起来，树立了万宝路自由、野性与冒险的形象，使其从众多的香烟品牌中脱颖而出。自20世纪80年代中期开始，万宝路一直居世界各品牌香烟销量首位，成为全球香烟市场的领导品牌。

某日化厂生产婴儿洗发剂，强调该洗发剂不刺激眼睛，以此来吸引有婴儿的家庭。但随着出生率的下降，销售量减少。为了增加销售量，该企业将产品重新定位，强调使用该洗发剂能使头发松软有光泽，以吸引更多、更广泛的购买者。

某厂家生产了一种曲奇饼干，最初将其定位为家庭休闲食品，后来发现不少顾客购买是为了馈赠，于是将其重新定位为礼品。

小苏打最早被定位为冰箱除臭剂，后来有家公司把它当作了调味汁和卤肉的配料，更有一家公司发现它可以作为冬季流行性感冒患者的饮料。

养老机构如何确定自己的市场定位？

## 五、养老机构市场定位的步骤

养老机构市场定位的步骤如图2-2所示。

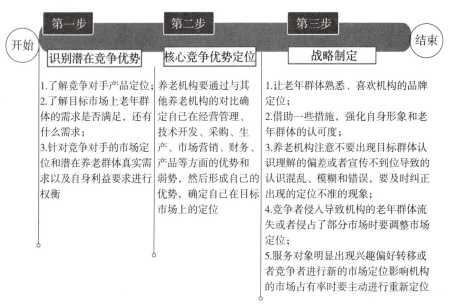

图 2-2 养老机构市场定位的步骤

## 六、常见的养老机构市场定位依据

### (一) 对养老机构进行市场细分

对养老机构进行市场定位首先要对养老市场进行细分。养老机构市场细分是指管理人员通过对养老市场进行详细调研，依据潜在养老群体及其家属朋友的需要、期望、购买行为和购买习惯等方面的差异，把养老机构的市场整体划分为若干消费者群体的市场分类过程。具体做法就是将影响养老机构品牌的因素转化为市场上的详细因素点，逐条进行分析推断。

> **知识拓展**
>
> 市场细分（Market Segmentation）是企业管理人员必须掌握的营销理论，由美国市场学家温德尔·史密斯（Wendell Smith）于 20 世纪 50 年代提出。该理论认为，任何一个有独特个性和需求的消费者群体都属于一个细分市场，将这些群体进行分析和归类就是对该领域的消费者进行市场细分。

养老机构的市场细分通常会围绕地理环境、人口状况、文化心理特质、行为等分析潜在养老群体可能的需求，从而确定养老机构的市场定位。

**1. 地理环境细分**

地理环境细分是经常采用的细分方式，主要考虑不同地域的群体存在的生活习惯、宗教信仰、风俗习惯等方面的不同偏好，从而形成相应的消费偏好。例如，中国人普遍受

"养儿防老"观念的影响,很多人不愿选择养老机构,即使有些家庭不具备家庭养老的条件,也不会选择到养老机构养老,因为他们担心到养老机构养老会被人说闲话。相比之下,一线城市的养老观念较为开放,越来越多的老年人开始选择到实力较强的养老机构进行养老,甚至出现提前预订养老机构的现象。二、三线城市绝大多数的老年人在自身条件具备的情况下会选择居家养老,偶尔找人帮忙,只有少部分群体在自身和家庭不具备照护条件时会选择到养老机构养老。县城和农村中的老年人几乎以家庭养老为主。

**2. 人口状况细分**

人口状况细分主要依据潜在养老群体的年龄、性别、家庭、收入、文化程度、宗教信仰、种族、国籍等因素进行细分。由于个人的收入情况、家庭状况及文化程度等均会直接制约和影响消费者的需求偏好和消费选择,因此潜在服务对象的人口状况是市场细分中较为关键的因素。

一般来说,收入较高的家庭或老年人在选择养老机构时,更关注养老机构的服务质量、服务环境、医疗条件等因素。文化程度较高的家庭或老年人更容易接受养老机构的新颖理念和服务。

**3. 文化心理特质细分**

文化心理特质细分是依据潜在养老群体所处的社会阶层、职业定位、生活方式及个性特征对市场进行细分。老年人所处的社会阶层主要取决于其成长环境、成长背景、工作氛围和社交圈等,据此可以分析其可能的兴趣偏好。老年人在选择养老机构时考虑的因素包括其主要为哪些群体服务、提供什么层次的服务、已入住的老年人是什么身份等,从中推论是否入住。上述因素暗含了其入住后的交往圈、养老机构的人员素质和整体层次。

职业定位是指企业在制定营销策略时要考虑将产品或劳务销售给什么职业的人。

**4. 行为细分**

行为细分是根据潜在养老群体对不同养老品牌了解之后的行为反应进行细分。这方面的细分因素主要包括:养老机构品牌知名度越高,潜在养老群体越容易选择购买其服务;潜在养老群体急于入住养老机构时会对价格、品牌等不太敏感;当想入住某一养老机构的群体较多而机构容纳不下时,价格会水涨船高;入住养老机构的时间长短也会影响养老机构服务的价格,潜在养老群体在了解养老机构的情况后会传递其感兴趣、愿意或否定、敌视、无所谓等信息。上述这些信息均有助于养老机构进行品牌定位。

### (二)养老机构市场细分的准则

养老机构制定市场细分准则时需要详细制定分析样表,并依据上述因素的重要程度逐项进行加权平均。养老机构要根据自身准备提供的服务进行匹配,然后制定细分市场的细节标准,并按此标准进行调查和分析,最终确定养老服务市场定位。养老机构一旦确定了细分市场的目标和方向,后期行为就必须具体、明确,不能似是而非。

### (三) 常见的养老机构市场定位细分过程

**1. 养老市场的SWOT分析**

借助SWOT分析法(Strengths—优势、Weaknesses—劣势、Opportunities—机遇、Threats—威胁)分析养老市场的优势、劣势、机会和威胁。SWOT分析法又称为态势分析法,是一种能够较为客观准确地分析和研究一个行业或单位现实情况的方法。养老市场的SWOT分析是对养老市场进行的战略分析,围绕养老市场各环节的优势、劣势、机会和威胁进行综合评估与判断,通过微观剖析和宏观分析结合的方式确定其资源优势和劣势,了解所面临的机遇和威胁,从而在制定养老机构的品牌战略与战术层面进行调整规划。

养老市场的SWOT分析如图2-3所示。

图2-3 养老市场的SWOT分析

**2. 分析SWOT数据**

借助SWOT分析,判断得出养老市场的行业特点、行业状况、现存问题、潜在机遇、未来发展趋势等信息,从而准确定位养老机构市场品牌。

(1) 管理层进行宏观市场分析判断,然后确定养老机构市场定位;

(2) 根据老年群体常见的需求信息,确定养老机构可能涉及的细分市场;

(3) 分析目前养老机构的市场定位,初步形成相近的细分市场;

(4) 分析现有养老机构的共性和差异,以它们之间的差异作为细分市场的依据;

(5) 分析养老机构的规模特征,评估其赢利可能并确定细分市场。

**3. 找出养老机构的差异化或立足点**

依据对养老机构进行细分的情况,找出养老机构的共性与差异,并结合对市场的分析与评判制定养老机构自身的差异化目标,从而确定养老机构可能的市场定位或者要向潜在养老群体传递的服务信息和服务理念。依据在市场调研过程中获取的潜在养老群体的信息，可以判断潜在养老群体对服务需求的期望和心理层面的信息，进而确定养老机构的利益点。

> **知识拓展**
>
> 养老机构的差异化分析就是寻找市场空隙和生存空间，但潜在养老群体的需求并非一成不变，因此养老机构还应结合现有市场分析找出现有市场欠缺的、未来可能的服务趋势，进行市场定位。这也是品牌定位的关键。只有走在行业前列甚至成为行业领导者的品牌，才能真正获得效益和长远发展，这也正是商机的由来。
>
> 养老机构进行品牌定位时必须尽力塑造差异化，传递给潜在养老群体与众不同的服务特点，以此来吸引人的关注。因此，养老机构的品牌定位必须立足其差异化，如价格区别、服务理念的不同、服务深度的比较、工作人员素质的区别等，甚至还可以对养老机构倡导的理念进行包装宣传。

**4. 进行养老机构市场定位**

在详细分析和调研的基础上，最终确定养老机构的市场定位。实践证明，任何机构都不可能独占市场或者永久繁荣，养老机构必须时刻保持行业敏感度，有清晰的市场定位，才能形成稳定的客户群。

**5. 养老品牌进入市场**

养老机构一旦确定了品牌定位，就开始着手进入目标市场。养老机构进入市场可以结合自身条件选择介入方式。依据养老机构进入市场的阶段可分为初期、成熟期，可以以某一特色为着眼点介入市场。

（1）初期——选择某一市场进入。

集中精力选择某一市场进入，该种模式有利于养老机构在创业初期集中有限资源获取最大化信息传递和潜在养老群体的认可度。选择该种模式的养老机构往往要事先分析养老服务群体定位，针对这些群体进行市场选择，然后进入市场。养老机构选择的市场往往是自身拥有较多优势资源，能快速获取市场认可的地区。该种模式较适用于那些实力有限的养老机构，尤其是正处于创业初期的养老机构。

（2）成熟期——多个市场同时介入。

多个市场同时介入，该种模式所选择的几个市场之间没有直接联系，但均具有潜在养老群体。相比而言，该种模式由于摊子大，成本相对较高，对养老机构实力要求较高。因而，该种模式适用于发展相对成熟的养老机构，其拥有稳定的某一地区市场，并能以此为据点，进行外围式扩张。

（3）介入抓手——以某一特色为着眼点。

养老机构在介入市场时要选择其容易获取市场认可的独特理念、服务内容或服务方式作为依托介入市场，从而达到在短期内快速被市场认可，传递机构品牌信息的目的。例如，养老机构可以以"医院的住院部"这一服务特色宣传其服务深度；也可以以"五星级的家"这一品牌定位传递其服务级别。考虑潜在服务对象的各种可能性需求，应分别制定针对性服务对策，然后进行营销宣传，目的在于争取所有可能的潜在养老群体。

### 拓展训练

某广告公司刚接了一个订单，为一个养老机构设计一段广告词。为此广告公司要了解该养老机构的服务对象、公司情况和市场定位，以便更好地设计广告词。

1. 假设你是该养老机构的工作人员，负责把养老机构的基本情况介绍给广告公司。
2. 请判断广告公司设计的语言是否恰当。

## 任务二 养老机构的品牌建设

### 案例导入

李兰在给妈妈找养老机构的过程中，与丈夫发生分歧。丈夫的意见是妈妈意识不清，找养老机构要侧重专业医护人员的精心照顾，所以要找品牌养老机构；而李兰的意见是找养老机构要侧重环境卫生和温馨舒适的氛围，因为李兰一直认为妈妈的疾病与长期一个人生活有关，所以品牌不太重要，重要的是氛围如何。同时，李兰还向同事周大姐请教，因为她知道周大姐的婆婆在养老院居住。周大姐说找养老机构一定要和居住在养老机构的老年人打听一下，不要光看品牌和表面，要进行深入了解。

【思考】
1. 案例中反映了养老机构管理涉及的哪些问题？
2. 如何创立养老机构品牌？
3. 养老机构的品牌重要吗？

### 一、养老机构品牌建设的概念

养老机构品牌建设是指养老机构对其机构品牌进行的规划、设计、宣传、管理的行为和努力。品牌建设一词是在经济不断发展的基础上，从管理学的角度衍生出的词语，是管理学发展的历史产物。

> 品牌是一种无形资产，品牌就是知名度，有了知名度就具有凝聚力与扩散力，就成为发展的动力。

品牌建设的利益表达者和主要组织者是品牌拥有者（品牌母体）。参与者包括了品牌的所有接触点，包括用户、渠道、合作伙伴、媒体，甚至竞争品牌。品牌建设包括的内容有品牌资产建设、信息化建设、渠道建设、客户拓展、媒介管理、品牌搜索力管理、市场活动管理、口碑管理、品牌虚拟体验管理。

企业品牌是城市经济的细胞，企业品牌是带动城市经济的动力。首先，企业品牌的建设，要以诚信为先，没有诚信的企业，品牌就无从谈起；其次，企业品牌的建设，要以诚信为基础，以产品质量和产品特色为核心，这样才能培育消费者的信誉认知度，企业的产品才有市场占有率和经济效益。

## 二、养老机构品牌建设的内容

养老机构品牌建设的内容如图2-4所示。

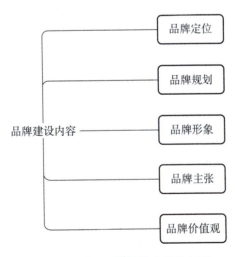

图2-4 养老机构品牌建设的内容

养老机构的品牌定位是机构在市场定位和服务定位的基础上，对机构的品牌在文化取向及个性差异上的商业性决策。它是建立一个与老年群体有关的品牌形象的过程和结果。养老机构的品牌定位可以从市场、价格、形象、地理、人群、渠道等方面进行定位。品牌定位的目的就是让老年群体对养老机构品牌形成强烈的印象。

> **知识拓展**
>
> 1. 价格定位：指营销者把产品、服务的价格定在一个什么样的水平上，这个水平是与竞争者相比较而言的，有高价定位、低价定位和平价定位。
> 2. 形象定位：即确定企业在市场中的位置，包括公众眼中的位置和形象、同行中的位置、社会中的位置。
> 3. 地理定位：指机构所在位置及机构传递的地理位置特性。地理定位是个人化搜索的表现形式之一。
> 4. 人群定位：又叫消费群体定位，是机构直接以某类消费群体为服务对象，强调专为该类消费群体服务，将品牌与消费者结合起来，增强消费者的归属感，以获得目标消费群体的认同。
> 5. 渠道定位：指机构通过提供比其他竞争对手更好的产品、服务、价格、项目和系统等而获得的在目标消费群体中的一种信誉。

养老机构的品牌定位就是通过制定养老机构预计建立的服务规模、服务水准、服务内容、服务价格，与其他养老机构相比，打造差异化优势的过程，突出自身品牌的含义和标准。品牌定位是养老机构企业战略的核心，也是养老机构所有服务内容的操作纲领。养老机构的品牌定位并非一成不变，它会随着机构发展阶段的市场判断、消费者需求的改变等因素的影响而做出调整。

例如，随着消费者生活水平的提高，对环保、绿色食品的重视，出现了"有机蔬菜""原生态猪肉"等概念，消费者看到"原生态"就会联想到最原始的饲养模式，无污染、无添加剂，进而意识到产品的纯天然、质量好等特点，从而达到传递其品牌价值的目的。同样，消费者对养老机构的服务质量要求也从传统的简单生活照料转化为生活照料、精神慰藉、情感寄托等为一体的服务理念，因而作为养老机构及时调整其品牌定位是占领市场和长期吸引消费者的根本。

品牌主张、品牌形象、品牌价值观分别是什么意思？

## 三、养老机构品牌建设的步骤

养老机构品牌建设的步骤如图 2-5 所示。养老机构在识别定位环节要做到以下几点：
（1）深入老年群体进行市场调研，了解老年群体对品牌的认识、印象，彻底研究品牌

项目二 养老机构的运营策划

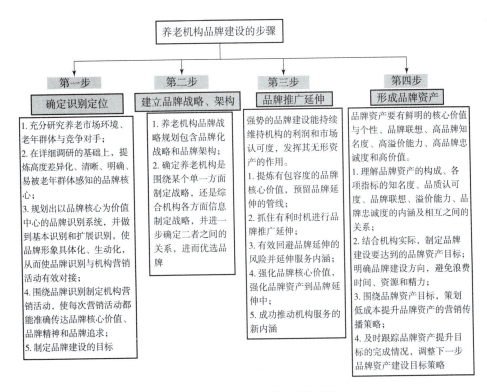

图 2-5 养老机构品牌建设的步骤

的形象、身份、特质和性格，研究养老机构对老年服务、老年群体及市场所持的策略，制定施行计划和战术；

（2）养老机构在品牌延伸环节要研究：品牌上市计划，涉及会计分析、预算、进度、目标市场；品牌运用具体细节，初步考虑品牌延伸环节，制定副品牌或品牌延伸可能；将机构可能的服务内容销售到想要的通路，开始生产产品或传递服务。

> **知识拓展**
>
> 雀巢就曾经利用品牌联合战略达到品牌延伸的作用。雀巢公司有效地利用了雀巢这一可以信赖的总品牌获得消费者的初步信任，又用"宝路、美禄、美极"等品牌来张扬产品个性，节省了不少广告费；后来雀巢在大力推广"飘蓝"牌矿物质水时，发现"飘蓝"推起来很吃力、成本较高，发现单用雀巢这个品牌消费者也能接受，于是就果断地砍掉"飘蓝"，这样不仅减少了推广成本，还节省了上亿的广告费。

## 四、养老机构品牌建设的途径

网络品牌建设是养老机构品牌建设的途径之一，即养老机构可以购买独立的域名和网站空间以建立网站。进行网络品牌建设首先要确定建设目标和运营模式，虽然老年群体未必都会上网,但网络运营途径绝对不能忽视,机构要充分借助网络展示自身服务特点和优势,借助生动的图片和内容吸引网络用户,同时要尽可能在网站页面制作环节与竞争对手保持差异化。

### (一) 树立品牌理念

养老机构的网站主要用于品牌宣传、机构介绍、服务内容展示、机构招聘、服务对象联系等。在进行差异化的品牌建设时需要机构独具匠心,设计符合机构整体形象的新颖网站,第一时间吸引潜在老年群体。养老机构一旦确立品牌定位和品牌文化,就必须持之以恒地执行。机构在制作网站时,也应充分考虑老年群体的品牌感知能力,将品牌力渗透到网站的具体细节里,让老年群体在浏览和欣赏网页的同时,享受品牌建设带来的视觉盛宴,从而提高品牌的认知度和忠诚度。

### (二) 加强网络宣传

加强养老机构网络品牌的宣传,进行网络推广和网络营销,提高养老机构的知名度和美誉度。同时,要整合资源,充分参考一些大型商业机构网络运营的有效途径,杜绝资金和人力的浪费,做到以小博大,尤其是要做好整合营销。

> **知识拓展**
>
> 1. 整合营销主要包括新闻营销、网络广告营销、百度营销(百度百科、百度知道、百度贴吧、百度文库)、邮件营销、博客营销、微博营销、论坛营销等,多种营销方式之间进行优势互补,让企业的品牌影响更多的受众,提高企业的品牌知名度和美誉度。
>
> 2. 营销外包是企业将营销活动(包括渠道的开发和管理)全权委托给专业的营销公司,企业只是在战略上进行全程监控和规定收益回报的下限,将自身风险降到最低。有的企业甚至将生产、人力资源管理、财务管理等价值链环节也外包给了专业的外部机构,只保留核心能力进行"产品研发+品牌经营",以获取巨额的"净值"回报。营销外包是市场经济快速发展下的新型商业思维,也是一种商业工具。

### (三) 网络跟进推广

养老机构要跟进网络推广,定期进行网站更新,制作动态链接吸引老年群体访问机构的网站,并能长时间多次浏览,从而获得更多的机构品牌信息。养老机构品牌的建设是一个持久的过程,需要时间的沉淀。养老机构品牌建设的本质还是需要机构提高自身服务的竞争力,严把质量关,在此基础上加强推广宣传,提升机构品牌的知名度和美誉度,培养老年群体的偏好度和忠诚度。

## （四）多渠道营销

虽然网络时代最主要的营销途径是网络，但绝不能忽视传统销售渠道，如电视、杂志等传统媒介。养老机构可以结合自身实力，综合几种营销途径，做到既降低成本，又能够聚焦，用以点带面的策略扩大品牌的知名度。

## 五、养老机构品牌建设的重要性

养老机构品牌建设的重要性如图 2-6 所示。

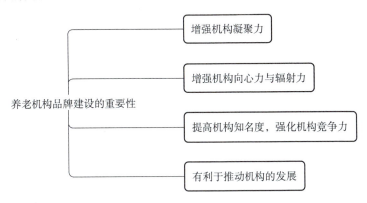

图 2-6 养老机构品牌建设的重要性

## 六、养老机构品牌建设的注意事项

### （一）重视品牌规划

养老机构在做品牌战略规划时，要考虑品牌塑造与机构服务宗旨能否有效对接。当机构达到某一阶段时，应该让老年群体对品牌有什么样的认知，品牌的宣传范围应该有多广；当机构到达下一阶段时，又应该如何树立品牌，使其与机构的发展相结合。好的品牌规划可以事半功倍。做品牌规划要明确目标，制定实施措施。在经营过程中，要随时对机构品牌进行审视，及时发现问题，总结优势和劣势。

### （二）重视品牌蕴含的价值观

品牌价值观的树立是养老机构的核心与精髓。品牌价值观是养老机构想要传递和树立的品牌理念，确立什么样的价值观，决定养老机构能够走多远。在现实生活中，很多养老机构缺乏明确清晰的品牌理念，甚至在品牌价值观取向上表现出明显的急功近利、唯利是图，忽视了对老年人的关怀和对社会的责任。殊不知，养老机构如果过分关注利益，就会采取一些危害或侵犯老年人切身利益的手段，最终会被社会淘汰。而养老机构只有真正获取养老市场的认可才能获得长远利益。养老机构在树立品牌价值观时要做到首先是为消费者创造价值，其次才是为股东创造利益。

### (三) 品牌建设需要长期维护

养老机构要根据市场和自身发展的变化，不断对品牌进行维护，提升品牌价值，使之达到新的高度，从而产生品牌影响力，直到能够进行品牌授权，使其真正成为一种资产。这三个阶段，不能靠投机和侥幸来达到，也不能一蹴而就。

品牌授权意味着什么？

### (四) 品牌建设依托于机构服务

好的品牌建设会给养老机构带来溢价和销售动力。养老机构依靠营销措施可以在短期内达到让市场熟悉的目的，但长期的品牌建设发展依托于养老机构服务。养老机构要想让自身品牌被长久认可，处于有利的竞争地位，必须从服务环节、管理环节和经营模式上进行优化，打造独特的企业文化。

**知识拓展**

溢价是指所支付的实际金额超过证券或股票的名目价值或面值，它是证券市场用语。溢价空间是指交易价格超过证券票面价格的多少。

### (五) 品牌定位要充分考虑老年群体需求

只有充分考虑老年群体的需求，才能制定出有市场的品牌战略和有针对性的营销措施。如果养老机构品牌定位忽视老年群体需求会导致：老年群体不认可品牌建设，机构浪费资金和资源，机构建设失去执行动力。在养老机构的运营策划过程中，决不能盲目上马，追求所谓的"高大上"，忽视老年人的承受能力，因为老年人有长期节俭的习惯，对较大的资金支出会特别慎重；很多老年人对入住养老机构仍持有较大抵触情绪。所以，养老机构投资者一定要综合权衡，制定切实可行的策略，宣传养老机构的优势。

### (六) 品牌建设要与机构服务匹配

养老机构的品牌建设是一个系统的内容，包含方方面面，而服务是品牌建设中的一个环节。好的服务品牌可以更好地烘托养老机构品牌建设，甚至成为养老机构品牌知名度的核心元素，但二者并不相同。养老机构在创建品牌时要总体布局和制定品牌战略，避免出现机构名称与服务名称不匹配的情况，或者二者没有关联的现象，提到机构品牌时就要让人明白机构的服务内容。

### （七）品牌建设不能忽视机构诚信

养老机构的品牌建设本身就是养老机构树立的形象，是养老机构最重要的软实力。在市场经济条件下，环境每天都在发生变化，谁拥有了诚信品牌，谁就掌握了竞争的主动权，谁就能处于市场的领导地位。

> **知识拓展**
>
> 软实力的概念由哈佛大学教授约瑟夫·奈（Joseph Nye）首创，是相对国内生产总值、城市基础设施等硬实力而言的，是指一个国家的文化、价值观念和社会制度等影响自身发展潜力和感召力的因素。

## 七、养老机构品牌定位的方法

### （一）提前灌输养老服务新颖理念式品牌定位

提前灌输养老服务新颖理念式品牌定位，就是在目标市场上还没有使用和发现养老方面的新颖理念或方法时，能抢先使用该理念或方法以期提前获得消费者的心理认同，从而占据市场主导地位。

随着社会整体经济形势的好转，消费者关注偏好的改变，养老机构应改变其仅止于生活照护、基础护理的服务意识，加大服务深度，尤其是应加入情感层次和精神抚慰的内容。作为养老机构可以尝试用"医院的住院部""无忧的家""不怕寂寞的舞台"和"找回青春"等理念，打造新型养老机构。

### （二）依附于市场熟知的信息进行品牌定位

依附于市场熟知的信息进行品牌定位，主要是借助市场现有的对养老机构的认识程度，进行延续性品牌打造，其使用前提是现有信息有利于该品牌进行推广和宣传。例如，"王老吉"之后推出的"加多宝"就强调其制造的凉茶更正宗，其品牌宣传手段主要就是依托其前身"王老吉"所创造的销售神话，增加市场认知度和接受度。养老机构完全可以使用"老有所养、老有所乐、老有所为"等传统宣传标语进行品牌宣传。

### （三）否定现有养老机构存在的问题式品牌定位

否定现有养老机构存在的问题式品牌定位，是结合现有养老机构存在的弊端和问题，进行反向对比式衬托，从而达到破旧立新的品牌定位目的。养老机构可以以"绝不做亏心事""决不让亲人伤心"和"不想离开的家"为突破口进行品牌定位，使消费者有明确的信息概念。

### 知识拓展

荥阳市五保幸福园隶属于荥阳市民政局，属于事业单位，是目前河南省首家、全国最大的农村五保集中供养机构。目前幸福园内有将近700位五保、孤寡老年人，由于其从开始就定位于为政府供养的"五保"对象提供服务，因而该幸福园所有入住老年人均是荥阳市属农村人，均是无儿无女、无劳动能力、无生活来源、无法定赡养扶养义务人，或虽有法定赡养扶养义务人，但其法定赡养扶养义务人是无赡养扶养能力的老年人、残疾人。符合"五保"标准的荥阳人入住幸福园不需要支付任何费用，其日常生活开支均由财政负担，幸福园负责其吃、穿、住、医、葬。

### 拓展训练

某集团预介入养老产业，该集团是一家上市企业，总公司位于浙江省。旗下拥有房地产、酒店、大型娱乐设施等产业，注册资本50亿元。该集团考虑到未来中国人口老龄化严重，而企业也需要寻找新的经济增长点，于是计划涉足养老产业，但还无法确定应如何定位其服务品牌，具体应如何操作，目前正处于调研阶段。

1. 请结合该集团目前的情况，为其策划养老服务品牌建设方案。
2. 要求详细列出项目分析过程和步骤。

## 任务三 养老机构的商业模式

### 案例导入

李靖在家人的建议下，准备学习老年服务与管理专业，家人认为这个专业有前景，将来不会失业。但李靖觉得自己文化课功底差，担心学不好文化课，尤其听说里面有一门"养老机构运营管理"课程，更觉得自己学不好这个专业的文化课，于是家人找了几个这个专业的学生和她进行沟通和交流。

A 同学说：养老服务与管理专业主要就是做好服务。

B 同学说：养老服务与管理专业的运营知识一般用不上。

C 同学说：养老机构的运营主要就是看其品牌建设。
D 同学说：养老机构的运营策划重在看其商业模式。

【思考】

你觉得 A、B、C、D 四位同学对养老服务与管理专业的解释正确吗？

## 一、养老机构商业模式的概念

养老机构商业模式就是机构与机构之间、机构的各个部门之间、机构与老年群体之间、机构与渠道之间存在的各种各样的物流、信息流和资金流，它实际上是一个概念性工具，表明机构的商业逻辑。商业模式是商业化发展过程中派生出来的词语，出现于20世纪50年代，到20世纪90年代开始被广泛使用，其理念就是商业机会是可以创造的，只要将资源进行充分整合。

例如，网络快速发展的今天，大家借助网络摆脱传统销售模式进行网上销售，网络又派生出网上店铺销售、直播销售，这就是商业模式。商业模式在不断演变，变成各种可以实现的形式或者创意，一旦创业者的思路有了突破口和孕育的土壤就可能变成新的商业模式。

**知识拓展**

商业模式新解：是一个企业满足消费者需求的系统，这个系统组织管理企业的各种资源（资金、原材料、人力资源、作业方式、销售方式、信息、品牌和知识产权、企业所处的环境、创新力，又称输入变量），形成能够提供消费者无法自力而又必须购买的产品和服务（输出变量），使企业自身能复制且别人不能复制，从而使企业在市场中占据优势地位。

## 二、养老机构商业模式包含的因素

养老机构商业模式包含的因素如图 2-7 所示。下面重点介绍其中几种重要的因素。

### （一）养老机构主张

养老机构创立的初衷是什么，解决养老方面的什么问题，能填补的需求有哪些。养老机构主张必须清楚地界定目标群体及其需求状况，补足漏洞，进而赢得市场认可。

### （二）客户细分

借助对市场的调研分析获取养老机构适合服务的老年群体状况，如年龄、文化、经济收入、兴趣爱好、对养老机构的印象、期望获得的服务等。

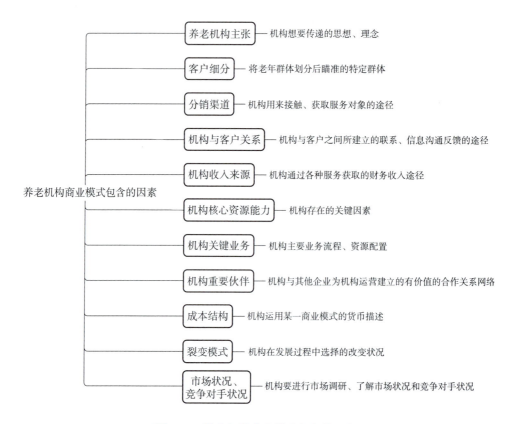

图 2-7  养老机构商业模式包含的因素

### （三）分销渠道

从养老机构到服务对象之间的环节统称分销渠道。养老机构需要借助哪些措施才能很好地贯彻自身的服务理念和服务特点？与传统实体产业不同的是，养老机构是在接收到老年群体之后，其服务或者说产品才开始进行生产，其服务能否获取老年群体的认可，依赖于其接待老年群体后为他们提供服务的过程，因而养老机构的分销渠道一部分在机构内部。

### （四）机构与客户关系

影响机构与客户关系的因素包括：养老机构如何提供服务，服务的核心、形式和效果，机构概况，服务对象认可度、评价等诸多信息如何获取，沟通是否顺畅，是否建立了有效的沟通途径，机构与客户之间是否有深入的沟通，有没有建立忠诚度。养老机构对自身服务的充分了解有利于节约进入养老市场的时间和成本。

### （五）成本结构

养老机构要了解自身的营销投入、资金流、工资支出、费用支出等情况，以及服务定价依据和定价种类，收入、现金流能否满足所有的日常开支和日常运营，资金回报率如何。养老机构在初创阶段计算成本时，可以把预估的成本与其他养老机构发布的财务报告进行对比。

### （六）市场状况、竞争对手状况

养老机构进行市场调研，不仅调研服务对象，还调研竞争对手，要了解市场上其他养老机构的规模与市场占有率、竞争对手的价格区间与促销手段、其他养老机构的优劣势、各品牌养老机构服务对象的特征与服务内容、宣传投入与效果、促销活动力度与效果、订价策略、近5年的财务状况、服务深度、服务效果、相关行业的市场状况。

养老机构在设计商业模式的过程中可以围绕以上要素进行考虑、设计，其商业模式并不一定要把以上所有要素都包含进去，但是优秀的养老机构商业模式至少要具备其中7个以上的要素。

## 三、养老机构商业模式设计思路

设计养老机构商业模式要考虑规避产业系统风险，能为机构带来持续的经济收益和竞争优势。

### （一）设计养老机构发展战略

养老机构需要分析自身的资金实力、管理人员能力、员工状况、经营管理能力、所处地域、优劣势等；确定经营模式，是选择股份制模式聘请职业经理人，还是独家经营、自我管理，或是加盟品牌选择连锁经营模式等。

### （二）市场调研

养老机构可依据市场细分、老年群体需求状况、自身所具备的优势等进行目标客户匹配度分析。分析的内容包括：老年群体的特点，低龄老年人和高龄老年人的入住意愿与年龄、性别、职业、学历、收入、家庭结构、性格的关系等，老年群体的发展状况以及国家对养老机构的政策。最终将老年群体分为基础服务需求群体和高端服务需求群体，其中，基础服务需求群体又分为自理型基础服务群体和介入型基础服务群体；高端服务需求群体又分为高端自理型服务群体和高端介护型服务群体。养老机构要结合自身实力确定面向哪些老年群体，是考虑全部群体还是为部分群体提供服务。

> **知识拓展**
>
> 自理型基础服务：指这些老年人入住养老机构往往只需要机构提供政府扶持的基础性服务，个人支付较少或者不需支付费用，养老机构提供床位、基础看护和娱乐生活设施。
>
> 介入型基础服务：指需要个人购买养老机构最基础的服务内容的养护模式。养老机构结合服务对象情况提供有针对性的基础服务。

> 高端自理型服务：这类服务群体收入高、意识好，注重服务理念和服务质量，因而愿意出高价购买高质量服务。
>
> 高端介护型服务：与高端自理型服务类似，都希望养老机构提供高质量服务，区别是高端介护型需要个性化的服务内容。

调研竞争对手的经营状况、经营方式和经营效果的具体措施有以下几点：

**1. 成立市场调研部**

进行市场调研重点是调研市场上该行业的前几名，毕竟市场是有饱和度的，不可能所有的养老机构都屹立不倒，因而能长期立足于市场而不被市场吞食的必然会不断壮大。所以重点调研该行业的前几名即可。

**2. 搜集竞争对手相关资料**

搜集竞争对手的资料可以通过相关网站查看，可以找已经居住在养老机构的老年人了解，也可以找曾经在其他养老机构工作的员工问询。

**3. 确定调研内容**

调研内容包括客户资料、服务模式、收费状况、营销渠道、技术核心、财务数据和服务的核心成员等。

**4. 做好自我保护**

养老机构在发展过程中，也要学会保护自己，以防在发展过程中被遏制。

### （三）设计养老机构服务模式

围绕市场调研状况，确定服务内容、服务形式、服务价格和收费方式等。养老机构的服务模式包括养老机构服务的目的、服务定位以及服务内容设计。

### （四）整合营销

结合养老机构的状况和资源优势，确定营销模式与推广路径。

### （五）制定商业模式

综合上述诸多因素，最终制定养老机构商业模式。

> **知识拓展**
>
> 　　养老机构运营策划就是养老机构管理人员对老年群体提供的服务内容、种类、过程、层次、手段、问题反馈机制、问题处理能力以及养老机构为提高其市场认知度等诸多环节进行整体设计与规划的过程。养老机构运营策划属于管理领域，包含宏观决策及其实施过程。

**1. 设计养老机构运营策划书内容**

（1）成立养老机构前的市场分析及定位。分析整个养老市场规模的大小以及竞争对手的情况。具体包括养老机构外界环境分析、养老机构自身状况分析。

（2）落实养老机构运营策划。具体包括：确定养老机构服务对象定位，落实养老机构空间设置，制定养老机构服务内容，划分机构常规化服务、个性化服务、群体式活动等。

**2. 加强养老机构管理**

（1）提升护理人员的道德素质。

（2）强化护理人员的业务技能。加强护理人员岗前业务培训，具体包括：培训日常护理知识和技巧，了解老年人心理以及与老年人交流和沟通的技巧，掌握开展老年活动的方法、流程和注意事项等。

（3）定期与服务对象及其家属沟通，了解其对服务状况的反馈。

（4）完善设备安装。养老机构要在每个房间安放摄像头和接听器等设备，结合老年群体的特点，配备住宿设施与活动设施。

（5）制定完善的机构管理制度，责任到人。要制定每月员工绩效考核办法，填写服务对象意见反馈表等；要制定领导每日带班制和不定时巡查制，及时发现问题，及时解决问题。

**3. 提升养老机构资金运营效率**

发挥财务管理的作用，定期进行资产效益评估、资金流动性分析，提升养老机构资金运营效率。开展促销活动要及时进行成本分析。

**4. 创新服务内容，挖掘服务深度**

随着养老机构的竞争加剧与市场的不断洗牌，创新养老服务模式和服务内容，在深度服务和服务结果上寻找突破，成为越来越多的养老机构关注的焦点。例如，在养老机构内开展临终关怀服务，与医院合作建立智慧养老和医养结合养老模式等。

> **知识拓展**
>
> "天意怜幽草，人间重晚情"，养老机构的运营策划直接决定着其运营效果。河南省爱馨阳光城成立于1999年3月，占地80余亩，集养老、娱乐、学习、医疗、康复为一体，是中国老龄化科研基地、老龄化事业发展基金会孝文化研究中心。爱馨阳光城在运营过程中，围绕老年人制定了"真诚、真爱、感恩、付出"的服务宗旨，结合老年人特点，制定出家庭式养老创新模式，开创养老和家政相结合的灵活养老方式，填补了目前养老市场的空白。

## 四、设计养老机构商业模式的注意事项

### （一）商业模式要有独特性

有时候独特的价值可能是新的思想，但更多的时候，是产品和服务独特性的结合。这种结合要么可以向客户提供额外的价值，要么使客户能用更低的价格获得同样的利益，或者用同样的价格获得更多的利益。

### （二）商业模式要有壁垒

养老机构在设计商业模式时要充分考虑立足的独特性，吸引老年群体的关注，做到与众不同，提升商业模式被复制的门槛和壁垒，维护自身长远利益。

### （三）商业模式要以服务管理为依托

好的养老机构，服务是依托，管理是保障。养老机构要做到长远经营，必须关注自身的财务状况，做好现金流管理，分析财务数据。

## 五、养老机构商业模式类型

### （一）医院+养老模式

医院+养老模式，又叫医养模式，就是借助医院的实力和医院的客户来推动养老机构的发展。

将养老机构与医疗机构结合起来，使医院变成养老机构的一部分。养老机构在提供常规居住服务的同时能提供专业的医疗服务，解决老年人的后顾之忧，从而更好地获取老年人的认可。

养老机构可以结合自身实力直接投资"医院+养老模式"的养护中心，自己负责全面运营，不仅可以提高养老服务质量，而且老年人生病时内部就能提供医疗服务；还可以选择与医院建立合作关系，签订合作协议，医院定期派人到机构进行日常检查和提供医疗服务，或者医院直接派驻医务人员到养老机构，将医院变成机构服务的第二保障；也可以让有实力的医院投资兴建养老机构，或者社区医院与社区老年人签订居家医养模式，到老年人家中提供基本医疗服务，或者指定医生负责几户老年人的包干式医养模式。医院+养老模式如图2-8所示。

### （二）旅游+养老模式

旅游+养老模式，又叫"候鸟式"养老模式，是指像鸟儿一样随着气候变换选择不同的地域环境养老的模式。作为一种新型的养老模式，候鸟式养老模式越来越受到各方的关注。全国各地对候鸟式养老模式的称谓也不尽相同，如候鸟式养老模式、候鸟式养游模

图2-8 医院+养老模式

式。这种养老模式主要借助分布在全国各地的闲置的休养中心、度假中心、培训中心，集健康服务、旅游休闲和文化娱乐为一体，是在游玩中健康快乐地享受生活。现在中国的部分老年人就过着旅游和养老的候鸟生活，例如，他们夏天到北戴河、大连、青岛、哈尔滨等地区消夏，冬天则到海口、广州等地区过冬。旅游+养老模式如图2-9所示。

图2-9 旅游+养老模式

### （三）康复+养老模式

养老机构大部分入住者是有着不同程度身体障碍与精神功能障碍的老年人，因而很多机构直接设有老年康复中心。一些康复医院里一般也设有老年病中心，医院康复治疗多半是以排除脑中风、脊椎损伤、骨折、外伤、风湿等疾病带来的障碍为主，并以恢复其原有的功能为目的。医院康复治疗的目的是让病人回归社会（回归家庭），但实际上很多病人回归家庭后无法在家庭中得到进一步的康复，因而养老机构设立老年康复中心很有必要。

### （四）网络+养老模式

互联网思维有两大特点：一是产品的免费化；二是营销的互联网化。网络+养老模式就是以互联网思维来确定养老机构的商业模式。其特点是：一是床位免费模式，吸引足够多的客户流量后通过其他方面来赚取超过床位的费用；二是投资免费模式，通过客户免费投资床位带来的升值来赚取超过床位的费用。以免费的模式吸引更多65~80岁的自理型养老客户和50~65岁的投资型养老客户，让养老机构兼具养老与投资双重的盈利模式。

### （五）金融+养老模式

养老机构一般采用B2C的经营模式，但这种经营模式限制了养老机构的发展。如果养老机构能与金融行业相结合，一方面与银行合作将老年人的余钱调动起来；另一方面与保险公司合作将老年人及其家属的钱调动起来，那么就能更好地推动养老机构的发展。当养老遇到金融，养老机构的盈利模式将发生本质上的变化。

> **知识拓展**
>
> B2C 经营模式，是商家对消费者的模式，即 Business To Consumer。这是一种省去中间环节，由商家直接对标服务对象的经营模式。

### （六）集团化养老模式

养老机构在商业化发展的过程中，为了更好地生存，应在养老服务的基础上围绕老年群体的需求进行集团化发展。集团化发展有利于集团实现规模化发展，从而实现成本最低和利润最大化。集团化养老在提供养老服务的基础上，可以拓展到老年大学、老年食品、护工学校、养老设备、养老服务、养老人才培养等领域，以开展产业化养老经营。

> **知识拓展**
>
> 集团化：也叫系列化，指企业为了生存发展，增强市场竞争力，采取扩张、组团、资产兼并、股权收购、转移等措施，由单一经营方式向多种经营方式转化的过程。
>
> 规模化：指事物的发展状态达到了一定的标准等。

### （七）信息化+养老（智慧养老）模式

中国已进入5G时代，信息化养老是每个养老机构必须拓展的方向。养老机构要实现可持续发展必须借助大数据和信息化的方式，开发与完善虚拟养老、老年电子商务、老年网上教育、医护大数据分析、智慧养老云系统等一系列智慧养老产品。养老机构也可以借助智慧养老云平台，通过租用的方式搭建独立平台，增加盈利空间。平台运用物联网、互联网、移动互联网、智能呼叫、云、GPS定位等先进信息技术，创建"系统+服务+老人+终端"的智慧养老服务模式，并且涵盖机构养老、居家养老、社区日间照料等多种养老形式。通过跨终端的数据互联与数据同步，联通各部门及角色，形成一个完整的智慧管理闭环，实现老年人与子女、养老机构、护理人员的信息交互，并对老年人的身体状态、安全情况和日常活动进行有效监控，及时满足老年人在生活、健康、安全、娱乐等各方面的需求。

### （八）房地产+养老模式

养老地产是近年来一些房地产商为资金寻找的新的投资途径，也有一些金融机构介入养老产业。从投资学角度讲，养老地产属于长线投资；从建筑设计角度讲，养老地产的建筑设计、园林规划和室内装饰都要考虑老年群体需求，因而属于高端房地产设计；从管理学角度讲，养老地产属于高端房地产中的优良健康高护服务，里面涵盖从护理、医疗、康复、健康管理、文体活动、餐饮服务到日常起居呵护等一条龙式的专业管理。房地产＋养老模式如图2-10所示。

图 2-10　房地产＋养老模式

### （九）以房养老模式

以房养老模式在国外比较多，国内近几年也开始有银行和养老机构进行运营。它是指老年群体将自己名下的房子抵押给银行和保险公司等金融机构，由其每月固定给养老机构支付养老服务费用直至老年人去世，然后由金融机构自动收回房产。以房养老模式如图2-11所示。

图 2-11　以房养老模式

## 六、养老机构商业模式发展注意事项

### （一）为老年群体提供高质量服务是养老机构商业模式的发展基础

无论何种商业模式，其发展的依据都离不开服务。养老机构就是为老年群体提供服务的，因而其所有商业模式的发展与创新都离不开为老年群体提供服务。一旦其商业模式的发展运营脱离了为老年群体提供服务，那么该商业模式就成了无本之木。

### (二) 养老机构商业模式成功的标准就是老年群体的认可与获取的效益

任何一种商业模式发展运营成功的标准都是其实现价值追求的过程。养老机构商业模式的发展必然要考虑是否获取了老年群体的认可,而老年群体的认可与接受是养老机构生存立足的根本,更是其发展壮大获取利润的源泉。

### (三) 养老机构商业模式付诸行动的过程就是给老年群体提供服务的过程

养老机构商业模式的实施过程就是给老年群体提供服务的过程,其商业模式的效果与发展也依赖于为老年群体提供服务的效果。

### (四) 养老模式创新一定要考虑链条上的利益相关者

养老模式的创新需要考虑该模式链条上涉及的各个环节,如养老机构供应商、老年目标群体以及其他养老机构等,此外也要考虑国家相关政策和地方风俗文化等。

**拓展训练**

1. 调研周边的养老机构,分析其商业模式。
2. 列举商业模式的种类及其优点。

## 任务四　养老机构的营销推广

**案例导入**

某养老机构已经成立了一年多,但入住率不高。为了提高入住率,该养老机构准备开展一系列营销活动,以使该机构被更多老年人熟悉。

【思考】
1. 该机构可以采取哪些营销措施?
2. 每种营销措施各有哪些优缺点?

## 一、养老机构营销推广相关知识

### (一)养老机构营销推广的定义

养老机构营销推广就是养老机构借助现代化的媒体途径将相关信息传递给消费者,获取消费者认可进而争取到更多老年人入住或养老业务,并进一步获取效益的市场行为。养老机构进行宣传推广是在现代社会激烈竞争的环境下,获取市场认可的快捷方式。目前中国已经是老龄化较为严重的国家,养老市场无论是在养老机构自身环节还是在市场认可度环节,都有较大的市场空间。能否争取更多的社会支持也是各养老机构进行宣传推广的出发点。有效的营销推广,可以达到事半功倍的效果。

### (二)养老机构营销推广的方法

**1. 广告宣传媒介**

(1) 广播电视。广播电视作为传统的宣传推广媒介,具有平台大、受众面广和短期集中曝光等特点,因而是不容忽视的营销手段。但相比其他媒介,其宣传成本较高,对产品或养老机构的审核会更为严格。也正因如此,利用广播电视进行宣传更彰显养老机构的实力和水平。因此,在养老机构运营初期,利用当地广播电视进行广告宣传是非常好的营销选择。

(2) 网络。网络传播具有便捷和成本低等特点,借助网络媒介可以全方位地展示养老机构的相关信息,如机构简介、地址、园区景观、服务流程、服务案例等均可进行全方位、立体式宣传,有利于消费者直观地获取信息。养老机构的网络宣传可以采用微电影、短视频等形式,也可以采用抖音、快手等网络直播形式,借助生动的人物画面和真实的场景布置,可以起到广泛的营销效果。养老机构可以借助知名度较高的网站进行宣传。

(3) 报纸、杂志。相比电视、网络,报纸和杂志受众面较小,在人手一部手机和手机可以随时随地上网的时代,报纸和杂志几乎无人问津,但仍然不能忽视这种传统媒介的宣传效果。养老机构可以选择在人流密集的地方安放广告牌进行宣传,也可以在当地销量较好的杂志和报纸上进行报道。

**2. 新闻报道**

新闻报道属于事例报道性质,具有真实性和客观性,也能间接地对养老机构的形象进行宣传,而且不需要支付广告费用,因而也不能忽视。但能否成功借助新闻报道进行宣传,需要养老机构有良好的公关形象,有一定的推广价值。例如,养老机构可以在创新养老服务方式和服务内容等环节获得媒体的认可进而被报道,或者拥有令人感动和具有社会意义的行为举止,有推广和教育意义。

**3. 消费者口碑宣传**

为服务对象提供优质的服务,不仅能获得老年人及其家属的认可与赞扬,更能获得潜在的广告宣传效果。因此，良好的口碑是一张无形的标签，更易获得社会的认可。

### （三）养老机构营销推广的内容

养老机构优势类型如图 2-12 所示。

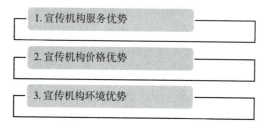

图 2-12 养老机构优势类型

宣传养老机构的服务、价格和环境等优势绝不是凭空捏造出来的，必须有相应的数据分析和图片证明，甚至要有价格和质量对比过程，包括入住养老机构的老年人及其家属的事实证明等。只有在细节上用事实说话，才能真正获得消费者的认可，提高市场占有率。

## 二、养老机构营销推广活动策划

### （一）养老机构营销推广活动策划分析

养老机构营销推广活动策划，就是将养老机构现有资源进行整合，开展推广宣传，彰显自身优势和特色。与媒体宣传相比，活动策划有利于提升品牌影响力和品牌价值。活动策划需要邀请潜在养老群体、社会居民或公众人物参与，借助现场体验、观摩来提升关注度，进而达到赢取市场认可的目的。

### （二）养老机构营销推广活动策划流程

**1. 活动策划目的和意义**

活动策划的目的是先于活动策划而定的，是确定活动方式和安排活动内容的依据。明确目的有利于执行环节的界限清晰，有利于及时调整活动执行中的行为，有利于活动目标的落实和达成。开展活动的意义应围绕如何设计活动内容及活动要达到的目的进行分析。

**2. 活动策划方案设计**

（1）活动名称或活动主题。活动名称或主题是围绕活动目的和目标而制定的醒目的称呼，有利于和活动内容进行直观的联系。

（2）活动时间、地点和参加人员。确定活动时间、地点要进行认真分析、推敲，要与相关各方建立联系，还要对活动举行期间可能的天气情况、人员参与情况做出初步预估，敲定大概的人员参与数量。必要时，还要提前进行核实，或者进行电话联系，要预防活动参与人员较少或严重超出预算等情况发生。

（3）活动实施资源保障。与老年群体有关的任何活动的开展，都需要有后勤保障、车辆保障和医护人员保障。除此之外，经费保障、活动奖品准备、活动现场秩序维护、活动执行人员安排以及紧急情况的应对措施等都是开展活动应考虑的问题。

（4）活动经费预算。开展活动需做好预算，将活动的经费开支具体到每个环节。例如，是否请外援，需几名外援，大约费用是多少；需要租用的车辆大小，大约费用是多少；为活动参与人员提供多少奖品，具体费用是多少；准备外出活动的饮品、食品需要的经费等；对于可能超支的情况也要有所考虑。

（5）活动执行环节各种可能问题的预案。在活动执行环节，要充分考虑老年群体的特点和活动实施过程中可能出现的问题，做好各种突发情况的预案，防止事态扩大。

（6）活动事前、事中和事后的效果分析与评估。对养老机构的宣传策划活动进行事前、事中和事后评估，有利于对活动各环节进行必要的反思，发现活动执行过程中的不足，及时修正活动内容，为完成活动预定目标提供依据，为下一阶段活动提供经验借鉴。

### (三) 常见养老机构线上线下活动策划流程

常见养老机构线上线下活动策划流程如图2-13所示。

## 三、养老机构营销推广注意事项

### (一) 策划要注重市场新意

任何宣传策划活动，其根本目的在于借助媒介传递养老机构信息，宣传内容会直接影响宣传效果。养老机构在策划宣传活动时一定要做好充足的市场调研，充分挖掘市场上各竞争对手的相关信息，突出自身品牌优势，制定新颖的活动方案。活动方案的内容要突出本养老机构的优势和强项，把握老年群体的兴趣点和关注点。

### (二) 策划要结合当地文化风俗和市场情况

老年阶段是每个人必然经历的生理阶段，老年社会保障是社会保障系统中的一项重要内容。针对老年人开展的养老服务宣传要考虑老龄化社会的市场需求情况，但绝不能忽视传统文化根深蒂固的影响。在策划针对老年人的宣传活动时，要强调爱老、敬老，为了更好地让老年人安度晚年。和老年人的子女沟通时也应强调让老年人入住养老机构，并非"不孝顺"，而是"更孝顺"。

### (三) 策划要重点强调人性化的服务理念

老年人不仅身体状况处于不断下降的趋势，而且退出了主流社会，较少与外界沟通，容易出现自暴自弃、意志消沉等消极情绪。养老机构在宣传时，要强调机构温馨、和睦和温暖的居住环境，让老年人有归属感，愿意居住，乐于居住。

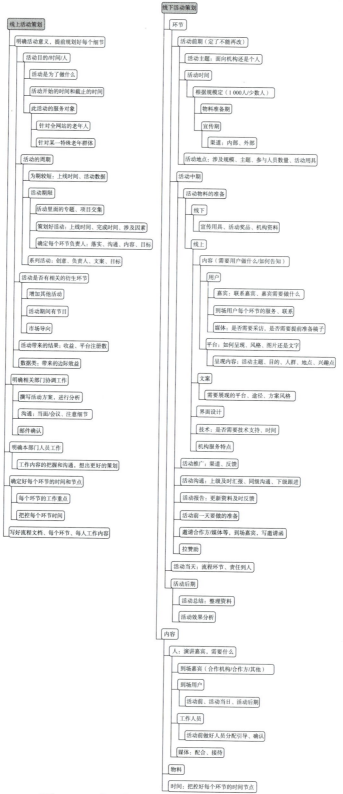

图 2-13 常见养老机构线上线下活动策划流程

> **知识拓展**
>
> 宣传策划文书和活动策划方案均属于公文中的计划文书，必须遵循公文书写格式。方案内容需要含有指导思想、主要目标、工作重点、实施步骤、政策措施、具体要求等。方案是上级要求下级执行使用的文书或者是下级向上级汇报使用的文书。上级要求下级遵照执行的方案，一般都用单位正式文件的形式下发，因而标题中含有发文机关、计划内容、文种等三要素，例如，《乐归养老机构五周年庆典活动策划方案》。也可以省略发文机关，但必须在文件开头的机构文件通知内容的标题上体现出来，例如，乐归养老机构通知——《五周年庆典活动策划方案》。方案的内容一般分为主要目标、实施步骤和具体措施等。在执行过程中，主要目标可以写成目标和任务或活动目的与目标，还可以分为更具体的小目标。下级向上级汇报某一活动的文书，其书写结构与上级要求下级执行的方案相同。

## 四、养老机构营销推广调研分析

养老机构营销推广调研分析报告如图 2-14 所示。

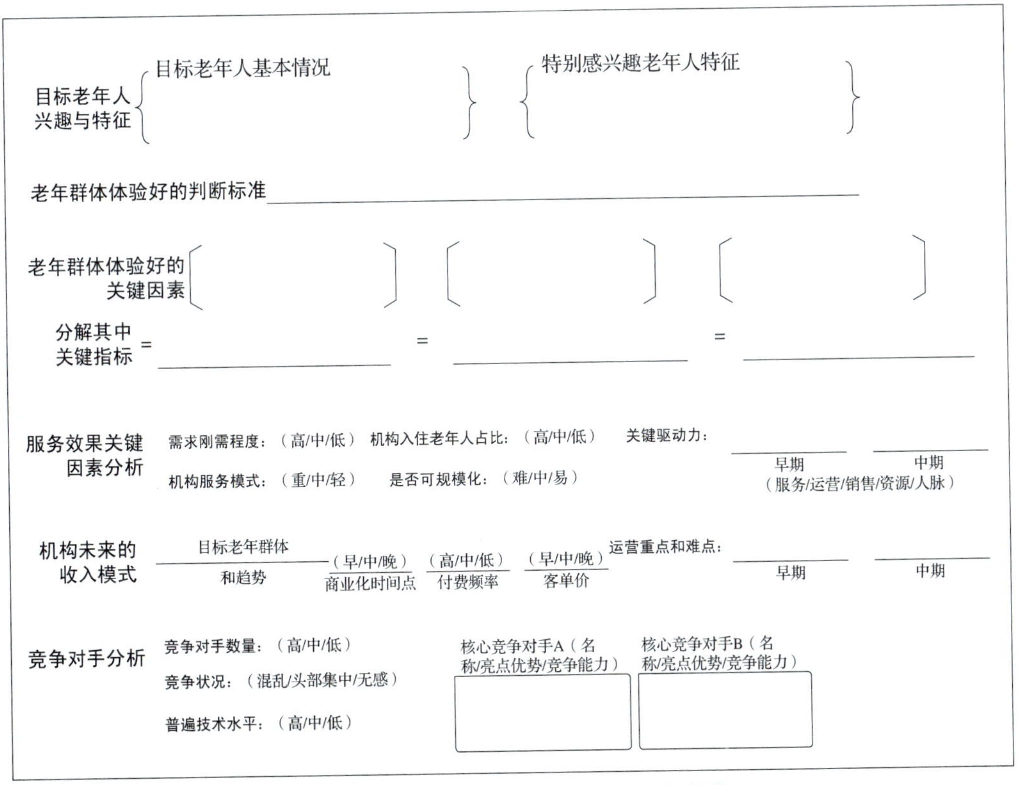

图 2-14　养老机构营销推广调研分析报告

### 拓展训练

又到了一年一度的中秋佳节,俗话说"每逢佳节倍思亲",为了让那些子女在国外的老年人和由于各种原因无法与子女团聚的老年人也能感受到亲人团聚、共度中秋的快乐,乐归养老公寓准备策划一个"月是这里明"的主题活动。活动分"我来挑子女""子女一起乐"和"共诉心声"三个环节进行,打破常规的团聚模式,体现"老吾老以及人之老"和"独乐乐不如众乐乐"的活动理念。

活动注意事项:事先告知那些有子女的老年人,期望得到他们家属的配合与支持。

请为乐归养老公寓制定整个活动的实施方案。

## 任务五 养老机构的效益评估

### 案例导入

李兰在县城经营了一家小型养老中心,利用的是自家带院子的两层小楼。院子大约有 30 m²,平时老年人都是在院子里晒太阳。由于李兰为人实在、性格好,这家小型养老中心陆陆续续入住了大约 20 个老年人。这些老年人有的是需要日常护理加特殊照料的,但大部分是有轻重度老年问题的。

经营了一年,李兰要进行效益评估,以确定办养老机构是否合适。

【思考】

如何评估养老机构的效益?

## 一、养老机构效益评估的含义

### (一)效益评估的含义

效益评估,简单来说就是依据国家相关政策、法规、参数、条例,围绕企业或单位的项目建设的必要性、可行性、建设条件、生活条件、产品市场需求、工程技术和财务效益进行的分析评估过程,是对机构综合运营情况进行的分析评估。

### (二) 养老机构效益评估的含义

养老机构效益评估就是围绕养老机构的投入产出情况,对机构的筹资与盈利能力、经营状况、抗风险能力、社会意义和生态环境建设影响等进行的综合评价过程。对养老机构进行效益评估有利于综合分析养老机构的运营投资意义、运营管理能力及运营管理效果,可以为机构的发展与运行提供参考。

## 二、养老机构效益评估的类型、方式

### (一) 依据养老机构效益类型进行评估

**1. 社会效益评估**

养老机构社会效益评估主要分析养老机构的社会贡献率和社会积累率。一般来说,养老机构的社会效益是围绕国家对养老产业政策扶持力度和养老产业发展趋势进行的分析。老龄化社会对养老机构的潜在需求很大,养老产业符合社会发展需要,是国家鼓励和倡导的行业,因而其社会效益较高。

**2. 经济效益评估**

养老机构经济效益评估主要是围绕养老机构的财务运营状况进行的评估,包括资本收益率、总资产回报率、应收账款周转率、流动资金存量和使用情况等。

养老机构在运营过程中,可以结合经营情况,编制相应的经济效益评估表,这有利于简洁明了地分析投入产出情况。养老机构运营资产回报率如表2-1所示,某养老机构2015—2019年收益成本分析如图2-15所示。

表2-1 养老机构运营资产回报率

| 项目 | | | | 支出原因 | 结果分析 | 资产回报率 | | | | |
|---|---|---|---|---|---|---|---|---|---|---|
| | | | | | | 单位投入 | 单位收益 | 效果分析 | | |
| 事项 | 内容 | 支出金额 | 收益金额 | | | 金额 | 金额 | 增加 | 减少 | 累计增减 |
| | | | | | | | | | | |
| | | | | | | | | | | |
| | | | | | | | | | | |
| | | | | | | | | | | |

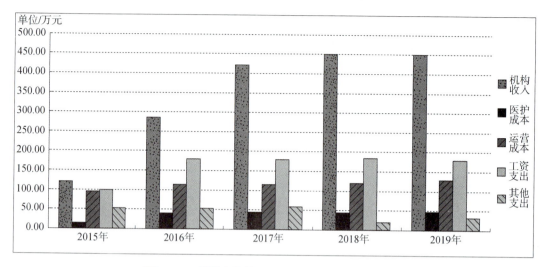

图 2-15 某养老机构 2015—2019 年收益成本分析

**3. 生态效益评估**

生态效益评估主要是围绕养老机构地址选择、环境改造、运营中的环境污染以及垃圾处理等环节可能对自然环境造成的影响进行的评估。养老机构生态效益评估相比其他行业更易判断，因其不是高污染、高辐射型行业，又不进行产品生产，属于服务型行业，更注重环境设施的投入。养老机构的主要问题就是生活垃圾能否及时处理以及住宿环境和饮食环境的监控等，这也是养老机构作为服务型行业必须优先考虑的因素，因而养老机构的生态效益一般较好。

## （二）依据养老机构不同层面进行评估

**1. 服务对象反映评估**

服务对象反映评估是依据养老机构的服务对象及其家属对服务各环节的印象进行的评估，包括对机构综合环境、服务具体流程、服务设施、服务内容、服务效果等方面的看法。服务反映评估主要是在养老机构内部，通过问卷调查或者谈话沟通的方式来获取服务对象及其家属对服务效果的反馈。这是一种极为有效的评估模式，有利于养老机构直接获取服务结果和服务效益等相关信息，对养老机构提升服务质量、服务效果和改善服务方式等有直接作用。

**2. 服务行为评估**

服务行为评估是依照养老服务行业标准，结合养老机构自身对服务日常化管理的要求进行的服务行为对照评估，是对服务行为完成的量化结果进行的评估。养老机构服务行为对比完成度如表 2-2 所示。

表2-2 养老机构服务行为对比完成度

| 服务内容 | 服务完成情况 | | |
|---|---|---|---|
| 卫生打扫 | 完成 | 偶尔 | 没完成 |
| 老年人衣物清洗 | 完成 | 偶尔 | 没完成 |
| 室内通风 | 完成 | 偶尔 | 没完成 |
| 及时喂药 | 完成 | 偶尔 | 没完成 |
| 按时喂饭 | 完成 | 偶尔 | 没完成 |
| 及时洗澡 | 完成 | 偶尔 | 没完成 |
| 定时与老年人沟通 | 完成 | 偶尔 | 没完成 |
| 每周活动举行情况 | 完成 | 偶尔 | 没完成 |
| 节日活动举行情况 | 完成 | 偶尔 | 没完成 |

### 3. 服务效果评估

服务效果评估是结合养老机构入住人员入住前后的状况进行的比较分析，是反映养老机构服务质量的结果指标。养老机构服务效果前后对比如表2-3所示。

表2-3 养老机构服务效果前后对比

| 服务内容 | 服务对象 | |
|---|---|---|
| | 入住前 | 入住后 |
| 与人交谈情况 | 乐于/不愿 | 乐于/一般/不愿 |
| 参与活动 | 乐于/不愿 | 乐于/一般/不愿 |
| 对人态度 | 热情/冷淡 | 热情/一般/冷淡 |
| 与其他人员关系 | 融洽/冷淡 | 融洽/一般/冷淡 |
| 入住机构意愿 | 乐于/不愿 | 乐于/一般/不愿 |
| 每日情绪 | 高兴/冷淡 | 高兴/一般/冷淡 |
| 与护理人员关系 | 融洽/冷淡 | 融洽/一般/冷淡 |
| 对他人的信任度 | 信任/不信任 | 信任/无所谓/不信任 |
| 对事件的关注度 | 关心/冷淡 | 关心/一般/冷淡 |

### 4. 员工技能评估

员工技能评估主要是围绕员工掌握的服务技能和操作熟练程度进行的评估。养老机构主要是依靠服务来生存，因而其服务提供者——员工的技能掌握情况直接影响着机构的整体效益。员工技能评估可以分析员工的服务情况和服务效果。养老机构员工技能评估如表2-4所示。

表 2-4 养老机构员工技能评估

| 技能项目 | 完成情况 | | | |
|---|---|---|---|---|
| 给老年人喂饭 | 优 | 良 | 中 | 差 |
| 给老年人翻身 | 优 | 良 | 中 | 差 |
| 给老年人量血压 | 优 | 良 | 中 | 差 |
| 给老年人测心跳 | 优 | 良 | 中 | 差 |
| 给老年人铺床叠被 | 优 | 良 | 中 | 差 |
| 给老年人换洗衣物 | 优 | 良 | 中 | 差 |
| 给老年人按摩 | 优 | 良 | 中 | 差 |
| 给老年人做康复训练 | 优 | 良 | 中 | 差 |
| 与老年人沟通技巧 | 优 | 良 | 中 | 差 |
| 组织活动能力 | 优 | 良 | 中 | 差 |
| 与外界沟通能力 | 优 | 良 | 中 | 差 |

### (三) 依据服务阶段进行评估

**1. 事前评估**

养老机构在运营活动或项目前进行效益评估，叫事前评估。开展事前评估是养老机构运营的前期准备工作，通过事前评估可以提前了解运营效果，做到心中有数；对运营各环节的成本和收益进行对比分析，可以使养老机构及时调整服务内容和活动细节，增加效益。

**2. 事中评估**

养老机构在运营活动或项目过程中，对运营内容进行监控和评估，有利于动态把握运营过程，及时调整运营内容，最大限度地避免由于延误时机导致的运营风险和运营成本的增加，促使效益最大化。

**3. 事后评估**

事后评估是在活动或项目结束后，在事前评估和事中评估的基础上进行的评估。它能立体化、全方位地分析某一活动或项目的综合运营情况，判断运营各环节的效果，既能为本次活动或项目提供客观公正的分析结果，又能有效地指导后期活动或项目的实施，是养老机构效益评估的主要参考指标。

## 三、养老机构效益评估模型及其运用

### (一) 成立评估小组

成立效益评估小组，将养老机构不同环节的影响因素进行加权处理，确认养老机构的效益影响因素及其权重。

**1. 专家评审组**

专家评审组主要由养老机构的董事长、总经理、财务人员、营销总监及养老服务行业的资深人员组成。

**2. 客户评价系统**

养老机构客户评价系统主要由服务对象的代表组成,按照不同服务对象在机构所处时间的长短和机构对其服务的级别分别给予不同权重,权重最大值不能超过9分,最低值不能为0分。

## (二) 确立评估模型

**1. 计算影响效益评估的因素和评判集**

影响效益评估的所有因素统计为 $\mathbf{U} = (U_1, U_2, U_3, \cdots, U_a)$。由作为评价指标的 $b$ 种评判等级构成的集合称为评判集,记为 $\mathbf{V} = (V_1, V_2, V_3, \cdots, V_b)$,$\mathbf{A} = (a_1, a_2, a_3, \cdots, a_n)$,表示权重分配集,$\mathbf{R}$ 为评价矩阵。以某个养老机构为例,其因素集可取为 $\mathbf{U} = ($建设成本,管理成本,入住率,收益率$)$;评判集可取为 $\mathbf{V} = ($优,良,中,差$)$。

**2. 计算指标权重**

一般情况下,各因素对评价对象的影响是不一致的,因此必须确定各因素的权重。权重的确定通常有多种方法,通过研究得出的权重分配集是 $\mathbf{U}$ 的模糊集合,一般记为 $\mathbf{A} = (a_1, a_2, a_3, \cdots, a_n)$。其中 $a_i$ 表示第 $i$ 个因素 $U_i$ 的权重,它们必须满足归一化条件:$\sum_{1}^{n} a_i = 1$。

判断矩阵中,对 $P_i$ 相对重要性的数值表现形式采用 1~9 标度方法。其含义如下:依照层次分析法将养老机构效益影响因素具体分为目标层(最佳效益)、准则层(养老机构各种影响因素)、指标层(各具体内容)和评价方案层(两种效益评估)。依据前面分析养老机构效益的指标数据,在评估小组的参与下,确定各指标重要程度,对每位专家给定的各项评价数据进行统计分析,取其算术平均值,再取近似整数值,得出每项评分矩阵,得出各指标权重。

**3. 计算单一影响因素的评价模型**

假设:上例中因素的权重分配集可确定为 $\mathbf{A} = (0.3, 0.2, 0.3, 0.2)$,则其评价矩阵为

$$\mathbf{R} = \begin{pmatrix} r_{11} & r_{12} & \cdots & r_{1m} \\ r_{21} & r_{22} & \cdots & r_{2m} \\ r_{31} & r_{32} & \cdots & r_{3m} \\ \vdots & \vdots & & \vdots \\ r_{n1} & r_{n1} & \cdots & r_{nm} \end{pmatrix}$$

其中 $r_{ij}(1 \leq i \leq n, 1 \leq j \leq m)$,表示就第 $j$ 列 $i$ 行的评判等级。

以某一具体服务因素为例,某养老机构的服务满意度调查情况如表 2-5 所示(样本人数 10 人,满分 1 分)。

表2-5 养老机构效益评估权重

| 养老机构效益评估 | 评判结果 | | | |
|---|---|---|---|---|
| | 优 | 良 | 中 | 差 |
| 饮食服务 | 0.7 | 0.2 | 0.1 | 0 |
| 洗护服务 | 0.4 | 0.3 | 0.1 | 0.1 |
| 康复服务 | 0.3 | 0.3 | 0.2 | 0.2 |
| 活动服务 | 0.2 | 0.3 | 0.3 | 0.2 |

则该养老机构单因素矩阵为 $R = \begin{pmatrix} 0.7 & 0.2 & 0.1 & 0 \\ 0.4 & 0.3 & 0.1 & 0.1 \\ 0.3 & 0.3 & 0.2 & 0.2 \\ 0.2 & 0.3 & 0.3 & 0.2 \end{pmatrix}$,

则该养老机构评价结果集 $S(S_1, S_2, S_3, \cdots, S_m)$ 为

$$S(S_1, S_2, S_3, \cdots, S_m) = A \times R$$

$$= (a_1, a_2, a_3, \cdots, a_n) \times \begin{pmatrix} r_{11} & r_{12} & \cdots & r_{1m} \\ r_{21} & r_{22} & \cdots & r_{2m} \\ r_{31} & r_{32} & \cdots & r_{3m} \\ \vdots & \vdots & & \vdots \\ r_{n1} & r_{n1} & & r_{nm} \end{pmatrix}$$

其中，$S_j = V_1^n (a_i \wedge r_{ij})$，$i = 1, 2, \cdots, n$，$j = 1, 2, \cdots, m$，"∧"表示取小者。即将某一单一因素评价结果与各因素的权重进行综合，而其最终结果则需要对评价结果集进行判断分析。

其判断分析方法有以下两种：

（1）最大特征值计算。依据前面的评判结果 $V$，令 $\max(v_1, v_2, v_3, \cdots, v_m) = 0$，则 $V_0$ 所对应的评判集 $V$ 中的元素就是评判结果。

（2）加权平均计算。将求得的评判结果 $S$ 归一化为 $(J_1, J_2, \cdots, J_m)$，其中 $J_i = \dfrac{b_i}{\sum_1^m b_j}$（$i = 1, 2, \cdots, m$），则评判结果为 $V = \sum_1^M J_i V_i (i = 1, 2, \cdots, m)$。在计算过程中，如果出现评价集 $V$ 不是数值时，要结合从定性分析到定量分析的转化情况给予相应权重。

**4. 多因素多层级的因素评估模型**

养老机构效益评估模型如图2-16所示。

目标层——最佳效益评估 G。

维度层——A、B、C、D。

指标层——$A_1$、$A_2$、$A_3$、$A_4$、$A_5$、$A_6$、$A_7$、$B_1$、$B_2$、$B_3$、$B_4$、$B_5$、$B_6$、$C_1$、$C_2$、$C_3$、$C_4$、$D_1$、$D_2$、$D_3$、$D_4$。

A：实施成本（$A_1$——绿化成本、$A_2$——建设成本、$A_3$——使用成本、$A_4$——医疗成本、$A_5$——服务成本、$A_6$——管理成本、$A_7$——运营成本）。

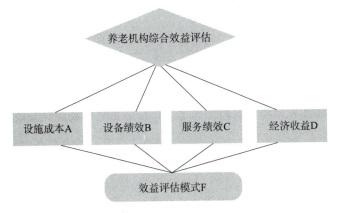

图 2-16 养老机构效益评估模型

B：设备绩效（$B_1$——使用率、$B_2$——维修率、$B_3$——报废率、$B_4$——损坏率、$B_5$——淘汰率、$B_6$——折旧率、$B_7$——设备更新率）。

C：服务绩效（$C_1$——服务满意率、$C_2$——服务入住率、$C_3$——员工满意率、$C_4$——投诉率）。

D：经济收益（$D_1$——成本效益、$D_2$——边际效益、$D_3$——潜在入住率、$D_4$——潜在退出率）。

针对多因素影响的效益评估，将其按因素归类，如果其因素下又分很多层级，则从最底层的每个具体因素进行计算。指标层（权重分配）是结合每一项指标的影响因素分列，养老机构社会认可度、服务效果和机构支出影响因素较多，故需先计算某一具体因素评价矩阵 $R$，然后汇总归类依据层次分析法计算多级评价矩阵。

由于服务环节有些信息属于服务反馈评估或者由调查问卷获取，具有模糊性和不确定性，可以依照具体某一方面的影响进行定量分析计算列入，并依据其层级进行加权分配。

养老机构影响因素可以结合机构具体情况进行加权确定，这里只是以给出的数据作为分析参考举例，并不作为标准使用。

**注意**：以上内容属于高等数学知识。

### （三）养老机构效益评估模型使用

掌握养老机构效益评估模式和计算方法，根本目的是为养老机构运营管理服务。在实际生活中，各养老机构可以依据管理层的需求，自行把握和运用。

> **知识拓展**
>
> 层次分析法是20世纪70年代提出的从定性分析到定量分析的计算方法，由美国匹兹堡大学运筹学家萨蒂提出。这种方法先把需要评判的因素进行层次分类，然后逐级依照关联度建立评判矩阵，并借助数学公式计算。层次分析法特别适用于常规分析无法准确评判的情况，目前广泛应用于项目实施决策和管理模型分析等方面。使用层次分析法的关键是给出层次的目标层、维度层和指标层。

**拓展训练**

夕阳乐社区在推动社区居家养老过程中，为落实社区居家养老服务的效果，督促护理人员提升服务意识，实施了社区居家养老服务绩效评估。围绕居家护理服务提供的内容是否按照合同约定落实，详细地制定了服务评估报告，与全社区120户选择居家护理的老年人进行入户沟通并填写评估报告。评估报告涉及42项具体服务内容，最终评估报告得出社区服务满意率高达85%，社区居家养老护理服务较为成功。

1. 从服务的角度分析，护理服务评估报告应该如何制定？
2. 该社区的居家护理评估报告是否合适？为什么？

# 项目三 养老机构的组织管理

【知识目标】

◇ 了解养老机构组织结构建立的理论依据
◇ 掌握养老机构部门设计类型,分析其组织建构的过程
◇ 掌握养老机构部门设计原则,并判断其组织架构的有效性
◇ 掌握养老机构岗位设置的依据和岗位职责
◇ 掌握养老机构人力资源管理的内容

【能力目标】

◇ 能够熟练掌握养老机构组织部门设计依据
◇ 能够理解运用养老机构岗位设置的分析过程
◇ 能够掌握人力资源管理的核心
◇ 能够掌握人力资源管理的内容及关键环节

【思维导图】

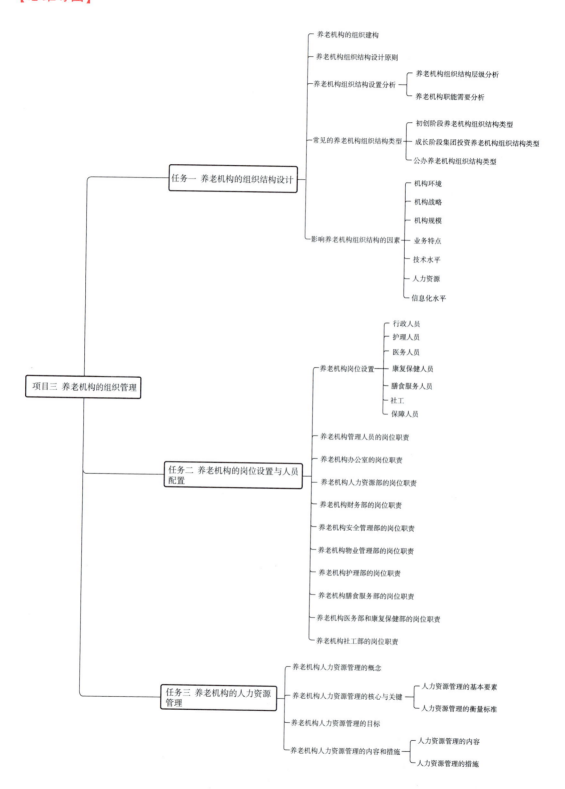

## 任务一 养老机构的组织结构设计

**案例导入**

小林要到汇馨养老机构工作,人事部门通知他到办公室报到,结果负责医务工作的副院长让他直接到医务服务部报到。小林不太明白,究竟是去办公室报到还是去医务服务部报到,他不知道该找谁问清楚。还有一点他不太不解,这个养老机构的组织结构究竟是什么样的。

【思考】
1. 什么是组织结构?
2. 有效的养老机构组织结构是什么样的?

### 一、养老机构的组织建构

养老机构的组织建构是养老机构围绕机构运营效益最大化,将机构的人力、物力、财力等资源进行合理组织匹配的过程。

**知识拓展**

组织建构属于管理学范畴,需要考虑企业运营过程管理职能落实的环节。通常情况下,进行组织建构会围绕企业的管理宽度和管理维度来分析。

管理宽度又叫管理幅度,是指养老机构负责人能直接高效地领导员工人数的限度。例如,一个养老机构有100名员工,分属于6个职能部门,6名部门负责人分别叫部门经理或科长,部门负责人直接归副院长领导,2名副院长归院长领导,则院长的管理宽度就是6。

管理维度又叫管理深度,是指管理机构纵向的职级数量。例如,从总经理到员工之间需要经过副总经理、部门经理、主管负责人,则意味着其管理维度为5。管理宽度和管理深度是两个相对的概念,管理宽度越大的机构其管理深度就会越小。

养老机构在制定管理宽度和管理维度的过程中,需要综合机构经营需求和人员调度的有效性进行设计。通常情况下,管理宽度越大的机构,其机构负责人越能有效掌握机构经营过程中的各种可能情况,越容易与员工进行有效沟通,能省去很多中间环节和不必要的成本,有利于高效处理问题、及时把握机构动态;但同时,这种情况对机构负责人的精力和管理能力会提出较大挑战。养老机构的管理维度就是机构管理从命令的发出到执行需要的深度，管理深度越大，机构需要的过程越多，但其优势就是机构管理任务逐级分解，各负责人的压力较小，所耗费的精力有限。养老机构管理宽度和管理维度如图3-1所示。

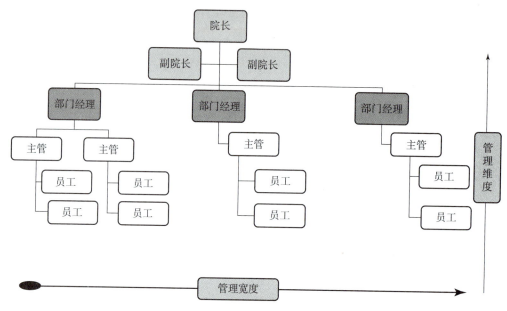

图3-1　养老机构管理宽度和管理维度

> **知识拓展**
>
> 　　在中国，规模较小的养老机构只设一名院长，管理全院的工作，大型国办养老机构多实行"三层五级"（分为决策层、管理层、操作层和院长级、科级、区主任级、班组级、员工级，形成阶梯形的层级结构）的管理模式。传统组织管理权力集中，管理宽度偏小。现代组织管理主张组织成员民主参与组织决策，通过分权、授权等措施适当地扩大管理宽度以增加管理层次，加强自主管理、自我控制，每个管理人员对知识和信息的掌握以及实际运用的能力普遍提高，大大提高了管理效率。一般来说，上层的管理宽度是4~8人，下层的管理宽度是8~15人。

一般而言，在养老机构创立初期，为了更好地把握经营过程中的各种可能因素及发展动态，往往会制定管理宽度较大的组织结构。随着养老机构经营实力的提升和发展壮大，机构会增设管理环节，使其管理维度加大。但从近几年管理科学性的发展变化来看，企业越来越倾向于扁平化组织结构。扁平化组织结构就是管理层次较少的管理模式，围绕业务流程需要设计，考虑企业信息的有效沟通，有利于企业的充分授权。

## 拓展训练

李华是河南郑州某养老机构的院长,过去机构员工都叫他"管得宽",全机构上至天文地理,下至鸡毛蒜皮,他无事不管,忙得吃不下饭,睡不好觉。可是养老机构却经营惨淡,员工纷纷要求调离,入住人员的流动性也很大。李华认为自己一心一意为养老机构着想,应该算得上一个党性强、事业心强的领导,谁知员工意见很大,批评他不相信群众、主观武断、不务正业、顾此失彼,影响机构的进一步发展。有的员工甚至尖锐地指出,再要"管得宽",就罢他的官,李华真是百思不得其解。此时,省里正好组织院长、经理培训,他就参加了此次培训。培训班老师讲的管理原理对他思想触动很大,他意识到自己以前的做法是违背现代管理原则的,决心从转变自己的思想观念开始,利用所学的知识对机构领导体制进行彻底改革,并放下架子走到群众中去,请他们为机构改革献计献策。经过大量的实际调查和反复的酝酿,改革方案终于定下来了。他召开了机构全体员工大会,在会上他郑重宣布:"从今以后,我只管6个人,即2个副院长、护士长、医生主管、膳食科科长和康复科科长。这6个人我直接布置工作,他们也直接向我汇报工作,除此之外,其他人找我谈话,一律不接待,请他们各找其主。"话音一落,全场哗然,有支持的,有反对的,一时难以统一。实践证明,李华的做法是正确的。不久之后,养老机构的各项事务都步入了正轨,机构员工和入住人员都有了归属感、认同感、成就感和幸福感。

1. 你对李华宣布"只管6个人"的决定有何看法?是支持,还是反对?用有效管理宽度原则加以分析。

2. "只管6个人"和管理养老机构有什么关系?"只管6个人"是不是一律不接待其他人?你认为应该如何处理好这些关系?

## 二、养老机构组织结构设计原则

养老机构组织结构设计原则如图3-2所示。

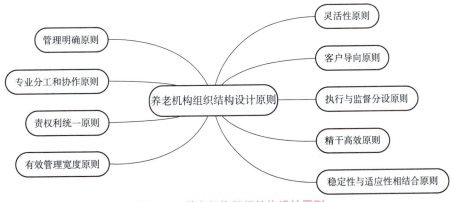

图3-2 养老机构组织结构设计原则

> **知识拓展**
>
> 1. 管理明确原则就是要避免乱指挥和无人指挥。
> 2. 专业分工和协作原则就是既有分工又有合作，二者有机统一。
>   在设计组织结构时要遵循专业分工和协作原则，这是至关重要的原则。因为养老机构的每个部门都不可能承担机构所有的工作，机构内部的各个部门的关系是相互分工协作的关系。业务部门、财务部门、人力资源部门和后勤保障部门等都要设立，其中主营部门是业务部门。
> 3. 客户导向原则就是机构设置要考虑机构运营能否有效为客户提供服务，是否足够解决客户需求。
> 4. 灵活性原则就是机构设置能够快速有效应对外部环境变化并做出相应的调整。
> 5. 有效管理宽度原则就是机构设置应保证组织运行有利于机构价值最大化。
> 6. 执行与监督分设原则是为了保障机构运营过程的内耗损失减少，而分设执行与监督部门。
>
> 组织结构设计要兼具稳定性与适应性，稳定性是指组织能抵抗干扰，保证其正常运行；适应性是指机构内外环境发生变化时能快速调整运行方式，使机构不受内外部环境中不利因素的影响，维持机构良性运行。

## 三、养老机构组织结构设置分析

### （一）养老机构组织结构层级分析

养老机构组织结构设置，首先要考虑和分析的是养老机构规模的大小，围绕其规模大小考虑管理和工作人员的多少。从管理效益的发挥上，要考虑上下级之间沟通的有效性，上下级之间指挥、管理和执行的统一性，保证上下贯通需要的人员层次和数量。在机构人员的设置上，要保证部门任务落实的对应性，既要使人事统一、因事设岗、因岗设人，又要保证人员发挥能力的效应，避免盲目设岗和一人多岗等问题出现。

养老机构组织结构设置要考虑养老机构运营效率，保障养老机构运营弹性，避免出现结构僵化，无法适应市场变化的情况。通常情况下，养老机构组织结构设置主要依据部门职能需求、权力体系构成、职责设计、管理层级、信息传递等方面。养老机构组织结构设置分析如图3-3所示。

结构僵化是什么意思？

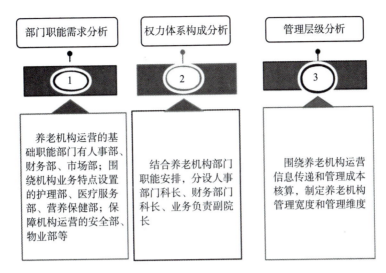

图 3-3 养老机构组织结构设置分析

企业组织结构设置没有固定的模式,根据企业生产技术特点及内外部条件而有所不同。但是,组织结构变革的思路与章法还是能够被养老机构借鉴的。

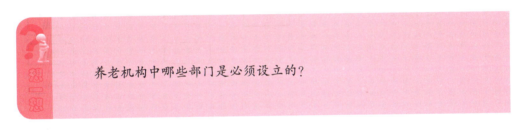

养老机构中哪些部门是必须设立的?

### (二) 养老机构职能需要分析

养老机构能否正常运行需要多项职能发挥协调配合作用,因而建立养老机构时首先要确定组织机构运营需要哪几项职能,进而围绕组织结构及各项职能的重要性确定各项职能之间的比例与关系,确定机构层次结构、部门结构和职权结构。

**知识拓展**

1. 层次结构即各管理层次的构成,也就是组织在纵向上需要设置几个管理层级。
2. 部门结构即各管理部门的构成,也就是组织在横向上需要设置多少部门。
3. 职权结构即各层次、各部门在权力和责任方面的分工及相互关系。

## 四、常见的养老机构组织结构类型

### （一）初创阶段养老机构组织结构类型

初创阶段养老机构组织结构类型如图3-4所示，初创阶段集团投资养老机构组织结构类型如图3-5所示。

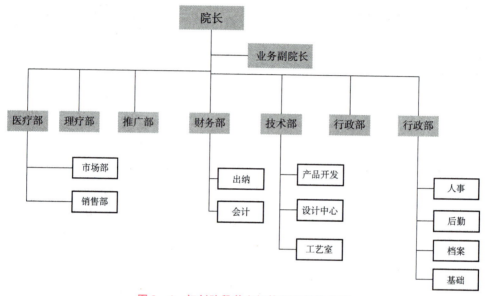

图3-4 初创阶段养老机构组织结构类型

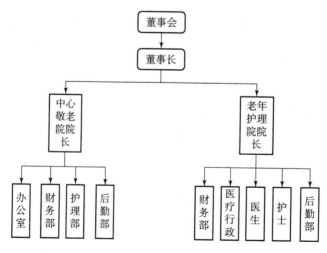

图3-5 初创阶段集团投资养老机构组织结构类型

### （二）成长阶段集团投资养老机构组织结构类型

成长阶段集团投资养老机构组织结构类型如图3-6所示。

项目三　养老机构的组织管理

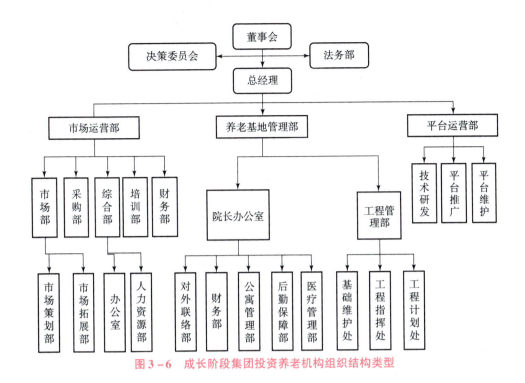

图 3-6　成长阶段集团投资养老机构组织结构类型

### （三）公办养老机构组织结构类型

公办养老机构组织结构类型如图 3-7 所示。

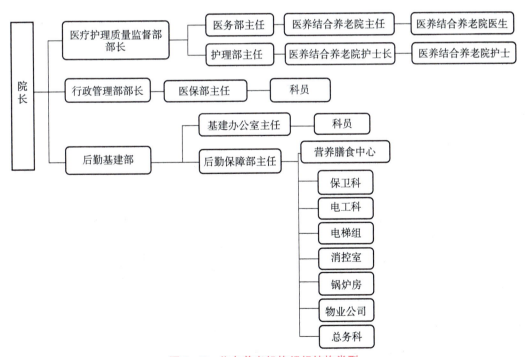

图 3-7　公办养老机构组织结构类型

## 五、影响养老机构组织结构的因素

影响养老机构组织结构的因素如图 3–8 所示。

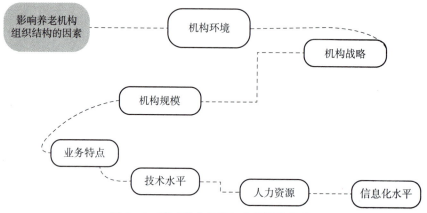

图 3–8　影响养老机构组织结构的因素

### 知识拓展

1. 机构战略是机构通过系统管理、市场营销、融资和财务、生产和操作、开发和研究、计算机信息系统等方面的研究，实现机构目标。
2. 机构规模是机构结合自身实力和发展定位决定的机构大小。
3. 技术水平是机构自身提供服务和机构管理的能力。
4. 业务特点是机构经营服务的特色。
5. 信息化建设是机构经营是否拥有信息化处理服务问题的水平。

1. 机构环境包括哪些？
2. 如何衡量养老机构信息化水平？
3. 为什么养老机构信息化水平会影响机构组织结构？

### 拓展训练

李磊准备和朋友投资开一家养老机构，但是对养老机构需要什么部门以及需要招聘什么人员还不是特别清楚。李磊准备咨询这方面的专家。假设你就是这方面的专家，针对李磊的问题，你认为应该给他提供哪些建议？

## 任务二 养老机构的岗位设置与人员配置

### 案例导入

郑州某养老机构来了一位老人及其家属,在接待大厅里,接待人员热情地接待了他们。经过咨询和参观后,他们决定选择这家养老机构。医护部门及相关部门对老人入住前的服务安全风险进行评估,评估结果是合格。几天后,老人及其家属来养老机构办理入住事项,到财务部门缴费后,老人正式入住养老机构。入住后,护士每天精心照料老人,膳食部每天给老人提供合口营养的食物,医生每天对老人的身体进行检查,清洁工每天把养老机构打扫得干干净净、布置得井井有条,安保人员维护着养老机构的安全。这让老人心情特别舒畅,身体也一天比一天好。这位老人的入住过程,养老机构几乎所有的员工参与了进来。只有所有的员工互相协作,养老机构的各项工作才能够有序地进行。

【思考】
1. 养老机构的岗位有哪些?
2. 养老机构各个岗位人员的职责是什么?

### 一、养老机构岗位设置

养老机构岗位设置与人员配置是机构根据运营需要,确定不同工作岗位需求、岗位职责和岗位权限,并依据这个标准进行岗位设置与人员配备。

在中国,有规模较小的民办养老机构,也有大型的国办养老机构。不管是规模较小的民办养老机构,还是大型的国办养老机构,养老机构基本是围绕行政、客服、护理、后勤、医务五个模块运作。

#### (一) 行政人员

(1) 养老机构院长;
(2) 养老机构副院长;
(3) 行政副院长;
(4) 办公室主任;
(5) 办公室人员;

（6）人事部人员；

（7）财务部人员。

养老机构设院长1名；行政副院长或业务副院长1名；办公室设主任1名，员工若干；人事部设负责人1名，员工若干；财务部设负责人1名，员工若干。

办公室、人事部、财务部等属于按职能划分的部门。此种分类办法遵循了专业化分工原则，能发挥专业优势、事权专一、职责明确；能提高工作效率，使组织的既定目标顺利实现。

**知识拓展**

不同级别的养老机构，其各行政部门并没有必然要求。小型养老机构行政部门往往只有一个，所有行政业务兼办，一些个体私营养老机构甚至不设行政部门。而大型养老机构相对级别高、管理到位，且业务范围广，其级别设置较多。

### （二）护理人员

（1）护理长；

（2）护理员。

### （三）医务人员

（1）医生；

（2）护士；

（3）药剂师。

### （四）康复保健人员

（1）康复医师；

（2）物理治疗师；

（3）作业治疗师。

### （五）膳食服务人员

（1）营养师；

（2）厨师；

（3）采购员。

## (六) 社工

(1) 社工师;
(2) 心理咨询师。

养老机构业务部如图3-9所示。

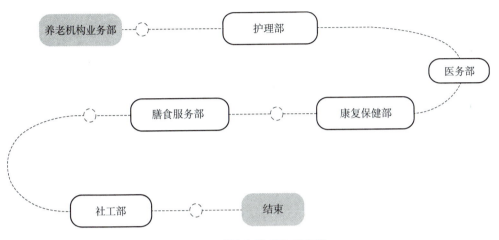

图3-9 养老机构业务部分类

> 护理部、医务部、康复保健部、膳食服务部、社工部属于按养老机构的业务特点来划分。

## (七) 保障人员

(1) 安全保障人员;
(2) 后勤服务人员。

养老机构安全管理部如图3-10所示。

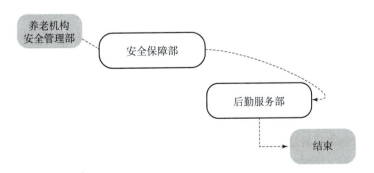

图3-10 养老机构安全管理部分类

> 安全保障部和后勤服务部属于按保障养老机构运营的需要来划分。

## 二、养老机构管理人员的岗位职责

养老机构管理人员组成如图 3-11 所示。

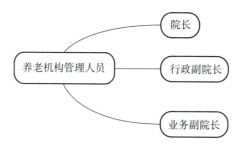

图 3-11　养老机构管理人员组成

养老机构院长、行政副院长、业务副院长岗位均属于行政岗位，分别设 1 名编制。当然养老机构也可以结合自身情况，设两名行政副院长或业务副院长。

岗位要求：大专以上学历，有较强的事业心和统筹管理能力，热爱养老行业，有较强的开拓和创新精神，熟悉老年服务工作，有一定的从业经历。

岗位职责（以院长为主要责任人）：

（1）严守国家法律法规，制定管理章程、养老服务合同，负责建立高效的运营体系；

（2）负责制定养老机构各职能部门及下级各员工的任免、报酬、奖惩管理制度，调资、调级、晋级办法，对违纪员工有权决定处分和清退；

（3）负责各项经费的支出和落实监督工作；

（4）根据业务需要，决定聘请专职或兼职法律顾问并制定其报酬；

（5）组织实施年度工作计划、财务预算及利润使用和分配方案；

（6）组织实施新项目，落实协调各部门关系，建立有效合理的运营机制；

（7）组织安排日常运营管理，召开员工大会、管理层例会，代表机构对外签署合同、协议和处理相关事项，代表机构与民政、卫生、环保、消防等政府主管部门进行沟通，及时了解有关养老产业的信息，积极参与政府组织的有关养老行业的会议，作为机构主要领导接待社会各界的来访人员；

（8）落实安全管理制度、安全管理具体事项，制定各种意外预防方案，当意外发生时，接受政府部门的问询，接受新闻媒体的采访；

（9）制定机构的总体规划，安排养老设施的安装、维护和绿化设计，监督养老机构固定资产的盘存、维修、报废以及新设备申报工作；

（10）审查每年的业务经营、投资改造、基建项目等资金使用情况；

（11）负责队伍思想政治工作和机构文化建设，树立良好的机构形象；

（12）围绕业务发展，全面负责市场拓展和人力资源开发工作；

（13）督促各部门工作的落实情况；

（14）负责各部门活动实施过程的监督及反馈问题的有效解决；

（15）每日轮流查房，与入住老年人沟通交流，听取老年人建设性的建议，及时帮老年人解决现实需求，定期与家属沟通老年人在院情况，拓展客户；

（16）积累管理经验，监管培养储备人才工作，为机构的长远发展做人才和管理方面的准备；

（17）根据机构需求决定员工的招聘、提拔和调迁等事项，并通知人力资源部备案。

此外，养老机构行政副院长与业务副院长均需要接受院长的管理与监督，需要配合并协助院长进行养老机构管理。行政副院长主要是配合院长在总体上制定养老机构的发展规划、工作计划、培训计划；而业务副院长侧重对养老机构服务业务的管理与监督，对服务环节的情况及时进行风险评估，落实风险管理制度。

## 三、养老机构办公室的岗位职责

办公室设置办公室主任、副主任、物品管理员、宣传员等岗位。

### （一）办公室主任

岗位要求：大专及以上学历，行政管理或人力资源管理专业，具有一定的沟通和组织能力，热爱养老行业，有养老机构管理经验。

岗位职责：

（1）全面负责办公室工作；

（2）做好办公室人员的思想政治工作，组织办公室工作人员完成各项工作任务；

（3）公文处理及时、准确，涉密文件不泄密；

（4）协调解决养老机构各个部门之间的工作关系；

（5）协调解决入住老年人、老年人家属与养老机构三方的关系；

（6）完成养老机构上级领导交办的其他各项工作。

### （二）办公室物品管理员

岗位要求：大专及以上学历，文秘或档案管理专业，熟悉物品管理流程，有团队合作意识，有养老机构从业经历。

岗位职责：

（1）根据养老机构物品管理需要编制物品管理信息系统；

（2）落实物品登记入库制度、领用登记制度等；

（3）定期核对物品使用状况，及时撰写物品质量检验报告；

（4）完成养老机构行政副院长或院长交代的任务。

### （三）办公室宣传员

岗位要求：大专及以上学历，市场营销专业，熟悉养老市场运营，有较强的市场开发和公关能力。

岗位职责：

（1）根据养老机构品牌定位制定营销方案和推广策略；

（2）制定营销方案落实与管理对策；

（3）开拓养老市场营销渠道和资源；

（4）制定并负责完成养老机构运营指标；

（5）建立并维护与各媒体的关系；

（6）完成养老机构行政副院长或者院长交代的任务。

1. 是不是所有的养老机构均设有单独的办公室、财务部、人事部？
2. 养老机构一定要配备副院长吗？
3. 养老机构在人才招聘环节如何判断一个人是否符合养老机构岗位要求？
4. 什么叫人才？

**知识拓展**

养老机构要结合自身规模和实力进行部门与岗位设置。有一定实力和规模的养老机构能做到医养结合，就会设置上述部门及岗位；而实力有限的养老机构往往不具备设置医务部门和康复部门的能力，会与医院签订服务协议，由医院派驻医生进行医务服务或康复服务。

## 四、养老机构人力资源部的岗位职责

岗位要求：大专及以上学历，人力资源管理或文秘专业，熟悉人事管理相关制度及管理相关知识，有较强的组织原则及保密意识。

岗位职责：

（1）服从院长或副院长安排，认真执行其工作指令；

（2）负责制定人事管理制度，设计人事管理工作程序，研究人事管理办法，建立人事档案资料库，规范人才培养、选拔和任用制度，组织人事考核和选拔工作；

（3）负责设置岗位劳动总量，编制招聘计划和岗位职责，制定岗位报酬和工资总额，监督和落实员工工作和绩效，分析、修订、补充工资发放办法，确保员工的付出和收益相匹配；

（4）编制机构年、季、月工作任务和工资计划，制定人事统计制度，建立健全人事工资核算标准，调研同行业及同类型岗位的薪酬信息，及时调整薪酬方案；

（5）负责员工劳动纪律管理，定期或随机抽查纪律执行情况，及时办理考勤、奖惩、请销假、调动等工作；

（6）编制员工培训计划，负责员工岗前培训，定期开展员工业务学习和交流活动。

> **知识拓展**
>
> 课堂上，任课老师在讲解养老机构岗位设置的内容。
> 老师："判断一个人是不是具有可塑性的标准有哪些？"
> 学生："人品、心态、能力等。"
> 老师："对，除了人品、心态、能力，还要有信誉、团队精神和协作精神等，尤其是团队精神和协作精神，一个国家、一个集团、一个组织、一个养老机构只有具备协同作战的精神，才能把事情做好。"
> 学生："老师，就是这样的，比如有一次……"
> 老师："很好，大家继续讨论还有哪些内容在组织结构中很重要。"

## 五、养老机构财务部的岗位职责

岗位要求：大专及以上学历，有会计师职称或会计从业资格证。

岗位职责：

（1）认真贯彻和执行国家财务管理法律法规，建立健全财务管理制度，严格遵守财务纪律，加强财务监督和检查，确保资金安全；

（2）实施会计、出纳分责制，明确财务管理规则，加强收支核算；

（3）制定机构入住收费标准和老年人日常人均饮食标准，负责住宿费、保健费审核与鉴定，保证所有支出必须严格按照报销制度进行；

（4）所有固定资产均要登记在册，每年都要进行固定资产折旧申报记账；

（5）编制机构财务报表，进行财务收支核算、现金流动核算和成本核算，分析机构经营状况。

财务主管人员的职责主要包括：编制财务收支计划，拟定资金筹措和使用方案；编制成本费用计划，进行成本控制与核算；督促各部门降低消耗、节约费用，提高经济效益；建立健全经济核算制度，利用财务会计资料进行经济活动分析，及时向养老机构院长提出合理化建议。

会计人员的职责主要包括：依照国际会计制度记账、复账和报账，保证账目清楚，按期报账；按照经济核算原则，定期检查、分析养老机构财务、成本和利润的执行情况，挖掘增收节支潜力，考核资金使用效果，当好养老机构的管理参谋；妥善保管会计凭证、会计账簿、会计报表和各种会计资料；完成财务主管人员交办的财务工作。

出纳人员的职责主要包括：认真执行现金管理制度，严格执行库存现金限额，超过部分及时送存银行，不坐支现金，不认白条抵押现金；建立健全现金出纳各种账目，严格审核现金收付凭证；严格支票管理制度，编制支票使用手续，使用支票须经院长签字后方可生效；积极配合银行做好各种对账工作，配合会计做好各种财务管理；完成财务主管人员交付的其他工作。

## 六、养老机构安全管理部的岗位职责

### （一）安全保障人员岗位职责

（1）负责进出人员的登记和管理工作；

（2）负责消防监控工作，开展安全教育活动，组织保安队伍开展日常训练，组织安全检查；

（3）负责各项安全设施的安装和维护，定期对康复设备进行检查和维护，制定安全维护、风险防范措施；

（4）负责向员工和入住老年人宣传国家制定的有关安全保障的法律法规和机构内部各项安全保卫规章制度，增强员工和入住老年人的法治观念，提高其安全警惕性；

（5）制定养老机构的安全维护、风险防范措施和安全管理奖惩办法；

（6）配合公安机关调查重大安全事故，编写调查报告并上报上级主管部门。

### （二）后勤服务人员岗位职责

（1）负责养老机构的环境管理工作，包括保洁、绿化养护、卫生消杀、卫生防疫、疾病防疫和环境保护等；

（2）负责养老机构的保洁服务工作；

（3）配合养老机构其他部门进行能源管理；

（4）配合养老机构其他部门进行设施设备购置与维修。

## 七、养老机构物业管理部的岗位职责

（1）落实养老机构内部卫生打扫和住宿设施清洁和消毒工作；

（2）监督养老机构环境卫生和绿化管理的实施；

（3）配合其他部门进行大型活动设施的布置和维护；

（4）每日清扫、冲洗公厕四次以上，保证墙面、墙角、天花板无灰尘和蜘蛛网，蹲便器无积压物，便池无污渍，洗手盆台面无污渍，镜面无痕迹，地面无积水，厕所无异味；

（5）公共环境要每日打扫，绿植要每日修剪，草坪要定期除草，及时浇水，要注意节约用水。

## 知识拓展

1. 安全管理：指机构为实现安全目标而进行的有关决策、计划、组织和控制等方面的活动，包括制定安全管理的指导方针、规章制度、组织机构，对员工的安全要求、工作环境、教育和训练、年度安全工作目标、阶段工作重点、安全措施项目、危险分析、不安全行为、不安全状态、防护措施与用具、事故灾害的预防等。

2. 物业管理：指机构指定或委托人员对机构内所有建筑物共有部分，以及建筑区划内共有建筑物、场所、设备、场地进行管理的活动，具体包括对设施、绿化、卫生、交通、生活秩序和环境等项目进行维护和修缮。

安全管理和物业管理一样吗？能互相取代吗？

## 八、养老机构护理部的岗位职责

护理部设置护理部主任 1 名，护理人员若干。

岗位要求：有一定的文化基础，热爱养老行业，有敬业精神，性格活泼，善于沟通，有一定的老年服务经验，有养老护理员职业资格证。

### （一）护理部主任岗位职责

（1）接受院长领导，依据护理部及机构工作计划制订护理计划，并督促执行；

（2）检查护理部工作质量，参加并指导危重老年人的护理；督促护理人员严格执行各项技术操作规章，有计划地检查医嘱执行情况，加强医护配合；

（3）组织入住老年人的学习及文体娱乐活动，落实养老服务方案；

（4）负责护理人员的思想动态管理与安抚工作，督促护理人员树立高度负责的责任意识；

（5）注重护理创新，提升服务品质，带头学习护理业务知识并进行科研工作。

### （二）护理人员岗位职责

（1）护理人员要持证上岗，没有养老护理员职业资格证的要及时接受护理人员岗前培训；

（2）接受护理部主任领导、医务人员工作指导，按照护理等级要求全面负责老年人的生活照料、心理护理和保健康复等工作；

（3）护理人员要严格执行各项规章制度和技术操作规程，严防事故的发生，严格执行交接班制度，认真做好老年人护理信息记录；

（4）认真执行安全防护管理制度，按时巡视，加强对刀剪等锐器以及电火等危险隐患的排查管理，提高对有功能性缺失老年人服务环节的保护和警惕意识；

（5）做好护理老年人的被褥、起居用品登记工作；

（6）认真执行清洁、消毒和隔离制度，做好环境卫生工作，保持居住环境整齐、清洁，房间要每日拖地、擦窗、处理污物，卫生间要每日清理、消毒；走廊、公共卫生间要每日拖地两次，做到无污垢、无异味；每月用消毒液对居住环境和公共环境进行消毒，并彻底洗刷墙角、墙体、门窗；

（7）熟练掌握各种设备、电器的使用方法，认真维护保养，保持功能完好；

（8）及时发现老年人身体、精神状况的变化，一旦有异常及时上报、协助老年人就医。

## 九、养老机构膳食服务部的岗位职责

膳食服务部需要为整个机构的工作人员和入住老年人提供饮食服务，要依据机构需求配备膳食服务人员。

膳食服务部至少设置厨师1名，营养师1名。

岗位要求：厨师要有厨师证，且养老机构所有膳食服务人员均需持健康证上岗，工作人员要懂得合理饮食调配的原则，熟悉老年人的生理特点，根据老年人的饮食习惯、口味特点和营养需求进行合理饮食搭配。

岗位职责：

（1）负责整个养老机构日常生活用品、食品的采购与管理；

（2）结合老年人的特点，均衡膳食结构，并做到营养搭配。

## 十、养老机构医务部和康复保健部的岗位职责

医务部和康复保健部要配备医生和养老护理人员，依照机构规模和服务对象人数进行人员配置。通常情况下，机构至少要有1名持有护士证的护士，有1～4名有中级及以上职称的医生，要有一定比例的养老护理人员，养老护理人员要持有职业资格证，持有比例达到90%。通常情况下，养老护理人员与服务人员的比例为1∶20～1∶10。

岗位要求：医生应具有医师资格，有老年常见病治疗经验，有紧急救护能力和从业经历。

岗位职责：

（1）全面负责老年人的医疗保健工作；

（2）要在入住48小时内对新入住老年人进行体检，填写入院病历，将检查结果汇报给机构院长及老年人家属；

（3）为入住老年人办理健康监护档案；

（4）负责对老年人的身体状况进行医学评估和维护，必要时通知其家属；负责对突发疾病的老年人进行紧急救助，结合实际状况，给予转院建议，并协助其家属联系相关医

院，并陪同护理人员办理入院手续，介绍病情；

(5) 结合老年人的特点制定康复训练办法；

(6) 负责养老机构中医疗设备的维护和使用管理。

1. 护理部、膳食服务部和康复保健部的区别是什么？
2. 哪些部门是可以合并的，哪些部门是必须有的？

## 十一、养老机构社工部的岗位职责

岗位要求：拥有心理咨询师和社会工作师职业资格证，身体健康，热爱养老行业，具有一定的从业经历。

岗位职责：定期结合老年人心理状况开展心理辅导，与其家属沟通，开展助老活动等，挖掘老年人潜能，提升老年人的自我认同感和归属感。

养老机构各部门、各岗位之间都不可能独自解决养老机构的一切问题，各岗位之间是你中有我、我中有你的关系，各岗位之间是相互协作的有机整体，各岗位共同完成养老机构的各项事务。

### 拓展训练

暑假期间，学习老年护理专业的张珍在亲戚的介绍下，到家乡所在的郑州某老年活动中心进行暑期实践。在近2个月的实践生活中，张珍深切体会到老年服务工作的重要性和艰巨性，也真正将学校学习的理论知识和机构实训进行了有机结合。但在实习过程中，张珍还是产生了一些困惑：很多机构在养老服务环节为避免老年人发生意外，尽可能减少老年活动的组织和实施，而张珍在和老年人沟通时发现，很多老年人觉得机构应多组织活动，让老年人参与其中，甚至还有老年人愿意参与组织策划。可机构护理部主任还是认为少举办活动为好。张珍想给活动中心负责人提出建议，希望增加老年健身娱乐活动，成立娱乐服务部。

1. 结合该案例讨论张珍同学是否应该在该机构组织老年健身活动，这种活动的优缺点有哪些。
2. 请分析该机构是否需要成立娱乐服务部，撰写可行性分析报告。

## 任务三 养老机构的人力资源管理

### 案例导入

张丽是一家小型养老机构的负责人，机构运营逐渐步入正轨，但是这两天碰上一件让她头疼的事儿。机构的护理人员王绪要辞职，理由是家里有事需要他帮忙，想找个离家近点的工作。张丽觉得王绪辞职是因为工资有点低，她也正准备给员工涨工资。但是，她又担心直接涨工资不够公平合理。她决定到本地比较大型的养老机构取取经，看看别的机构的工资都是怎么定的，顺便了解一些人力资源管理方面的知识，以加强人事关系的稳定。

【思考】
1. 什么是人力资源管理？
2. 人力资源管理涉及哪些内容？
3. 人力资源管理的意义是什么？

### 一、养老机构人力资源管理的概念

养老机构人力资源管理是指机构通过现代化的管理手段，围绕人与事及其各种关系的匹配度进行合理的调配，借助一定措施鼓励员工提升能力，促使员工更好地发挥潜能，最有效地利用物质条件，使人力、物力尽可能保持最佳匹配度，从而实现机构利益最大化，做到人尽其才、事得其人、人事相宜，实现组织目标。

#### 知识拓展

1. 最佳比例：让人与物都尽最大可能发挥作用，没有浪费，恰当合适。
2. 主观能动性：人在自身思想层面想要去解决问题，有做事的动力。

1. 人尽其才、事得其人、人事相宜是什么意思？
2. 通常情况下，组织目标有哪些？

## 二、养老机构人力资源管理的核心与关键

### (一) 人力资源管理的基本要素

人力资源管理的基本要素包括人和物，如图 3-12 所示。

### (二) 人力资源管理的衡量标准

人力资源管理的衡量标准包括量的标准和质的标准，如图 3-13 所示。

图 3-12　人力资源管理的基本要素　　图 3-13　人力资源管理的衡量标准

1. "人"和"物"如何管理才是有效的？衡量标准是什么？
2. "量"和"质"如何区分？衡量它们的标准是什么？

## 三、养老机构人力资源管理的目标

养老机构人力资源管理的目标如图 3-14 所示。

人力资源管理是手段还是方法？

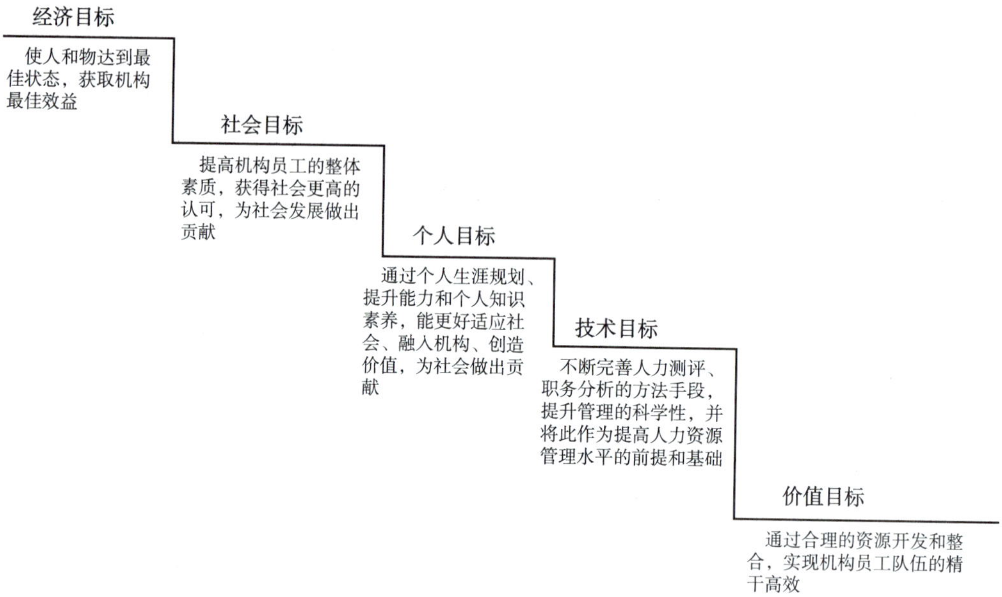

图 3-14　养老机构人力资源管理的目标

## 四、养老机构人力资源管理的内容和措施

### （一）人力资源管理的内容

人力资源管理的内容如图 3-15 所示。

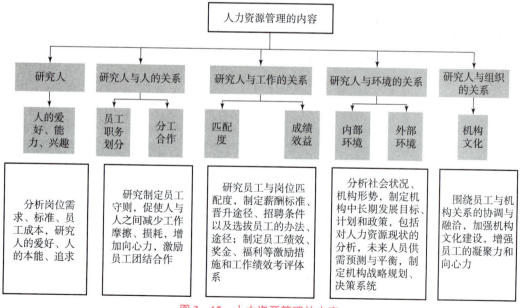

图 3-15　人力资源管理的内容

## (二) 人力资源管理的措施

**1. 制订用人计划**

围绕机构发展战略和经营战略,评估机构的人才需求状况与管理制度,了解社会人力资源相关信息和资料,判断机构人才环境与需求市场,制订人才招聘、培训、开发计划及晋升规则等。

**2. 核算用人成本**

围绕机构发展需求、社会环境和机构战略,充分评估人才成本与效益产出之间的关系,核算薪酬,制定岗位薪酬体系。

**3. 分析岗位需求**

对机构具体岗位进行充分评估,判断岗位与员工的匹配度,分析员工的技术种类、熟练度、文化程度、工作经验、身体状况和责任意识等是否符合岗位需求。依据分析形成文字资料,作为员工岗位招聘要求及员工工作能力评判依据。

**4. 设计员工招聘办法**

依据机构岗位职责要求,刊登招聘广告。从应聘人员的教育程度、工作经历、年龄、健康状况、责任意识等方面进行资格审查,最后确定录用人选。

**5. 签订劳动合同**

员工一旦被录取,就应与机构签订劳务合同,双方就具有了相互依存的关系。为了保护双方的合法权益,需要将录取员工的工资、福利、工作条件和职责等事宜写入劳动合同。

**6. 入职培训**

新入职员工必须接受岗前教育和培训,这有利于员工了解机构文化和适应工作环境。岗前培训的主要内容包括机构的历史、现状、未来规划、岗位职责、服务理念、机构管理章程、员工晋升制度、奖励措施和发展空间等。

**7. 工作绩效考核**

依据机构的员工绩效考核办法对员工的业务能力、工作表现及工作态度等进行评价,并给予量化处理。考核结果是员工晋升、接受奖惩、发放工资、接受培训等的有效依据,它有利于调动员工的积极性和创造性,检查和改进人力资源管理工作。

**8. 职务晋升**

制定合理的职务晋升办法,激发员工的积极性和创造性。

**9. 制定科学合理的薪酬福利体系**

合理的薪酬体系是人才发展的关键,而福利则是机构组织保障的一部分,是工资报酬的延续与补充。薪酬福利体系必须充分考虑员工业绩、职级、岗位门槛等,薪酬福利要实行动态管理,能及时反映员工的付出与努力。恰当的福利措施有利于保障员工的工作积极性,解决员工的后顾之忧。

养老机构试用期人员考核表如表3-1所示,养老机构入职人员审批表如表3-2所示,养老机构业务人员考核表如表3-3所示，养老机构行政人员考核表如表3-4所示，养老机构管理人员及部分负责人绩效考核表如表3-5所示，养老机构工作人员每日签到表如表3-6所示。

表3-1 养老机构试用期人员考核表

部门：　　　　　　　　　　　　　　　　　　填表日期：　　　年　月　日

| 姓名 | | 岗位 | | 进入公司日期 | 年　月　日 | | |
|---|---|---|---|---|---|---|---|
| 试用期内出勤及奖惩表现（由人事部负责人填写） | | | | | | | |
| 累计出勤天数 | 天 | 迟到/早退次数 | 次 | 请假 | 天 | 旷工 | 天 |
| 奖 励 情 况 | | | | 惩 罚 情 况 | | | |
| 奖励时间 | 奖励内容 | | 奖励类型 | 惩罚时间 | 惩罚内容 | | 惩罚类型 |
| | | | | | | | |
| 考 核 内 容 | | 考 核 结 果 | | | | | |
| | | 10 分 | | 8 分 | 6 分 | | 4 分 |
| 1. 是否安于现在的工作，能否完成工作任务 | | 能 | | 一般能够 | 勉强能够 | | 不能 |
| 2. 对工作的责任心与原则性 | | 强 | | 较强 | 一般 | | 不强 |
| 3. 对现工作岗位操作要领的掌握情况 | | 熟悉 | | 较熟悉 | 一般了解 | | 不了解 |
| 4. 能否独立工作 | | 能 | | 需适当指导 | 勉强 | | 不能 |
| 5. 应变能力如何 | | 强 | | 一般 | 勉强 | | 差 |
| 6. 能否完成上级安排的额外工作 | | 能 | | 一般能够 | 勉强 | | 不能 |
| 7. 待人处事是否积极主动 | | 是 | | 一般 | 勉强 | | 不是 |
| 8. 能否尊重他人、虚心学习 | | 能 | | 一般能够 | 勉强 | | 不能 |
| 9. 是否善于与人交往 | | 善于 | | 一般 | 勉强 | | 不善于 |
| 10. 是否具有团队合作精神 | | 具有 | | 稍具 | 一般 | | 不具有 |
| 初评得分 | | | | | 复评得分 | | |

所在部门考核意见：

　　　　　　　　　　　　　　　　　　　　　　　　　　考核人签字：
　　　　　　　　　　　　　　　　　　　　　　　　　　　　　年　月　日

续表

| 考 核 内 容 | 考 核 结 果 | | | |
|---|---|---|---|---|
| | 10 分 | 8 分 | 6 分 | 4 分 |
| 人力资源部考核意见：<br><br>考核人签字：<br>年　月　日 | | | | |
| 院长考核意见：<br><br>考核人签字：<br>年　月　日 | | | | |
| 集团董事长审批：<br><br>签字：<br>年　月　日 | | | | |
| 说明：1. 此表适用于普通员工转正考核用；<br>　　　2. 考评得分≥75分为"可以按时转正"；考评得分60~75分为"延长试用期"；考评得分<60分为"试用不合格"。 | | | | |

表3-2　养老机构入职人员审批表

| 姓名 | | 性别 | | 年龄 | |
|---|---|---|---|---|---|
| 民族 | | 政治面貌 | | 身份证号 | |
| 户籍地 | | 婚姻状况 | | 子女 | |
| 毕业学校 | | | | 学历 | |
| 专业 | | | | 技术职称 | |
| 住址 | | | | 电话 | |

续表

| 拟任部门 | | 拟任职务 | | 拟入职日期：___年__月__日 |
|---|---|---|---|---|
| | | | | 合同期：年/试用期：　个月 |
| 薪资待遇 | 薪酬等级_____；基本工资_____/月；补助合计_____/月；试用期首月待遇为约定薪金的80%，试用期（享受/不享受）相关福利补助 | | | |
| 人力资源部负责人意见 | | | | |
| 常务副院长意见 | | | | |
| 分管人事副院长意见 | | | | |
| 院长批示 | | | | |

**表3-3　养老机构业务人员考核表**

| 姓名 | | 职务 | | | 到职日期 | | 出生年月 | 年　月 |
|---|---|---|---|---|---|---|---|---|
| 部门 | | 主管 | | | 工资 | 本薪 | 加给 | |
| 品质要求 | 评定品质 | 评分标准/分 | | | | | | 评分 |
| | 工作品质 | 4 | 无须指正 | 2 | 偶需指正 | 0.5 | 常需指正 | 0 | 不满意 |
| | 作业要领 | 4 | 准确遵守 | 2 | 偶有错误 | 0 | 常犯错误 | | |
| | 技术水平 | 4 | 能从事各种工作 | 3 | 能从事较难工作 | 2 | 简易工作 | | |
| | 一般评语 | 8 | 品质特优 | 6 | 优良 | 4 | 一般 | 2 | 需改进 |
| 效率 | 20 | 平均效率达110%以上 | | 10 | 平均效率达80%以上 | | | |
| | 17 | 平均效率达100%以上 | | 5 | 平均效率达75%以上 | | | |
| | 14 | 平均效率达90%以上 | | 0 | 平均效率未达75%以上 | | | |
| 出勤 | 每旷工一次扣5分 | | | | | | | |
| | 每请假一日扣1分 | | | | | | | |
| | 每迟到一次扣1分 | | | | | | | |

续表

| 姓名 | | 职务 | | | 到职日期 | | 出生年月 | 年　月 |
|---|---|---|---|---|---|---|---|---|
| 部门 | | 主管 | | | 工资 | 本薪 | | 加给 |
| 工作知识 | 给分 | 考核事项 | | 给分 | | | | |
| | 2 | 经常询问服务技能问题 | | 2 | 会处理新的问题 | | | |
| | 2 | 常提新的方法建议 | | 2 | 能协助主管处理突发问题 | | | |
| | 2 | 了解康复器具使用方法 | | 2 | 知道如何省用材料、工具 | | | |
| | 2 | 对于品质优劣能评定 | | 2 | 能了解工具器具材料的好坏 | | | |
| 合作精神 | 1 | 准时上下班 | | 2 | 愿协助新同事 | | | |
| | 2 | 遵守机构各项规定 | | 2 | 很少与人发生口角 | | | |
| | 2 | 遵守各项安全规定 | | 2 | 乐于参加各项团体活动 | | | |
| | 1 | 接受工作调动 | | 2 | 易接受他人意见 | | | |
| | 2 | 愿意做他人不愿做的工作 | | 2 | 整洁习惯良好 | | | |
| 适应性 | 2 | 曾担任若干种工作 | | 2 | 工作适应性强 | | | |
| | 2 | 会使用复杂机器 | | | | | | |
| | 2 | 均接受训练 | | | | | | |
| | 2 | 专业知识良好 | | | | | | |
| 备注 | | | 等级 | | | 总评分 | | |

表3-4　养老机构行政人员考核表

| 姓名 | | 部门 | | 职级 | | |
|---|---|---|---|---|---|---|
| 考核项目（100分） | | 考核内容 | | | 标准分 | 考核分 |
| 安全工作<br>（5分） | | 执行安全工作"日看、周查、月报"制度 | | | 1 | |
| | | 做好本职安全工作 | | | 2 | |
| | | 检查所辖部门安全工作的执行情况，包括计划 | | | 2 | |
| 工作态度<br>（40分） | | 出勤守时状况 | | | 3 | |
| | | 接待工作热情主动 | | | 3 | |
| | | 工作计划的立案、实施是否有充分准备 | | | 1 | |
| | | 对公司的未来建议 | | | 1 | |
| | | 参加理论学习和培训会议 | | | 1 | |
| | | 日常工作完成情况 | | | 14 | |
| | | 领导交办的任务 | | | 3 | |
| | | 执行公司规章制度的状况 | | | 14 | |

续表

| 姓名 | | 部门 | | 职级 | |
|---|---|---|---|---|---|
| 考核项目（100分） | | 考核内容 | | 标准分 | 考核分 |
| 工作态度<br>（8分） | | 信息上传下达的情况 | | 1 | |
| | | 横向联系 | | 1 | |
| | | 员工稳定、流失情况 | | 2 | |
| | | 部门、客户投诉情况 | | 2 | |
| | | 办事拖拉、推诿情况 | | 2 | |
| 基本能力<br>（9分） | | 为了达成目标，是否能够站在最前线指挥 | | 3 | |
| | | 成本意识强烈，厉行节约 | | 3 | |
| | | 熟悉本职工作与相关业务，能完成工作任务 | | 3 | |
| 业务情况<br>（20分） | | 正确理解机构经营方针，制定配套实施方案 | | 2 | |
| | | 品行端正，言行诚信 | | 2 | |
| | | 工作方法正确，工作效率高 | | 8 | |
| | | 按照员工能力和个性合理分配工作 | | 4 | |
| | | 热衷于学习新技术与新知识 | | 1 | |
| | | 能自我突破与创新 | | 1 | |
| | | 费用使用合理有效 | | 1 | |
| | | 工作总结准确、真实 | | 1 | |
| 监督管理<br>（12分） | | 能准确把握下属的优缺点 | | 3 | |
| | | 注意办公现场的安全卫生和整理 | | 3 | |
| | | 积极训练、教育下属，提高他们的技能素质 | | 3 | |
| | | 妥善处理工作中的失误和临时工作 | | 3 | |
| 协调指导<br>（6分） | | 善于沟通、聆听和采纳下属的意见与建议 | | 2 | |
| | | 注意调动下属的工作积极性 | | 1 | |
| | | 能做好部门间的联系和协调工作 | | 1 | |
| | | 及时征集部门内部意见，建立有效沟通 | | 1 | |
| | | 注意进行目标管理，使工作协调进行 | | 1 | |
| | | 小计分数 | | 100 | |
| 额外加分 | | | 奖　励 | | |
| 额外减分 | | | 惩　处 | | |
| 合计分数 | | | | | |
| 考核人 | | 被考核人 | | 考核时间 | |

表 3-5 管理人员及部门负责人绩效考核表

被考核人：_____ 部门：_____ 职位：_____ 实施日期：_____
考核期：____年____月____日至____年____月____日 考核者：_____

| 考核项目 | 考核内容 | 考核等级 | | | | 分数 | 备注 |
|---|---|---|---|---|---|---|---|
| | | 优秀/分 | 良好/分 | 称职/分 | 勉强/分 | | |
| 目标达成度 | 与绩效目标、期望值对比，工作达成与目标或标准的差距，兼顾工作客观难度 | | | | | | |
| 工作品质 | 考虑工作的品质，与期望值对比，工作过程与结果的复合程度（准确性、反复率等） | 7~8 | 5~6 | 3~4 | 1~2 | | |
| 工作速度 | 从完成工作的效率方面考核，有无浪费时间或拖拉现象 | 7~8 | 5~6 | 3~4 | 1~2 | | |
| 费用控制 | 与目标或期望值比较，实际费用控制程度及费用开支的合理性和必要性 | 7~8 | 5~6 | 3~4 | 1~2 | | |
| 管理能力 | 把握下属的个性、才干，指导与激励下属，统一组织行动的能力及用人能力 | 7~8 | 5~6 | 3~4 | 1~2 | | |
| 计划性 | 从工作事前计划程度，对工作（内容、时间、数量、程序）安排分配的合理性、有效性方面考核 | 4 | 3 | 2 | 1 | | |
| 协调沟通 | 衡量与各方面关系的协调性，化解矛盾的能力，人际交往的能力 | 4 | 3 | 2 | 1 | | |
| 应变力 | 应对变化，采取措施或行动的主动性、有效性及工作中对上级的依赖程度 | 4 | 3 | 2 | 1 | | |
| 改善创新 | 问题意识是否强烈，为了更有效工作，改进工作的主动性及效果 | 4 | 3 | 2 | 1 | | |
| 判断力 | 预见性及决策准确性，对事物发展的关键因素、发展趋势与机遇的把握程度 | 4 | 3 | 2 | 1 | | |
| 人才培养 | 对人才的重视度，对储备人才的培养情况 | 4 | 3 | 2 | 1 | | |
| 周全缜密 | 工作认真细致及深入程度，考虑问题的全面性、遗漏率 | 4 | 3 | 2 | 1 | | |
| 全局观念 | 团队合作精神，立足全局，从整体出发考虑和处理问题的能力 | 4 | 3 | 2 | 1 | | |
| 以身作则 | 表率作用如何，严格要求自己与否，遵守制度纪律情况 | 4 | 3 | 2 | 1 | | |
| 工作态度 | 工作自觉性、积极性、对工作的投入程度、进取精神、勤奋程度、责任心、事业心等 | 4 | 3 | 2 | 1 | | |

续表

| 考核项目 | 考核内容 | 考核等级 | | | | 分数 | 备注 |
|---|---|---|---|---|---|---|---|
| 目标达成度 | 与绩效目标、期望值对比，工作达成与目标或标准的差距，兼顾工作客观难度 | 优秀/分 | 良好/分 | 称职/分 | 勉强/分 | | |
| 执行力 | 对机构的战略、决策、计划的执行程度，以及执行中对下级检查跟进的程度 | 4 | 3 | 2 | 1 | | |
| 品德言行 | 是否做到廉洁、诚信与正直，是否具有职业道德，是否严格执行仪容仪表的要求 | 4 | 3 | 2 | 1 | | |
| 员工管理 | 是否能保持较低的员工流动率，创造和谐、高效、积极的工作氛围 | 4 | 3 | 2 | 1 | | |
| 保密意识 | 是否保密意识极强，处处为机构利益着想，不会泄露机构任何机密 | 4 | 3 | 2 | 1 | | |
| 身心健康 | 是否精力充沛，心理承受力强，能承担压力极大的工作 | 4 | 3 | 2 | 1 | | |
| 合计 | | 100 | | | | | |
| 考勤 | 病假_____次　　事假_____次　　旷工_____次　　迟到早退_____次 | | | | | | |
| 奖惩记录 | 奖： | | | | | | |
| | 惩： | | | | | | |
| 补充说明： | | | | | | | |

表3-6　养老机构工作人员每日签到表

部门：_____　　　　　　　　　　日期：_____

| 序号 | 本人签名 | 时间 | 是否迟到 | 备注 |
|---|---|---|---|---|
| 1 | | | | |
| 2 | | | | |
| 3 | | | | |
| 4 | | | | |
| 5 | | | | |
| 6 | | | | |
| 7 | | | | |

续表

| 序号 | 本人签名 | 时间 | 是否迟到 | 备注 |
|---|---|---|---|---|
| 8 | | | | |
| 9 | | | | |
| 10 | | | | |
| 1. 行政人员每个工作日早 8 点前需签到,值班人员单独登记。<br>2. 推迟 10 分钟以上签到视为迟到,迟到 1 小时签到视为旷工。<br>3. 如有特殊情况,请到 ××× 处说明情况。 | | | | 说明: |

员工福利都有哪些?

### 10. 完善员工档案

从员工入职开始,养老机构就有义务保管员工的简历,记录工作过程中做出的成绩与付出的努力。要如实科学地记录员工的工作成绩、工资报酬、职务升降、奖惩、接受培训和教育等方面的情况。

**拓展训练**

调查养老机构的人力资源管理办法与制度,并分析其优劣。

# 第二单元 养老机构的运营管理

第二单元包括项目四养老机构的行政管理、项目五养老机构的风险管理、项目六养老机构的财务管理、项目七养老机构的健康管理四个项目，从养老机构的行政管理、风险管理、财务管理、健康管理几个方面对养老机构的主要运营管理内容进行了系统讲述，重点介绍了养老机构运营管理的主要途径和方法，是养老机构"软实力"的体现，也是实现养老机构有效运营与管理的核心内容。

# 项目四 养老机构的行政管理

## 【知识目标】

◇ 了解养老机构行政管理工作
◇ 熟悉养老机构行政管理的各项工作内容
◇ 掌握养老机构行政管理的各项工作规范

## 【能力目标】

◇ 能够进行有效沟通，做好咨询和接待工作
◇ 能够规范使用印章，做好印章管理工作
◇ 能够熟练掌握各类合同的管理工作
◇ 能够规范有效地开展日常行政工作，做好日常事务督办及协调工作
◇ 能够不断探索制度化建设，规范各项管理工作，严格执行各项制度

【思维导图】

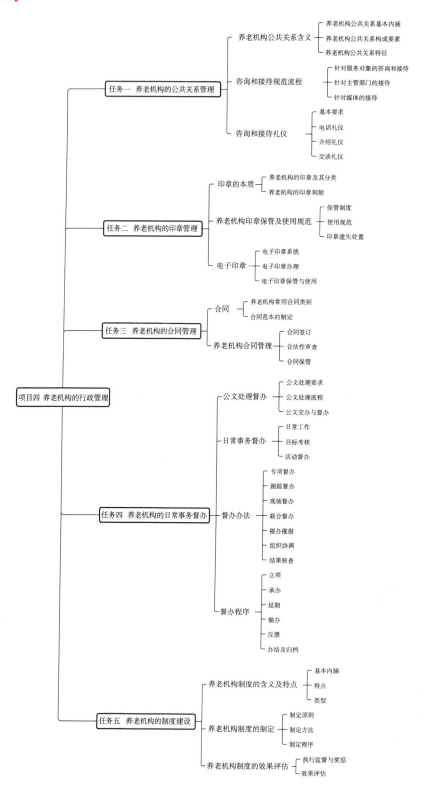

## 任务一　养老机构的公共关系管理

**案例导入**

案例一：在外地打工的王女士陪同独居的母亲前往某养老机构了解入住条件及费用。因对该养老机构不够了解，且对是否能为母亲提供优质的养老服务心存顾虑而犹豫不决。此时，办公室负责接待的工作人员针对王女士及其母亲的疑问，耐心解答，并邀请母女二人参观了养老机构的各项设施设备、居住环境及护理工作流程，打消了她们的种种顾虑，二人表达了入住意愿，随即办理各项入住手续。

案例二：某省民政部门协调卫生部门、质检部门、消防部门等联合开展对养老机构的大走访、大调研活动。

【思考】

作为办公室工作人员，应当如何按照上级要求，做好接待工作？

## 一、养老机构公共关系含义

### （一）养老机构公共关系基本内涵

养老机构公共关系是指养老机构用传播的手段使自己与公众（主要指服务对象）之间形成双向交流，使双方达到相互了解和相互适应的管理活动。

### （二）养老机构公共关系构成要素

**1. 养老机构——公共关系的主体**

养老机构作为专门为老年人提供饮食起居、清洁卫生、生活护理、健康管理和文体娱乐活动的综合性服务机构，与一般的公共关系主体相比，具有显著的公益性特点。因此，在公共关系管理活动中，更加需要得到公众认可，建立与服务对象沟通的高效渠道，同时对公共政策发展与维护给予支持。

**2. 公众——公共关系的客体**

（1）服务对象。养老机构的服务对象，即入住老年人，是公共关系的主要客体。入住养老机构的老年人年事已高，是诸多意外事件、伤害、疾病突发死亡的高危人群。提升沟通服务水平，关注老年人核心关切，是做好公共关系管理的核心。

（2）监管部门。县级以上人民政府民政部门负责养老机构的指导、监督和管理，同时，住房城乡建设、应急管理、市场监督管理、卫生健康等部门对养老机构建筑、消防、食品卫生、医疗服务、特种设备安全风险等负有监督管理职责。有关行政部门是养老机构公共关系的另一部分客体。

（3）一般公众。养老事业是重要的民生工程，而养老机构作为构建养老服务体系的重要环节，必然会受到社会一般公众的高度关注。因此，对养老机构的正面宣传及舆情管理方面提出了更高的要求。

**3. 传播——公共关系的媒介**

当前，养老机构公共关系管理可以借助互联网、云计算、大数据、物联网等信息技术，提升养老机构的知名度，为更多家庭和老年人提供便捷的选择途径，使其获得更好的、更适合自己的养老机构。

如果让你为某养老机构设计官方网站首页，你会为网站设计哪些模块？

### （三）养老机构公共关系特征

**1. 实事求是**

养老机构公共关系活动必须坚持实事求是地反映情况，真实地展示信息。

**2. 高效沟通**

老年人注意力、记忆力衰退明显，安全感降低，适应能力减弱，容易出现失落感、自卑感、孤独感和空虚感。在与其沟通时，应当更加注重方式和方法，必须坚持着眼于受众自身特点，对不同情况进行具体细分，用心体察其心态和行为动机，从而达到良好的沟通效果。

**3. 互利互惠**

养老机构公共关系所追求的利益目标是合理的，是通过给服务对象提供服务而取得的，是被社会道德规范认同和支持的。因此，养老机构与服务对象公共关系追求的最终目标即互利互惠。

## 二、咨询和接待规范流程

### （一）针对服务对象的咨询和接待

（1）在接待服务对象时，首先应当由专职人员使用礼貌用语热情迎接，随后耐心了解服务对象的需求，诚信推荐功能特色，带领服务对象参观机构，并详细介绍各项服务标准，说明收费标准；

（2）针对有意向的服务对象，做好登记备案工作；

（3）需要签约的服务对象，应当有专职人员引导其签约、支付费用和领用物品，最后转交后续服务顾问；

（4）做好跟踪回访工作，接受服务评价或投诉建议。

### （二）针对主管部门的接待

**1. 拟定方案**

根据接待的行政部门拟定书面接待方案，经主管接待工作的机构领导审批后，组织实施接待来访工作。若重要接待或大型活动，还应主动与主管部门、相关部门沟通联系，经有关部门审核批准后，方可实施。

**2. 充分准备**

统筹内部相关部门根据接待方案来领受任务、组织配置资源及受检资料等，具体包括准备汇报材料、准备摄影摄像器材、整理环境、布置场地及提供会场服务、联络媒体部门、购置礼品、制定紧急突发事件处置预案。

**3. 通知到位**

及时通知有关领导及相关部门，熟知接待流程及方案。

**4. 热情迎候**

来访人员到达时，接待人员应做到衣着规范、仪表端庄，按预定时间提前在机构门前迎候，相互介绍身份，热情接待。

**5. 周到接待**

在接待过程中，应严守工作纪律、举止文明、热情周到，对非保密事项（主要是指非涉及服务对象合法的个人隐私事项等）秉承诚实守信原则如实汇报，做好记录，主动听取并接纳主管部门的建议及要求。

**注意**：其他工作人员遇到来宾参观时，也应礼貌相待。

**6. 热情送行**

适时、适当赠予纪念品，离开时热情送行。

**7. 做好总结**

接待工作应当以工作大局为重，做到合理周到，严禁铺张浪费以及不能有任何违纪违法行为。接待结束后，应做好工作总结，上报机构领导及主管部门。

### （三）针对媒体的接待

对媒体的接待，可以按照对主管部门接待的流程处理。同时，行政部门应当明确由专人负责联络媒体并熟悉各类媒体的联络信息。根据机构需要，维护好与媒体的关系，做好对外宣传工作。为此，应当注意以下四点：

（1）对媒体要以诚相待、以礼相待。前者要求对媒体公开事实真相，展示机构真实、正面的形象，如此才能有效遏制负面信息及谣言的传播；后者要求对媒体平等相待，一视同仁，不偏不倚，热情周到。

（2）要正确利用各类媒体。尊重媒体的社会责任，要通过正当方式为本机构服务。

（3）要充分了解各类媒体的传播途径和方式。

（4）主动沟通。平时应维护好与媒体的关系，经常邀请媒体参加本机构的重要活动，主动参加由媒体主办的孝老敬亲类社会活动，定期或不定期寄送有关资料，与记者、编辑、出版人员等经常开展人际交往活动。

## 三、咨询和接待礼仪

### （一）基本要求

**1. 真诚与热情**

为人真诚才能取得对方的信赖。热情招待是迅速拉近双方关系既简单又实用的重要技巧。

**2. 包容与理解**

互相包容、和睦共处，是接待礼仪的重要前提。让服务对象及来访人员感觉轻松自然，没有受到侵犯和难堪的感觉，比避免自己出错、不出笑话更为可靠，也更为重要。这需要从事此项工作的人员，具备包容与理解的宽广心胸和豁达态度。

**3. 品德高尚**

接待人员是养老机构的门面，个人的修养和道德水准在一定程度上能够反映本机构的服务水平和整体形象。

**4. 不断学习**

咨询和接待人员需要不断吸取经验，广泛学习各方面知识，了解各种礼仪习俗，做到具体问题具体分析，灵活运用。

### （二）电话礼仪

**1. 迅速接听**

最多不要让来电铃声超过6次，积极快速的响应反映高效的工作效率，更值得信赖。

**2. 准确告知**

准确告知对方本机构的名称及应答人员的姓名和职务，随后了解对方身份及需求。可以使用"请问您是哪里，有何需要"等话语。

**3. 文明用语**

用语应当文明礼貌，态度应当耐心、热情、谦和，语调应当平和，语速适中，表达清晰，给对方留下良好印象。

**4. 做好记录**

接听电话时,可以对谈话重点进行必要的重复,准备电话记录本,务必对内容进行简明扼要的记录,包括但不限于时间、地点、事宜、联系方式等。

**5. 礼貌结束**

谈话结束时,应当询问对方是否还有未尽事宜,并等候对方结束对话,最后由对方挂断电话,以示尊重。

## (三) 介绍礼仪

**1. 顺序**

应当在会面时先行自我介绍,介绍前应当礼貌地向对方打招呼或点头致意,得到回应后,介绍自己的姓名、身份。在为他人介绍本机构人员时,应当按照职务高低、年长顺序、女士优先等原则一一介绍。

**2. 方法**

本机构人员应当在介绍或被介绍后,微笑点头致意、握手致意或礼貌问候,若相隔较远或有障碍物,可以举起右手示意或点头微笑致意。

**3. 原则**

态度应当友善、谦和、不卑不亢,切忌畏畏缩缩,更不可傲慢无礼。

## (四) 交谈礼仪

**1. 眼神专注**

眼神应当自然坦诚,可以注视对方鼻子和嘴构成的三角区域,避免眼神飘忽,切忌死盯对方。应当在交谈时注意自己的体态,保持端庄。

**2. 用语规范**

交谈中应当多使用尊称,以示对对方的尊重。根据不同需要,勤用"请、您、谢谢、麻烦您"等礼貌语言和规范表述,这样能够创造亲切友好的交谈氛围,有助于咨询和接待等各项活动的开展。

**3. 表达清晰**

应当使用标准普通话进行沟通,注意语法表达规范,意思表述清晰、明确、有层次,注意语速适中、语调平和。

**4. 耐心聆听**

一方面不要插话,认真耐心聆听;另一方面借助表情、姿势、体态等无声语言,表明自身的专注、耐心及友善。

**5. 回应积极**

言为心声,针对对方的询问,应当主动回应,真诚作答。

**知识拓展**

1. 日常礼貌用语

（1）打招呼用语。

要求：说话亲切，礼貌待人，热情招呼，谈吐自然。

○您好 ○您早 ○早晨好 ○请 ○请问 ○请坐 ○请稍等 ○请原谅 ○请您走好 ○请多关照 ○请多多指教 ○没关系 ○对不起 ○别客气 ○您贵姓 ○打扰您了 ○谢谢 ○晚安 ○再见 ○欢迎您再来

（2）称呼用语。

要求：笑脸相迎，亲切称谓，落落大方，宾至如归。

○同志 ○先生 ○女士 ○夫人 ○太太 ○经理 ○部长 ○处长 ○局长 ○主任 ○科长 ○阿姨 ○叔叔 ○大爷 ○大娘

（3）征询应答用语。

要求：热情有礼，认真负责，恭耳细听，解客之难。

○您有什么事情？○我能为您做点什么？○您有别的事吗？○这会打扰您吗？○您需要××吗？○您喜欢××吗？○您能够××吗？○请您讲慢一点。○请您再重复一遍好吗？○好的。○是的。○我明白了。○这是我应该做的。○我马上去办。○不，一点都不麻烦。○非常感谢！○谢谢您的好意。

（4）道歉用语。

要求：态度诚恳，语言温和，虚心倾听，谋求谅解。

○实在对不起。○这是我的过错。○打扰您了。○是我工作马虎了，一定改正。○这完全是我工作上的失误。○是我搞错了，向您道歉。○说话不当，让您不愉快，请谅解。○这事我也不太清楚，等我问清楚再告诉您。○您提的意见很好，我们一定采纳并改进工作。

2. 门卫、传达用语

○欢迎您来××机构。○先生（同志）您有什么事？○您贵姓，您的单位是？○请出示您的证件。○请您登记会客单。○请到办公室联系。○××先生不在，请您联系好再来好吗？○我一定给您转达。○请慢走，再见。

**拓展训练**

1. 请以学习小组的活动方式，模拟老年人咨询入住养老机构事宜的场景。
2. 上级机关拟到某养老机构检查工作，请制定一份接待方案。

## 任务二 养老机构的印章管理

### 案例导入

某老年公寓人力资源部门负责人为给新入职员工办理社会保险事宜，向行政部门借出公章后，独自前往社保局办理参保事宜，办理完成后已经是下班时间，便携带公章回家。第二日，此人向行政部门的负责人道歉，表示因其疏忽，在前往老年公寓的途中，遗失公章。

【思考】

该老年公寓在印章管理和使用中，存在哪些问题？印章遗失后应当如何处置？如何刻制新的印章？

### 一、印章的本质

#### （一）养老机构的印章及其分类

印章是指用作印于各类文件上表示鉴定或签署的图章，是养老机构对内或对外行使管理权力的标志，具有法定性、权威性及效用性。养老机构不同种类的印章用于业务开展的各个环节，具有极高的法律效力。

**1. 公章**

公章代表养老机构对外签章。养老机构与服务对象签订入住合同使用公章，签署其他合同及各类法律文件使用公章，对外的正式信函、公文、各类文件、介绍信、证明材料等加盖公章，办理各项事务使用公章。在各类印章中，公章具有最高的法律效力。

**2. 合同章**

合同章专门用于签订合同时使用，未刻制合同章可以使用公章，但需要公章的不能以合同章替代。鉴于养老机构有众多的服务对象，与服务对象签订的合同常需定期更换，为明确各类印章用途，确保用印安全，根据实际需要，一般建议刻制专用合同章。

**3. 财务专用章**

财务专用章用于办理养老机构财务业务，如会计核算和银行结算业务等，与养老机构的银行业务密切相关。

**4. 发票专用章**

开具发票时使用发票专用章，印模里含有养老机构名称、发票专用章字样和税务登记号。

**5. 法定代表人章**

法定代表人章代表养老机构的法定代表人认可，通常不单独使用，与公章并用表示法人认可，或者与合同章一起用于合同签章，以及与财务章一起用于银行预留印鉴等。

**6. 其他部门用章**

人力资源部章，代表养老机构人力资源部门；办公室章，代表养老机构行政部门；党支部章，用于党务工作；工会章，代表养老机构工会组织；医务专用章，用于主管医师开具的各种医疗诊断证明等。

### （二）养老机构的印章刻制

**1. 首次刻制**

养老机构首次刻制印章时，应当凭上级主管部门出具的刻制证明和单位成立的批准文本到当地公安机关指定的刻章单位刻制印章并办理备案登记手续。无上级主管部门的，应当凭登记管理部门核发的营业执照、登记证书或者所在地公安派出所出具的证明，到当地公安机关指定的刻章单位刻制印章并办理备案登记手续。

办理刻制手续的经办人员，需持刻制单位的委托证明和本人身份证明；办理人名章准刻手续的，同时提供人名章所刻人员的身份证明。

**2. 更换印章**

若因养老机构撤销、名称改变或换用新印章而停止使用时，应及时将原印章送交印章制发机关封存或销毁，或者按公安部会同有关部门另行制定的规定处理。需要更换印章的，须公告声明原印章作废，之后携带作废印章及相关证明，到当地公安机关指定的刻章单位登记，销毁旧印章并重新刻制新的印章，同时办理备案登记手续。

财务专用章更换，除办理财务专用章更换备案外，需要去银行更换预留印鉴。

发票专用章更换，除办理发票专用章更换备案外，需要在税务机关进行备案。

---

**知识拓展**

1. 《国务院关于国家行政机关和企业事业单位社会团体印章管理的规定》。
   网址：http://www.gov.cn/zhengce/content/2010-11/15/content_1273.htm.
2. 《民办非企业单位印章管理规定》。
   网址：http://www.gov.cn/gongbao/content/2000/content_60184.htm.

## 二、养老机构印章保管及使用规范

### (一) 保管制度

**1. 专人保管**

养老机构所有印章应当交由专人负责管理,未经机构负责人批准,不得私自转交他人代管。养老机构应当明确印章保管者的法律风险防控意识及责任,可以要求其签订《法律风险岗位承诺书》,明确职责,加强印章管理工作的法律防范教育和管理技能培训。

养老机构所有印章可由机构负责人授权行政部门专人统一管理;也可以根据印章种类,交由各部门专人负责,如财务专用章、发票专用章可由财务专员、财务主管等保管,法定代表人名章由法定代表人保管等。

印章保管员因事离岗时,须由印章保管部门负责人指定人员暂时代管,以免耽误工作;印章保管员因调岗、休假、公差需要移交印章时,必须经过机构负责人同意,并做好印章保管交接工作。

**2. 专处存放**

具备条件的养老机构应当单独设立印章保管室,不具备条件的也应设置保密柜,妥善存放各类印章,确保安全存放。

**3. 保养维护**

保管人负责对印章进行日常保养与维护,确保印章使用时达到印章干净、印字清晰、色调鲜艳的要求。

### (二) 使用规范

**1. 使用范围**

印章的使用范围:由养老机构名义签发的各类文件、文书,代表本机构对外工作联系的介绍信,需证明的各类材料,与本机构签订的各类合同、项目协议及其他需要签章确认的情形,各内设部门办理业务工作所需使用印章的情形。

**2. 使用要求**

(1) 明确审批权限,严格遵守:

①使用公章应当经主管部门负责人审查通过后,经由机构负责人批准,方可登记办理使用;

②除公章外使用其他印章时,如果涉及财务、人事、工资等其他重大事项及对外用章,除了主管部门负责人审查,还需经机构负责人批准,方可用章;

③机构内部工作开展,需使用内设部门印章的,由本部门负责人审批;

④特殊情况急需使用印章的,由印章使用人说明事由,与部门负责人和机构负责人取得联系后可先行用章,并在事后及时补办手续。

（2）做好印章使用登记管理。机构应当制备印章使用登记簿，如图4-1所示。每次使用印章时，填写清楚序号、时间、名称、份数、用章部门、经办人、审查负责人及审批领导等信息。

××养老机构用印登记簿

| 序号 | 时间 | 名称（内容） | 份数 | 用章部门 | 经办人 | 审查负责人 | 审批领导 |
|---|---|---|---|---|---|---|---|
| 1 | | | | | | | |
| 2 | | | | | | | |
| 3 | | | | | | | |
| 4 | | | | | | | |
| 5 | | | | | | | |
| 6 | | | | | | | |
| 7 | | | | | | | |
| 8 | | | | | | | |
| 9 | | | | | | | |
| 10 | | | | | | | |
| 11 | | | | | | | |
| 12 | | | | | | | |
| 13 | | | | | | | |
| 14 | | | | | | | |
| 15 | | | | | | | |
| 16 | | | | | | | |
| 17 | | | | | | | |
| 18 | | | | | | | |
| 19 | | | | | | | |
| 20 | | | | | | | |

图4-1　印章使用登记簿

（3）规范使用印章：

①使用印章时，须由印章保管人核对审批事项无误后用印，严禁私自用印。

②印章严禁带出使用，因工作需要必须带出使用的，必须经过机构负责人批准，由印章保管员携带，且必须满足两人及以上正式员工同行。印章带出期间，只可用于申请事由，印章保管员及使用人对印章的使用后果承担一切责任。使用完毕后，必须立即归还印章至机构存放印章处，严禁带至其他地方。

③规范使用印章，做到"齐年盖月"，即印章的左边缘与落款日期的"年"相齐，"月""日"在印章的下部位置，如图4-2所示；盖章时用力要均匀，落印要平衡，印泥（油）要适度，保证印迹端正、清晰。

图4-2　规范用印示例

### 知识拓展

骑缝章：指盖章时要压到边缝。普通公章盖章时要求"齐年盖月"，但骑缝章要求"骑缝"，即要均匀盖压在两页纸或多页纸张的边缝上。用于两页纸时，可以一半用作存档，一半用作凭证；用于多页纸时，具有防止在文件内增减页码的作用，防止挖补或加页造假，以保持文件的完整性。

### （三）印章遗失处置

印章保管员及印章保管部门负责印章的安全保管工作，承担印章遗失的法律责任。

印章遗失必须立即向机构负责人及安全管理部门负责人报告。根据有关规定，及时前往公安部门报案，随后拿着报案回执单找当地省市级报社刊登遗失声明。最后带齐有关手续到当地公安机关指定的刻章单位重新刻制印章，同时办理备案登记手续。

## 三、电子印章

### （一）电子印章系统

随着"互联网+政务服务"的快速推进，越来越多的业务办理和审批事项需要在互联网上进行，印章的信息化应用要求迫在眉睫。河南省社会保障网上服务平台主页如图 4-3 所示。当前，一些省份社保经办业务开始采取网上申办的形式，这就要求各类机关和企事业单位开通办理电子印章系统。

图 4-3　河南省社会保障网上服务平台主页

电子印章系统，又称电子签章系统，是由数字证书认证系统、电子印章管理系统、电子签名认证系统和客户端电子签章软件构成。数字证书认证系统直接采用公安部已经建成的 PKI/CA 系统。

### （二）电子印章办理

根据业务办理需要，选择经办部门推荐的，经过公安系统备案的电子印章系统服务提供商，办理电子印章事宜。

> **知识拓展**
>
> 电子印章办理通常需提供如下材料：含有统一社会信用代码证件（副本）复印件并加盖公章；法定代表人（负责人）身份证复印件和经办人身份证复印件并加盖公章；《电子印章业务受理单》填写完整并加盖公章；《电子印章服务平台认证服务协议》填写完整并加盖公章；电子印章印模采集单，留取印模时，请保持按压力量均衡，盖出的印章图像纹线清晰。

### (三) 电子印章保管与使用

电子印章在保管和使用中，应当严格按照实体印章保管和使用管理相关规定执行。同时，根据电子印章的特点，应注意以下两个方面：一是电子印章需要一系列系统支持，需要保管和使用人员掌握客户端电子签章软件的使用和维护等技术技能；二是电子印章系统依托于互联网平台，要做好电子信息设备的病毒安全防护和信息保密工作。

**拓展训练**

寻找一家当地公安机关指定的刻章单位，刻制一枚自己的人名章。

## 任务三 养老机构的合同管理

**案例导入**

某省民政部门在对养老机构开展检查调研时发现，个别养老机构有入住老年人未签订养老服务合同的情况以及个别合同签署不规范、合同内容缺失、细节不详等情况。调研组人员随后对其下达整改通知书，责令其限期整改。

【思考】
养老机构与入住老人不签订规范的合同会有什么不良后果？

### 一、合同

合同，又称为契约、协议，是平等主体的当事人之间设立、变更、终止民事权利义务关系的协议。合同作为一种民事法律行为，是当事人协商一致的产物，是两个以上的意思表示相一致的协议。只有当事人所做出的意思表示合法，合同才具有国家法律约束力。依法成立的合同从成立之日起生效，具有国家法律约束力。

#### （一）养老机构常用合同类别

**1. 服务合同**

服务合同是指养老机构与入住老年人或其亲属、单位签订的具有法律效力的入住协议书。合同内容因养老机构需向入住老年人提供生活照料、精神慰藉、医疗保障等多种服务而呈现出综合性特点。由于老年人年龄和身体状况的特殊性，决定了此类合同在履行期限上具有不确定性。

**2. 合作协议**

合作协议主要是指养老机构与医疗机构签订的合作协议。多数养老机构需要与医疗机构进行合作，以满足向入住老年人提供医疗康复服务。双方应签订合作协议，明确合作方式与方法、责任与义务、资金支付等事项。

**3. 其他合同**

其他合同包括养老机构与工作人员签订的劳务合同、与施工建设方签订的项目合同、房屋购置合同或租赁合同等其他因开展业务或经营活动所必需的合同。

### （二）合同范本的制定

养老机构需要根据经行政审批的服务范围和自身实际，制定适宜本机构的服务合同范本。

范本制定应当委托法务工作人员或律师事务所制定，可参照 2016 年 11 月由民政部和工商行政管理总局制定的《养老机构服务合同》（示范文本），同时参考《中华人民共和国老年人权益保障法》（2018 修正）制定使用。

---

**知识拓展**

《养老机构服务合同》（示范文本）
GF—2016—2001
中华人民共和国民政部　国家工商行政管理总局
2016 年 11 月制定

说　明

1. 本合同文本为示范文本，由中华人民共和国民政部、中华人民共和国国家工商行政管理总局共同制定。各地可在有关法律法规、规定的范围内，结合实际情况调整合同相应内容。

2. 养老机构应当就合同重大事项对老年人及其家属或其他付款人、保证人、联系人等尽到提示义务。老年人及其家属或其他付款人、保证人、联系人等应当审慎签订合同，在签订本合同前，要仔细阅读合同条款，特别是审阅其中具有选择性、补充性、修改性的内容，注意防范潜在的风险。

3. 本合同文本"□"中选择内容、空格部位填写内容及其他需要删除或添加的内容，双方当事人应当协商确定。"□"中选择内容，以划√方式选定；对于实际情况未发生或双方当事人不作约定时，应当在空格部位打×，以示删除。

4. 在签订本合同时，当事人应根据老年人的民事行为能力、付款义务人、保证人、联系人的不同情况，将"专用条款"增加或替用至"通用条款"中。

5. 养老机构、老年人及其家属或其他付款人、保证人、联系人等可以针对本合同文本中没有约定或者约定不明确的内容，根据养老服务的具体情况在相关条款后的空白行中进行补充约定，也可以另行签订补充协议。

6. 当事人可以根据实际情况决定本合同原件的份数，并在签订合同时认真核对，以确保各份合同内容一致；在任何情况下，当事人都应当至少持有一份合同原件。

目　　录

第一条　服务地点及服务设施
第二条　服务内容
第三条　收费标准及费用的支付
第四条　合同期限及合同期满的处理
第五条　甲方的权利、义务
第六条　乙方及乙方监护人的权利、义务
第七条　丙方的权利、义务
第八条　陈述与保证
第九条　合同的变更和解除
第十条　特别约定
第十一条　违约责任
第十二条　纠纷的解决方式及管辖
第十三条　通知与送达
第十四条　当事人协商一致的其他内容
第十五条　合同生效及附件

甲方（养老机构）

法定代表人：　　　　　　　　　　　　　职务：
住所：　　　　　　　　　　　　　　　　邮政编码：
联系电话：　　　　　　　　　　　　　　电子邮箱：

乙方（入住老年人）

姓名：　　　　　性别：　　　　　　年龄：
居民身份证号：
家庭住址：
联系电话：　　　　　　　　　　　　　　电子邮箱：

乙方监护人

（属于限制行为能力或者无民事行为能力的入住老年人，须由监护人签字确认）
姓名：　　　　　　　　　　　　　　　　与乙方关系：
居民身份证号：
家庭住址：
联系电话：　　　　　　　　　　　　　　电子邮箱：

**丙方**

丙方作为入住老年人的：

□付款义务人 □连带责任保证人 □联系人 □代理人 □其他

**丙方为个人的：**

姓名： 与乙方关系：

居民身份证号： 联系电话：

经常居住地地址：

通讯地址： 邮政编码：

工作单位： 电子邮箱：

**丙方为单位的：**

单位名称：

**法定代表人（或负责人）：**

通讯地址： 邮政编码：

联系人： 联系电话：

传真号码： 电子邮箱：

通 用 条 款

鉴于：

1. 甲方是依法成立的养老机构，能够提供个人生活照料、康复护理、精神慰藉、文化娱乐等养老服务；

2. 乙方或乙方监护人经实地考察甲方，自愿入住甲方（养老机构名称）＿＿＿＿＿＿＿＿＿，接受甲方提供的专业养老服务，并向甲方支付相应费用；

3. 乙方或乙方监护人授权丙方作为乙方在紧急情况下的代理人、联系人，代为处理乙方或乙方监护人在本合同项下的相关事务，丙方同意接受乙方或乙方监护人授权。

为了营造温馨、舒适、安全的生活环境，满足老年人"老有所养、老有所乐"的需要，切实保障老年人的合法权益，同时明确各自的权利义务，甲、乙、丙三方依据《中华人民共和国合同法》《中华人民共和国老年人权益保障法》《养老机构管理办法》等法律规范，本着诚实信用的原则，经过友好协商，就甲方向乙方提供养老服务事宜，自愿达成以下合同条款，供各方遵照履行。

**第一条 服务地点及服务设施**

1.1 甲方提供养老服务的地点为＿＿＿＿＿＿＿＿（写明养老机构的具体门牌号）。

1.2 乙方或乙方监护人选择入住的房间类型为（在以下几种情况中选择一种）：
①单间 ②双人间 ③三人间 ④多人间（四人以上，含四人）⑤其他_____。

1.3 乙方或乙方监护人选择的具体房间为_____。

乙方或乙方监护人基于正当理由要求调整房间的，甲方在条件许可的范围内应尽量满足。涉及房间变化，需要相应调整费用的，还应由各方协商一致书面确认后同时调整，如各方不能达成一致书面确认，则仍依本合同约定房间履行。

1.4 甲方提供的服务设施除了住宿的房屋，还包括房间内设施及公共设施，具体明细见本合同附件《设施设备清单》。

## 第二条 服务内容

2.1 根据乙方提供的《体检报告》（见本合同附件）及甲方对乙方进行护理等级的评价，经甲方与乙方或乙方监护人、丙方商定，甲方向乙方提供的护理等级和服务项目详见本合同附件《护理等级与服务项目》。

2.2 在本合同履行过程中，乙方或乙方监护人如果选择《护理等级与服务项目》以外的其他服务项目，经甲、乙（乙方监护人）、丙三方协商一致后另行签署书面补充协议确定。

2.3 甲方向乙方提供的服务应当符合国家强制性标准，并积极适用行业或地方标准。

## 第三条 收费标准及费用的支付

3.1 养老服务费用

3.1.1 甲方提供的各种服务项目的收费标准和收费依据应以_____方式进行公示，并作为本合同附件。

3.1.2 根据本合同第一条、第二条乙方所选择的房间及服务项目，乙方入住甲方的养老服务费为每月_____元，其中包括_____。

3.1.3 乙方接受甲方除本合同约定外的其他项目服务的，应根据甲方公示的收费标准或者补充合同的约定交纳费用。甲方每月向乙方或乙方监护人、丙方提供《个人费用明细表》，乙方或乙方监护人、丙方应签字确认。乙方或乙方监护人、丙方如有异议，可在收到《个人费用明细表》后7日内书面提出，甲方应做出书面说明。对于双方无争议费用金额应按照本合同约定时间支付，乙方或乙方监护人、丙方不得以异议费用拒绝支付其他费用，否则按本合同第9.2.2条约定处理。

3.1.4　乙方或乙方监护人支付养老服务费的时间为＿＿＿＿＿＿＿＿＿＿；支付方式为＿＿＿＿＿＿＿＿＿＿＿＿＿＿＿＿＿。

3.1.5　甲方在收到款项后应向付款人开具等额收费凭证。

3.2　押金（合同中有押金约定的适用本条，无押金约定的不适用本条）

3.2.1　本合同签署生效后＿＿＿日内，乙方或乙方监护人应向甲方支付押金，押金金额为＿＿＿＿＿＿。该押金可用于抵扣欠付的养老服务费用、违约金、赔偿金以及出现突发情况救治时需支付给医院的押金及相关费用等。

3.2.2　合同期限内因3.2.1情形出现押金不足时，乙方或乙方监护人应在接到甲方通知之日起＿＿＿日内补足。

3.2.3　押金不计利息 □　　押金计利息 □　　计息标准为＿＿＿＿＿＿。

3.2.4　甲方不得将押金挪作它用，在合同到期或合同提前终止、解除时，扣除应结清的相关费用后应于合同终止的同时返还乙方或乙方监护人。

**第四条　合同期限及合同期满的处理**

4.1　经协商，确定本合同期限为＿＿＿年（月），自＿＿＿年＿＿＿月＿＿＿日起，至＿＿＿年＿＿＿月＿＿＿日（该日为合同到期日）止。

4.2　合同期满前30日，乙方或乙方监护人可申请续签合同，也可由丙方代为申请续签。

4.3　续签的养老服务合同内容应当由甲方、乙方或乙方监护人、丙方协商确定。

4.4　如果乙方或乙方监护人未在合同期限届满前30日提出续签合同，或者乙方或乙方监护人虽在合同期限届满前30日提出续签合同申请，但各方未就合同续签达成一致，乙方应于合同到期日搬离甲方，办理离院手续并结清所有费用。

**第五条　甲方的权利、义务**

5.1　甲方的权利

5.1.1　按照本合同约定收取相关费用。

5.1.2　制订、修改养老机构的管理制度并按照公示的管理制度对乙方进行管理。

5.1.3　为了乙方的健康和安全，在乙方出现紧急情况时，有权在通知乙方监护人或丙方的同时，采取必要的处置措施，包括但不限于转送医疗机构，由此产生的费用由乙方或乙方监护人或丙方承担。

5.1.4　有权依照本合同约定及法律规定解除合同。

5.2　甲方的义务

5.2.1　按合同约定向乙方提供符合服务质量标准的养老服务。

5.2.2　按合同约定提供各项服务设施，确保服务场所、设施符合国家强制性标准，并积极适用行业或地方标准。

5.2.3　保证从事医疗、康复、社会工作等服务的专业技术人员持有关部门颁发的专业技术等级证书上岗，保证养老护理人员接受专业技能培训，能够满足岗位职责要求。

5.2.4　在提供服务过程中，尊重乙方，尽力合理地保障乙方的人格尊严和人身、财产安全。

5.2.5　当乙方发生紧急情况时及时通知乙方监护人、丙方或者其他紧急情况联系人；在乙方突发危重疾病时，及时通知乙方监护人、丙方或者其他紧急情况联系人并转送医疗机构救治；发现老年人为疑似传染病病人或者精神障碍患者时，依照传染病防治、精神卫生等相关法律法规的规定处理。

5.2.6　为乙方组织定期体检，建立个人档案。保存乙方的入住登记表、体检报告等健康资料以及日常经费开支情况等个人信息，建立各类信息资料档案的保管和使用制度，除向乙方、乙方监护人、丙方和其他有权部门（公安局、检察院、法院、养老服务行业主管机关因办案、监督、检查需要）提供查阅、允许复制外，不得对外透露。

5.2.7　允许乙方监护人、丙方及经乙方许可的亲属和其他人员探视乙方并提供方便，但不得影响甲方对于乙方正常服务或管理，否则甲方有权拒绝。

5.2.8　在解散清算前，依法妥善安置乙方。

5.2.9　接受乙方、乙方监护人、丙方的合理建议和监督。

### 第六条　乙方及乙方监护人的权利、义务

6.1　乙方的权利

6.1.1　按照约定的服务项目获得甲方提供的符合服务标准的养老服务。

6.1.2　对甲方的服务有批评建议的权利。

6.1.3　对自身的健康状况、费用支出、入院记录等有知情权，有权查阅、复印甲方为其建立的个人档案。

6.1.4　有权了解提供服务的人员是否经过专业培训，是否具备相应资质，有权要求甲方更换未经专业培训或不具备相应资质或提供服务不合格的人员。

6.1.5　享有隐私权，人格尊严和人身、财产安全不受非法侵害。

6.1.6　在突发急病的情况下有权获得及时、必要的医疗帮助。

6.2　乙方监护人的权利

6.2.1　对甲方的服务有批评建议的权利。

6.2.2　对乙方的健康状况、费用支出、入院记录等有知情权，有权查阅、复印甲方为乙方建立的个人档案。

6.2.3 有权了解提供服务的人员是否经过专业培训，是否具备相应资质，有权要求甲方更换未经专业培训或不具备相应资质或提供服务不合格的人员。

6.2.4 对乙方有探视权，但不得影响甲方对于乙方正常服务或管理。

6.2.5 遇紧急情况，包括但不限于乙方走失、身体健康状况出现紧急情况时，有权及时从甲方得到相关信息。

6.3 乙方的义务

6.3.1 如实告知甲方本人的健康状况、药品使用情况等信息，并如实填写《健康状况自我陈述书》。

6.3.2 配合甲方做好持续评估，确认照护等级；配合甲方定期参加体检。

6.3.3 配合甲方管理，并遵守甲方的管理制度，爱护甲方提供的各项服务设施。

6.3.4 与其他入住老年人和谐相处。

6.3.5 在接收甲方提供的养老服务期间，因疾病出现诊疗情形，应在治疗期间遵守医嘱，配合治疗。

6.3.6 按照约定自行或与丙方共同支付养老服务费及相关费用。

6.3.7 入住期间损坏甲方设施设备的，应当按照《设施设备清单》上标明的价格赔偿甲方损失。

6.3.8 配合甲方提供的符合合同约定、法律规定的养老服务。

6.4 乙方监护人的义务

6.4.1 入住前要如实向甲方反映乙方的情况，如脾气秉性、家庭成员、既往病史、健康状况和药品使用情况等，协助乙方如实填写《健康状况自我陈述书》。

6.4.2 劝导乙方入住后要自觉遵守养老机构的规章制度，接受管理，爱护甲方提供的各项服务设施。

6.4.3 劝导乙方与其他入住老年人和谐相处。

6.4.4 劝导乙方在接收甲方提供的养老服务期间，因疾病出现诊疗情形，应在治疗期间遵守医嘱，配合治疗。

6.4.5 按照约定自行或与丙方共同支付养老服务费及相关费用。

6.4.6 经常与乙方沟通，保持联络，满足乙方的精神需求。

6.4.7 及时协助甲方处理乙方出现的紧急情况。

6.4.8 家庭及单位地址、联系方式变更时，应及时通知甲方。

6.4.9 对乙方造成甲方或第三方人身和财产损失承担赔偿责任。

6.4.10 乙方在养老机构去世的，应及时进行善后处理并支付相关费用。

## 第七条 丙方的权利、义务

7.1 丙方的权利

7.1.1 对乙方的身体健康状况、享受服务情况等有知情权。

7.1.2 有权查阅、复制乙方在甲方的档案资料。

7.1.3 遇本合同约定的紧急情况，有权及时从甲方得到相关信息。

7.1.4 对乙方有探视权，但不得影响甲方对于乙方正常服务或管理。

7.1.5 在本合同约定的紧急情况下有权代理乙方处理相关事宜。

7.2 丙方的义务

7.2.1 经常与乙方沟通，保持联络，满足乙方的精神需求。

7.2.2 家庭或者单位地址、联系方式变更时，应及时通知甲方。

7.2.3 及时协助甲方处理乙方出现的紧急情况。

## 第八条 陈述与保证

8.1 甲方保证为依照法律、行政法规设立并依法登记的养老机构，具有提供本合同约定的养老服务的资格和能力。

8.2 乙方或乙方监护人保证乙方不属于患有精神病、甲类或乙类传染性疾病等不符合入住养老机构疾病的老年人。

8.3 乙方或乙方监护人、丙方保证向甲方提供乙方在本协议签署前一个月内在甲方所在地二级甲等以上医院进行体检的《体检报告》（体检项目包括精神健康状况、传染性疾病及养老机构要求的其他体检项目等）（作为本合同附件）。

8.4 乙方或乙方监护人、丙方保证向甲方提供的乙、丙方共同签字的《健康状况自我陈述书》（作为本协议附件）是真实的，没有任何虚假或隐瞒。

## 第九条 合同的变更和解除

9.1 合同的变更

9.1.1 根据乙方健康状况的变化，甲方可以提出变更服务方案，并以书面形式通知乙方或乙方监护人及丙方，经甲、乙或乙方监护人、丙三方协商一致，签署补充协议。

乙方或乙方监护人、丙方收到甲方变更服务方案的书面通知后＿＿＿日内既不确认又不提出异议，但乙方实际接受甲方提供的相应服务的，视为甲、乙或乙方监护人、丙三方就合同约定的服务项目的变更达成了一致，乙方或乙方监护人有义务按照新的服务项目支付相应的服务费用。

如果根据乙方健康状况的变化，不调整服务项目将导致乙方的健康安全无法保障的，甲方提出变更的服务方案后，乙方或乙方监护人既不同意，也不接受实际服务，甲方和乙方或乙方监护人均有权解除本合同。

9.1.2 当与甲方日常管理、服务直接相关的物价指数变动幅度超过10%时，甲方有权适当调整收费标准，并将价格调整的通知在调价前30日内以书面形式通知乙方或乙方监护人及丙方。

乙方或乙方监护人对价格调整有异议的，可在收到通知后15日内以书面形式提出解除合同；乙方或乙方监护人虽有异议但要求继续按照原收费标准履行合同的，甲方有权提出解除合同。

乙方或乙方监护人收到通知后15日内不以书面形式提出异议，但拒绝根据调整后的价格支付相关费用的，甲方有权解除合同并按照原收费标准收取已提供服务的费用。

9.2 合同的解除

9.2.1 除本合同另有约定外，下列情况下，乙方或乙方监护人可以单方解除本合同，并无需承担违约责任：

（1）甲方提供的服务不符合合同约定，经乙方或乙方监护人提出，____日内不改正的；

（2）因甲方或甲方工作人员的严重过错造成乙方人身或重大财产损害的；

（3）乙方因疾病或其他个人原因离院的，但乙方或乙方监护人不提出解除本合同而要求保留床位或房间的除外；

（4）乙方首次入住____日内不适应居住环境或管理方式的；

（5）本合同履行过程中，乙方或乙方监护人提前30日书面通知甲方并结清服务费用的。

9.2.2 除本合同另有约定外，下列情况下，甲方可以单方解除本合同，并无需承担违约责任：

（1）付款人无故拖欠各项费用超过____日，经甲方催告后____日内仍不交纳的，甲方有权解除合同，书面通知乙方搬出养老机构。乙方或乙方监护人在甲方发出书面解除合同通知后____日内仍不搬出的，甲方有权提起诉讼，请求法院确认合同解除。付款人除应支付拖欠的服务费用、诉讼期间的养老服务费用以外，还应每逾期一天按逾期支付费用金额万分之_____向甲方支付违约金；

（2）乙方严重违反甲方的规章制度，造成甲方难以履行对乙方的养老服务，或造成其他入住老人伤害或现实性伤害危险的；

（3）乙方或乙方监护人隐瞒重要乙方健康状况、患有须隔离治疗的传染性疾病或者患有精神疾病等其他不适宜在机构内集中生活的；

（4）发生不可抗力致甲方不能履行合同的；

(5) 甲方因丧失养老机构执业资格等原因暂停、终止服务的。甲方应当于暂停或者终止服务60日前向实施许可的民政部门提交老年人安置方案，经批准后方可解除养老机构服务合同；

(6) 乙方连续请假外出超过____天（不得少于30天）。

## 第十条　特别约定

10.1　突发疾病或出现事故等紧急情况的处理

10.1.1　乙方在入住期间突发疾病或身体伤害事故，甲方应及时通知乙方监护人、丙方，及时联系120等医疗急救机构；如需到医疗机构急救，甲方应派人陪送至医疗机构。甲方不能及时联系上乙方监护人、丙方的，应尽早与本合同附件确定的其他联系人取得联系，通报情况。

甲方具有医疗资质的，在乙方生命垂危等紧急情况下应尽到合理诊疗义务，费用由乙方或乙方监护人、丙方承担。

10.1.2　因乙方发生紧急情况产生的急救费用、治疗费用、住院押金等均由乙方或乙方监护人负担。甲方因此垫付费用的，乙方或乙方监护人应及时清偿。

10.2　乙方去世的善后服务及相关费用

乙方在甲方服务期间去世的，甲方应及时与乙方监护人或丙方取得联系，乙方监护人或丙方负责善后处理并承担相关费用。无法与乙方监护人或丙方取得联系的，应及时联系殡仪馆，妥善保存遗体，发生的费用由乙方监护人或丙方承担。

10.3　甲方与乙方监护人或丙方联系中断

因乙方监护人或丙方提供的联系地址、方式不准确或不详细或变更后未及时通知甲方，或其他客观原因致使甲方无法与乙方监护人或丙方及时联系，连续达一个月则视为联系中断。甲方与乙方或乙方监护人协商后，可以重新确定联系人。

10.4　非因甲方原因造成乙方人身、财产损害的，甲方不承担责任。

10.5　乙方具有完全民事行为能力，但拒绝接收甲方提供服务，造成其自身人身、财产损害的，由乙方自行承担后果。

10.6　本合同关于乙方、乙方监护人或丙方权利义务的约定，并不免除对乙方有法定赡养义务的其他人的法定责任。

10.7　因不可抗力导致本合同无法继续履行的，受到不可抗力影响的一方应在不可抗力情形发生后及时通知合同其他相关方，本合同可依法解除，合同各方不承担解除合同的责任。乙方监护人或丙方应及时接回并妥善安置乙方。

甲方应提示乙方、乙方监护人或丙方重点注意上述特别约定内容，按照乙方、乙方监护人或丙方的要求，对上述特别约定内容进行说明，并请乙方、乙方监护人或丙方签字确认：

以上特别约定内容，在甲方提示下，乙方、乙方监护人或丙方均已认真阅读，充分知晓与了解。特此签名确认：_____、_____。

#### 第十一条　违约责任

11.1　因甲方及其工作人员的过错，损害乙方人身或财产权利的，由甲方承担赔偿责任。

11.2　甲方服务人员资质不合格、没有按约定提供服务或者提供的服务不合格，甲方应承担的违约责任为_____。由此造成乙方人身或财产损失的，甲方还应承担赔偿责任。

11.3　甲方或其工作人员侵犯乙方、乙方监护人及丙方对甲方提供的养老服务的知情权的，乙方、乙方监护人和丙方有权要求甲方改正，造成损失的甲方应承担赔偿责任。

11.4　本合同因____项解除的，甲方应向乙方或乙方监护人支付违约金____元。

11.5　本合同因____项解除的，乙方或乙方监护人应向甲方支付违约金____元。

11.6　因乙方原因造成甲方或第三人人身或财产损失的，乙方、乙方监护人应承担赔偿责任。

11.7　因乙方原因造成其自身损害的，由乙方、乙方监护人自行承担全部后果和责任。

#### 第十二条　纠纷的解决方式及管辖

与本合同有关的或者因本合同引发的纠纷应尽量协商解决，协商解决不成的，应向甲方住所地人民法院提起诉讼解决。

#### 第十三条　通知与送达

13.1　在本合同首页中所标明的甲方、乙方、乙方监护人和丙方的地址和联系方式为各方各自有效的通讯地址和联系方式。一方变更通讯地址和联络方式应及时通知其他各方。

13.2　以下情形，视为送达，但受送达人有证据证明其因客观原因未实际接收到通知的除外。

13.2.1 以特快专递形式发送的，已经签收的，以签收日为送达日；未签收的，同城自发送之日起 2 日视为文件已经送达，异地 5 日视为送达，境外 15 日视为送达。

13.2.2 手机短信发送的，发出之时即视为送达。

13.2.3 电子邮件自发出进入收件方邮箱服务器视为送达。

13.2.4 传真发送自发出对方传真机接收视为送达。

13.3 因受送达人通讯地址或其他相关信息错误、不详或发生变更未及时通知其他各方造成无法送达的，由受送达人自行承担相关后果。

13.4 乙方入住甲方期间，有关本合同的履行事宜甲方应以书面或数据电文形式通知乙方或乙方监护人、丙方，由乙方或乙方监护人、丙方确认签收；乙方或乙方监护人、丙方拒签的，书面通知在第三方见证下送至收件人地址的视为已通知或已送达，数据电文进入收件人接收系统的视为已通知或已送达。

**第十四条 当事人协商一致的其他内容**

（约定内容可以另行附页）

**第十五条 合同生效及附件**

15.1 本合同一式____份，甲、乙或乙方监护人丙方各执一份，自各方签字或盖章之日生效。

15.2 下列文件为本合同附件：

（1）加盖甲方公章的甲方合法注册登记文件复印件；

（2）乙方、乙方监护人、丙方（个人）身份证及户口本复印件，丙方（单位）加盖公章的丙方合法注册登记文件复印件及联系人信息；

（3）二级甲等以上医院出具的《体检报告》（体检时间在一个月以内）；

（4）乙方、乙方监护人及丙方签章的乙方《健康状况自我陈述书》及《入住登记表》；

（5）甲方出具的、经乙方、乙方监护人、丙方签章认可的《老年人能力评估报告》；

（6）房间、设备物品表；

（7）公共设施、设备表；

（8）甲方服务范围表；

（9）乙方、乙方监护人、丙方选择的《护理等级与服务项目》；

（10）甲方提供养老服务的各种服务项目的收费标准表；

（11）经签署的《_____养老机构入住须知》；

（12）甲方制定并公示的规章制度：_____；
（13）其他联系人表；
（14）其他附件。

15.3 本合同附件系本合同组成部分，与合同具有同等法律效力。

（本文以下无正文）

甲方：（公章）

法定代表人或授权代表（签字）：

日期：

乙方（签字、盖章、按手印）：

日期：

乙方监护人（签字、盖章、按手印）：

日期：

丙方（签字、盖章）：

签署日期：

签署地点：

## 专用条款

丙方为付款义务人的，应增加或替用以下专用条款。

3.1.4 乙方（乙方监护人）和丙方支付养老服务费的时间为_____，支付方式为_____。

3.2.1 本合同签署生效后____日内，乙方（乙方监护人）和丙方应向甲方支付押金，押金金额为_____。该押金可用于抵扣欠付的养老服务费用、违约金、赔偿金以及出现突发情况救治时需支付给医院的押金及相关费用等。

3.2.2 合同期限内因3.2.1情形出现押金不足时，乙方（乙方监护人）和丙方应在接到甲方通知之日起____日内补足。

3.2.4 甲方不得将押金挪作它用，在合同到期或合同提前终止时，扣除应结清的相关费用后应于合同终止时返还乙方（乙方监护人）和丙方。

7.2.4 及时向甲方支付本合同项下的款项。

7.2.5 本合同有效期内乙方去世的，及时进行善后处理并支付全部费用。

8.5 丙方保证对本合同项下款项承担支付责任。

9.1 合同的变更

9.1.1 根据乙方健康状况的变化，甲方可以提出变更服务方案，并以书面形式通知乙方（乙方监护人）和丙方，经甲、乙方（乙方监护人）和丙方三方协商一致，签署补充协议。

乙方（乙方监护人）和丙方收到甲方变更服务方案的书面通知后＿＿＿日内既不确认又不提出异议，但乙方实际接受甲方提供的相应服务的，视为甲、乙方（乙方监护人）和丙方三方就合同约定的服务项目的变更达成了一致，乙方（乙方监护人）和丙方有义务按照新的服务项目支付相应的服务费用。

如果根据乙方健康状况的变化，不调整服务项目将导致乙方的健康安全无法保障的，甲方提出变更的服务方案后，乙方（乙方监护人）和丙方既不同意，也不接受实际服务，甲方与乙方（乙方监护人）和丙方均有权解除本合同。

9.1.2 当与甲方日常管理、服务直接相关的物价指数变动幅度超过10%时，甲方有权适当调整收费标准，并将价格调整的通知在调价前30日以书面形式通知乙方（乙方监护人）和丙方。

乙方（乙方监护人）和丙方对价格调整有异议的，可在收到通知后15日内以书面形式提出解除合同；乙方（乙方监护人）和丙方虽有异议但要求继续按照原收费标准履行合同的，甲方有权提出解除合同。

乙方（乙方监护人）和丙方收到通知后15日内不以书面形式提出异议，但拒绝根据调整后的价格支付相关费用的，甲方有权解除合同并按照原收费标准收取已提供服务的费用。

9.2.1 除本合同另有约定外，下列情况下，乙方（乙方监护人）和丙方可以单方解除本合同，并无需承担违约责任：

（1）甲方提供的服务不符合合同约定，经乙方（乙方监护人）和丙方提出，＿＿＿日内不改正的；

（2）因甲方或甲方工作人员的严重过错造成乙方人身、财产损害的；

（3）乙方因疾病或其他个人原因离院的，但乙方（乙方监护人）和丙方不提出解除本合同而要求保留床位或房间的除外；

（4）乙方首次入住＿＿＿日内不适应居住环境或管理方式的；

（5）本合同履行过程中，乙方（乙方监护人）和丙方提前30日书面通知甲方并结清服务费用的。

10.1.2 因乙方发生紧急情况产生的费用急救费用、治疗费用、住院押金等均由乙方（乙方监护人）和丙方负担。甲方因此垫付费用的，乙方（乙方监护人）和丙方应及时清偿。

11.5 本合同因＿＿＿项解除的，乙方（乙方监护人）和丙方应支付违约金＿＿＿元。

11.6 因乙方原因造成甲方或第三人人身或财产损失的，乙方（乙方监护人）和丙方应承担赔偿责任。

11.7 因乙方原因造成自身损害的，由乙方（乙方监护人）和丙方自行承担全部后果和责任。

丙方为连带责任保证人的，应增加或替用以下专用条款：

7.2.4　乙方或乙方监护人未按照本合同及时支付款项的，自应付而未付之日起____日内代乙方或乙方监护人向甲方支付。

7.2.5　本合同有效期内乙方去世的，及时进行善后处理并支付相关费用。

8.5　丙方保证系具有提供保证担保的民事行为能力之人，自愿就乙方或乙方监护人履行本合同发生的全部债务承担连带保证责任。

8.6　丙方为乙方或乙方监护人提供保证的期限为_____。

9.2.3　甲方、乙方或乙方监护人单独解除合同或者甲方、乙方或乙方监护人双方协商解除合同的，甲乙双方均应当及时通知丙方。

10.1.2　因乙方发生紧急情况产生的费用急救费用、治疗费用、住院押金等均由乙方（乙方监护人）和丙方负担。甲方因此垫付费用的，乙方（乙方监护人）和丙方应及时清偿。

10.3　甲方与乙方监护人或丙方联系中断

因乙方监护人或丙方提供的联系地址、方式不准确或不详细或变更后未及时通知甲方，或其他客观原因致使甲方无法与乙方监护人或丙方及时联系，此种情况连续达一个月则视为联系中断。甲方与乙方或乙方监护人协商后，可以重新确定联系人。联系中断不免除丙方的保证责任。

11.8　甲方有权选择起诉乙方（乙方监护人）和丙方各方或任意一方。

丙方为合同履行联系人的，应增加或替用以下专用条款：

8.5　丙方保证担任本合同履行过程的联系人，接收甲方的通知。

9.2.3　甲方、乙方或乙方监护人单独解除合同或者甲乙或乙方监护人双方协商解除合同的，甲方均应当及时通知丙方。

10.3　甲方与乙方监护人或丙方联系中断

因乙方监护人或丙方提供的联系地址、方式不准确或不详细或变更后未及时通知甲方，或其他客观原因致使甲方无法与乙方监护人或丙方及时联系，此种情况连续达一个月则视为联系中断。甲方与乙方或乙方监护人协商后，可以重新确定新的联系人担任丙方。

## 二、养老机构合同管理

### （一）合同签订

**1. 服务合同**

（1）明确签订人：

①养老机构法定代表人；

②入住老年人；

③入住老年人法定监护人（属于限制行为能力或者无民事行为能力的入住老年人，须由监护人签字确认）；

④其他相关人员，如入住老年人的付款义务人、连带责任保证人、联系人、代理人等。

（2）做好合同讲解工作：

①加强工作人员的培训学习，对合同内容完全掌握，对每条可能出现异议的条款单独讨论，坚持规范性与灵活性的统一，达到签订合同的目的。

②出现争议不回避，充分讲解。特殊标注容易有争议的地方，如摔伤等意外事故的责任等，对于这类风险较大的老年人，在签协议时务必充分告知其家属。

（3）引导规范签订合同。签订合同时，应确保当事双方，依照《中华人民共和国民法典》有关规定，签字确认。养老机构应当在签订合同时，加盖合同专用章或者公章。

**2. 合作协议**

养老机构与医疗机构开展合作，应当由双方法定代表人签订达成共识的合作协议，以明确双方在老年人护理评级管理、健康状况监测、绿色就医通道、医务室管理、心理健康咨询服务及医疗康复护理培训等重点合作内容中的权利和义务。

**3. 其他合同**

养老机构必须与工作人员签订符合《中华人民共和国劳动法》等相关法规的劳务合同，切实保障双方权利不受侵犯。养老机构在各类经营活动中，应当主动通过签订各类合同规范管理，避免因未签订合同而出现权责纠纷等情况，影响机构正常开展经营活动。

### （二）合法性审查

养老机构应当委托法务工作人员或律师事务所对机构签订的各类合同进行合法性审查，对合同的主要内容进行审核，避免因无效合同而承担法律风险。

### （三）合同保管

**1. 合同分类**

行政部门负责分类整理本机构全部合同，按照养老机构服务合同、合作协议、采购合同、劳动合同等分类存放。

养老机构服务合同可以按照老年人健康状况或服务类型进行分类存放。

**2. 合同归档**

行政部门负责所有合同的资料收集、编号归档、保管、借阅和销毁。

相关职能部门负责协助行政部门对合同进行编号分配和档案资料的收集整理。

（1）合同编号构成：

①年度号，由4位阿拉伯数字表示，指合同形成年度；

②分类号，由各类合同名称拼音首字母表示，如养老机构服务合同可以使用字母

"Y"表示；

③顺序号，由 3 位阿拉伯数字表示，001，002……表示某类合同签订的顺序标识，如 2019 年签订的第 5 份养老机构服务合同可以编号为 2019－Y－005。

（2）及时进行合同归档，具体要求如下：

①合同在当事方签订盖章生效后，需要立即到合同管理员处编号并登记，将一份原件交由合同管理员存档；

②合同签订人或经办人需及时将合同相关档案资料交给合同管理员，与合同一并存档，资料发生变化的，应及时补充；

③所有以机构名义签订的有效合同原件一律由行政部门归档，其他部门确有需要的，可以留存复印件备查。

### 3. 合同动态管理及销毁

（1）正式形成的合同以签订之日起开始计算保管期限。

（2）合同管理员应定期清查各类合同，制定清单，做好合同资料补充完善、续签提醒、失效合同清理等工作。

（3）合同管理员应对机构失效合同及到期且不再续签的各类合同进行登记造册，经行政部门负责人审核，机构负责人批准后，统一清理，集中存放超出合同诉讼时效时（一般为三年）统一销毁。重要合同应当长期留存。

（4）任何个人及部门未经允许无权随意销毁机构各类合同。

（5）合同文档的保管，需满足防火、防盗、防潮、防有害生物等条件，以确保合同存放安全。

### 4. 合同借阅

（1）机构各类合同原件，一般不予借出。

（2）特殊原因需要借阅合同的，在本部门工作职权范围内，需要填写借阅申请单，经本部门负责人批准后，到合同管理员处办理借阅手续并登记。非本部门工作职权范围内的，报请机构负责人批准后，方可借阅。

（3）借阅人应按期归还借出合同，注意档案安全和保密，严禁涂改、转借、损坏和遗失。借阅人借出合同后，承担由此造成损失的一切责任，同时追究相关负责人管理责任。

**拓展训练**

1. 请以《养老机构服务合同》（示范文本）为样本，以小组活动的方式模拟合同讲解和签订过程。

2. 请你结合所学内容，制作一份合同存档清单。

## 任务四 养老机构的日常事务督办

**案例导入**

在某省民政部门、卫生部门、质监部门、消防部门等联合开展的针对养老机构的检查调研活动中，某养老机构护理人员未经培训上岗，同时存在灭火器数量不足、部分烟感报警器失灵、消防通道堵塞和未设立食品留样柜等多处安全隐患，调研组对其下发整改通知书，责令其限期整改。随后，机构负责人召开全体会议，通报整改要求，分配整改任务，明确整改时限，行政部门迅速制定整改方案，传达至各相关部门。然而，随着整改时限的临近，安全部门与后勤保障部门因整改任务责任归属问题产生矛盾，导致整改工作停滞不前。

【思考】

怎样完善需要整改的各项工作？

**知识拓展**

督办是指行政部门对工作任务执行情况进行监督检查，督促执行，以确保机构各项工作的时效性，并确保工作完成质量。

### 一、公文处理督办

养老机构公文处理是指对公文的撰写、传递与管理，是使公文得以形成并产生实际效用的全部活动，是养老机构实现养老服务规范化、专业化的重要形式。养老机构的行政部门是公文处理的权责部门，负责收文处理、发文处理、公文督办及公文存档等工作。

（一）公文处理要求

公文处理要求包括统一管理、精确周密、及时高效、严守时限、文风精简、安全保密等。

（二）公文处理流程

收文处理流程：领取签收→分类编号→收文登记→行政部门负责人签署拟办意见→主管领导传阅批示→移交职能部门承办→反馈办理结果→整理归档。

发文处理流程：职能部门草拟文件→部门负责人审核→行政部门核稿→分管领导会签→机构负责人签发→印制文件、加盖印章→发文存档登记→上报或下发。

### （三）公文交办与督办

养老机构行政部门是督办工作责任部门，各职能部门与有关工作人员需积极配合，共同做好来文督查督办工作。行政部门督办人负责对领导批示事项确认后，交由承办部门及承办人办理，特殊情况也可电话或口头交办，并需做好登记。承办部门及承办人对领导批示后的文件无条件接受，如有异议，可向分管领导说明情况。

承办部门及承办人负责按要求办理交办事项，并保持跟进直至办理完结。办理过程中若遇到矛盾和问题，承办部门及承办人要及时向领导报告，以便协调解决。若未按要求办理，应说明原因并提出处理意见和措施，经承办部门负责人和分管领导确认后报机构负责人阅示。

行政部门督办人根据事项的重要和紧急程度，向承办部门及承办人发出重点工作督办单。对超出办理时限的事项，向承办部门及承办人发出催办单或口头通知加以催办。

公文办理完结后，具体承办人负责对事项进行记录整理，并将文件一并交至行政部门归档保存。

> **知识拓展**
>
> 1. ××养老机构公文处理登记表如表4-1所示。
>
> 表4-1 ××养老机构公文处理登记表
>
> | 序号 | 文件名称 | 文号 | 份 | 页 | 发文部门 | 接收部门/人 | 日期 | 承办部门/人 | 公文运转状态 | 类别 |
> |---|---|---|---|---|---|---|---|---|---|---|
> |   |   |   |   |   |   |   |   |   |   |   |
> |   |   |   |   |   |   |   |   |   |   |   |
> |   |   |   |   |   |   |   |   |   |   |   |
> |   |   |   |   |   |   |   |   |   |   |   |
> |   |   |   |   |   |   |   |   |   |   |   |
>
> 2. ××养老机构收文处理笺如图4-4所示。
> 3. ××养老机构发文处理笺如图4-5所示。
> 4. ××养老机构重点工作督办单如图4-6所示。
> 5. ××养老机构重点工作督办催办单如图4-7所示。

XX养老机构收文处理笺

| | | | | | |
|---|---|---|---|---|---|
| 来文单位 | | | 来文文号 | | |
| 自 编 号 | | 收文日期 | | 密级/缓急 | |
| 来文标题 | | | | 份数 | |
| | | | | 页数 | |
| 附　件 | | | | | |
| 拟办意见 | | | | | |
| 传阅人签字 | | | | | |
| 领导批示 | | | | | |
| 办理结果 | | | | | |
| 办结归档 | | | | | |

图4－4　收文处理笺

XX养老机构发文处理笺

| | | | | |
|---|---|---|---|---|
| 文件标题 | | | | |
| 密 级 | | 文号 | | 印数　份 |
| 主送单位 | | | | |
| 抄送单位 | | | | |
| 主办部门 | | 时 间 | | |
| 拟 稿 | | 核 稿 | | |
| 主办部门意见 | | | | |
| 会签领导意见 | | | | |
| 签发领导意见 | | | | |

图4－5　发文处理笺

XX养老机构重点工作督办单

编号　　　　　　　　　　　　年　月　日

| | | | |
|---|---|---|---|
| 交办人 | | 主办部门 | |
| 交办时间 | | 责任人 | |
| 完成时限 | | 协办部门 | |
| 交办事项 | | | |
| 办理情况及结果 | | | |
| 领导批示 | | | |

注：此单可附另页。交办事项完成后，将此单退交办公室

图4－6　重点工作督办单

XX养老机构重点工作督办催办单

______：

你部门主办的《XX养老机构重点工作督办单》（编号：___发出日期：____），未能按规定要求于____月___日前反馈办公室。根据中心主任指示，请加快办理速度，将办理落实情况于____月___日前报送办公室。

谢谢配合。

（盖章）

年　　月　　日

图4－7　重点工作督办催办单

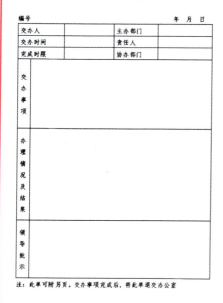

## 二、日常事务督办

### (一) 日常工作

**1. 宣传与招揽**

督促职能部门开展丰富活动,提升服务质量,收集宣传资料,招揽更多老年人入住养老机构,为其提供优质养老服务,实现养老机构价值。

**2. 党建工作**

组织开展三会一课、主题党日活动,督促党员员工参加组织生活,发挥党支部战斗堡垒作用,用热情服务和孝老爱亲做表率。在开展党建工作时,注意资料留存,做好记录,规范使用《党支部工作手册》,如图4-8所示。

图4-8 党支部工作手册

**3. 人事工作**

严格考勤制度;组织并督促员工参加业务培训;严格落实绩效考核制度,提升工作质效,合理分配薪酬。

**4. 档案管理**

定期整理清查公文、合同、老年人健康档案等资料,跟踪问效,动态管理。

**5. 办公用品及办公设备维护**

加强仓库管理,做好机构固定资产管理;监管各部门办公用品、设备使用情况,严格执行办公用品采购制度,及时添置耗材和维修损坏的办公设备。

### （二）目标考核

养老机构各职能部门每年年初制定年度目标，行政部门根据职能部门年度目标，制定机构年度目标，呈交机构负责人审批。行政部门通过平时考核和年度考核对各部门完成目标情况督查督办。

### （三）活动督办

行政部门对以机构名义开展的各类活动负有督办职责。活动开展前，对方案制定，活动筹备进行督办，确保活动准备充分；活动开展中，监督开展状况，防止发生意外，把控活动节奏，确保活动流程按照活动方案有序进行；活动结束后，对活动开展效果进行评估，做好资料存档和强化宣传工作。

> **知识拓展**
>
> ××养老机构考勤表如图4-9所示。
>
>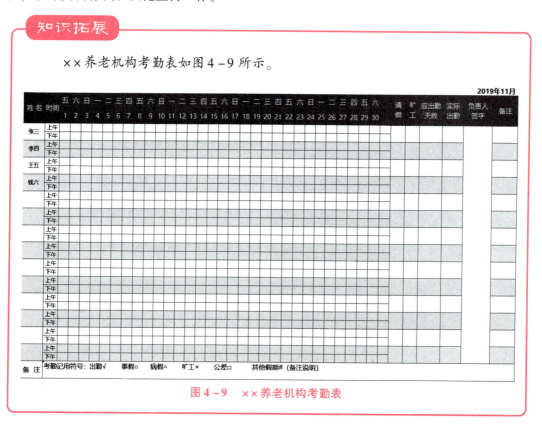
>
> 图4-9　××养老机构考勤表

## 三、督办方法

### （一）专项督办

重大决策或机构负责人交办的重要事项，按照"一事一督"的方式进行督办。

### （二）跟踪督办

对有重要批示的文件主动跟踪，及时了解办理情况。

### （三）现场督办

经机构负责人授权，直接到各部门开展督查督办工作。

### （四）联合督办

会同各部门负责人及机构领导进行联合督办，追责问效。

### （五）催办催报

对已交办事项，及时提醒催办，督促各部门定期上报进展情况。

### （六）组织协调

对运行中遇到阻碍的督办事项，通过沟通协调或组织召开专项会议，协同推进。

### （七）结果核查

对已办结的重要督办事项回头看，防止弄虚作假或出现反弹。

## 四、督办程序

### （一）立项

行政部门根据需要督办的事项，按照职能部门分工和岗位职责，拟定督办事项的主要内容，包括督办事项、目标要求、主管领导、承办部门、责任人、具体负责人、完成时限等，经机构负责人批准，下发督办单。

### （二）承办

承办部门或承办人，需在规定时限内组织办理。行政部门负责对督办事项节点进度进行督查，及时上报有关领导。

### （三）延期

对确有特殊情况需要延长办理时限的督办事项，承办部门或承办人应在办理时限到期前向机构负责人说明情况，经批准后按程序办理延期。

### （四）催办

对没有按规定时限完成，同时尚未办理延期的事项，及时报告有关领导和机构负责人，明确办理时限后跟踪催办，并按照原定事项进行考核。

## （五）反馈

承办部门或承办人应及时将督办事项的办理情况和办理结果向行政部门反馈。

## （六）办结及归档

承办部门或承办人将办结事项在办理过程中形成的各类资料报主管领导批准后，做办结处理。综合行政部门将督办事项批示、办结报告及其他具有保存价值的材料进行整理归档。

### 拓展训练

1. 请设计一份针对员工工作绩效的考核测评表。
2. 请结合所学，针对消除机构消防安全隐患工作，制作一份督办单。

# 任务五 养老机构的制度建设

### 案例导入

有一位老人住在某养老机构内。某日，其儿子前来看望，老人与儿子因为家事发生争执，儿子离开时并未告诉护理人员（此前，儿子每次探望离开时都会主动告知护理人员）。他走后不久，老人从二楼翻窗跳下，导致手臂骨折。养老机构窗户设计符合有关标准。

【思考】

你认为哪些方面的制度缺失导致了这起事故的发生？

## 一、养老机构制度的含义及特点

### （一）基本内涵

制度，即规章制度，对养老机构而言，是为了维护正常工作秩序，保证养老服务活动正常开展的一系列明确而有约束力的措施与办法。它是养老机构服务宗旨理念的具体化，是全体员工开展养老服务及相关工作的准则和依据。

## (二) 特点

**1. 指导性**

制度的制定与执行可以有效指导员工和职能部门行之有效地开展各类工作与服务。例如，标准化服务制度，对护理人员开展照料、看护、康复等服务具有直接的指导作用，可以使护理人员迅速熟悉工作流程，提供高效优质的养老服务；再如，公共关系管理制度、印章管理制度、合同管理制度、公文处理制度等，都是开展各项工作的规范指导。

**2. 约束性**

完善规范的制度可以有效约束管理人员和一般员工的各项行为。例如，严格规范的民主决策制度、财务管理制度和物品采购制度等能有效防止不当决策、玩忽职守和铺张浪费等现象的发生；严格的考勤制度与目标考核制度能有效约束员工的工作行为，提升工作效率。

**3. 激励性**

合理的制度可以起到激励鞭策员工遵守纪律、勤奋工作、不断创新的效果。例如，合理积极的薪酬发放制度和创新奖励机制可以促使员工全身心投入养老服务事业，为机构发展提供支持、做出贡献。

**4. 规范性**

制度可以最大限度地实现工作程序的规范化、岗位责任的具体化和管理方法的科学化。制度本身必须遵从《中华人民共和国劳动法》和《中华人民共和国老年人权益保障法》等有关法律法规和政策。

## (三) 类型

养老机构的各项制度没有严格的界限，可以根据制度规范涉及层次和约束范围的不同，将其分为基本制度、管理制度、技术规范、业务规范和行为规范等五类。

**1. 基本制度**

这是规定养老机构构成和组织方式，决定养老机构性质的基本制度，如法律财产所有形式、机构章程、董事会组织等。

**2. 管理制度**

这是关于养老机构管理活动框架、协调机制等基本方面的规定，如人事制度、财务制度、权责制度等。

**3. 技术规范**

这是养老机构服务涉及的某些技术标准及技术规定，如医疗服务规范、生活护理规范、康复护理规范等。

**4. 业务规范**

这是养老机构服务业务活动中反复出现、具有科学处理办法的规程，如安全规范、服务规范、业务规程、操作规范等。

**5. 行业规范**

这是养老机构针对员工行为的规章制度，如行为品德规范、仪表仪态规范、工作纪律等。

## 二、养老机构制度的制定

### （一）制定原则

**1. 服务性原则**

不同于机关、企事业单位的制度建设强烈的组织性、纪律性和约束性等特点，养老机构的制度建设遵循着极强的服务性原则，这是由养老机构的性质及宗旨理念所决定的。

**2. 目的性原则**

目的性原则是制度建设的普遍原则。对养老机构制度化建设而言，其目的性首先是确保养老服务工作高效开展，最终使养老机构的管理走向规范化、制度化和法治化，不断提高服务质量，确保长远健康发展，实现最佳的经济效益。

**3. 标准化原则**

养老机构标准化建设是指在机构内部推行实施标准化工作，主要是通过对机构内部硬件和软件标准的制定、实施与运用，把养老机构硬件设施建设、服务管理工作的环节和程序固定下来，确保每项工作有章可循、有据可依，使养老机构的管理与服务工作规范化、制度化运行，提高工作效率，提升工作质量，以实现机构最终目标。

**4. 可操作性原则**

养老机构的各项制度只有得到贯彻落实，才具有实际价值，不能落地的制度只能是一纸空文。可操作性原则具体体现在制度的每一条款必须责任明确、任务具体、条理清晰、描述准确、通俗易懂且可以进行量化考核，易于操作。

**5. 稳定性原则**

制度制定应当遵循现实工作的客观规律，具有相对的稳定性。一方面，制度制定需要一个从认识、熟悉到适应和掌握的过程，不能朝令夕改，以免造成管理混乱，失去制度的权威性；另一方面，制度不是一成不变的，要随着客观情况的变化进行调整和改进，不断加以完善。

### （二）制定方法

**1. 广泛学习**

制度不能违反上位法，不能与国家和地方现行的法律法规、政策规章以及行业管理规范相抵触，这就要求制度制定者应当对相关规定进行广泛深入的学习，如《中华人民共和国劳动法》《中华人民共和国老年人权益保障法》《中华人民共和国会计法》《中华人民共和国药品管理法》《养老机构服务质量基本规范》和《养老机构服务安全基本规范》等。

### 2. 经验总结

过往的工作经验和教训，能反映出机构服务和管理工作的成果与问题，总结经验可以使制度更具针对性、实用性和可操作性。

### 3. 听取意见

广泛听取意见，一方面可以集思广益，使制度制定更加完善；另一方面可以提高参与度，更容易被制度执行者接受和理解。

### 4. 借鉴同行

可以借鉴和参考同类机构的先进管理经验和规范的规章制度，但要避免生搬硬套、全盘照抄。

## （三）制定程序

养老机构制度应依据有关法律法规及政策、机构章程，结合机构实际情况，以规范服务与管理行为为目标，按照程序制定（修订）与废止，由机构负责人签署发布或宣布废止。

### 1. 组织与权责

行政部门负责机构制度的制定（修订）与废止工作，具体履行以下职责：

（1）研究、拟定年度制度制订（修订）工作计划，组织、督促计划的执行；
（2）广泛征求意见，起草或组织起草制度草案；
（3）审查由部门起草的制度送审稿，并出具审查意见；
（4）提请领导管理层审议会签；
（5）经机构负责人签发后，负责制度成文及印发事宜。
（6）组织、草拟制度解释、修改、废止的意见。

各职能部门根据年度制度制订工作计划，起草属于本部门职责范围内的制度草案。

机构负责人负责制度的签署发布或宣布废止。

### 2. 程序规定

（1）工作计划。职能部门需要制定制度的应于每年年末，向行政部门申报下一年度制度制定申请，行政部门对申请进行汇总研究，依照突出重点、统筹兼顾、切实可行、保证质量的原则，于年初拟订年度计划，经主管领导审批后，报请决策层批准。

（2）起草审查。各部门根据职责范围，起草制度；涉及多部门的，由主要负责部门牵头组织起草；重要或综合性制度由行政部门起草或成立专项小组起草。

起草过程中，应当充分收集资料，深入开展调研，充分听取意见并积极协商。涉及员工切身利益的，工会必须参与制定，并充分听取员工意见。

制度起草不得违反上位法规定，注意与当前相关制度的过渡与衔接。

起草部门负责人签署或会签后，行政部门负责制度草稿的审稿及合法性审查。

（3）审议决定。通过审稿的制度交由主管领导审核签阅。经批准后，提请机构管理层会签审议。

（4）制作发布与存档。行政部门按照公文格式，制作并印发机构制度。机构负责人签署发布，宣布实施。行政部门做好制度登记存档管理工作。

（5）制度废止。因实际情况需要废止的制度，由职能部门或行政部门提出并起草解释说明，提请主管领导审核后，交由机构管理层会签审议，审议通过废止的，机构负责人签署废止决定，行政部门制定公告公布。

> **知识拓展**
>
> 《党政机关公文处理工作条例》
>
> 网址：http://www.gov.cn/zwgk/2013-02/22/content_2337704.htm。

### 三、养老机构制度的效果评估

#### （一）执行监督与奖惩

**1. 执行监督**

落实层层监管、分工明确的制度监管责任制。机构负责人对部门分管领导制度执行情况进行督查，分管领导监管部门负责人落实各项制度情况，各部门负责人负责本部门工作人员的制度执行情况，落实监督责任。行政部门负责制度的贯彻落实与跟踪监管工作，及时发现违反制度的情况并上报。

**2. 奖惩措施**

制度执行情况应当纳入目标考核体系。对于坚持贯彻落实制度较好的部门和个人，进行奖励激励；对违反制度规定、执行不力的部门和个人，实施相应的惩罚措施。奖励与惩处应当体现在考核结果之中，作为对其综合评价的重要依据。

#### （二）效果评估

综合行政部门应当定期对制度执行情况和制度发挥的作用进行效果评估。一方面，评估制度落实效果，督促制度执行；另一方面，评估制度与当前工作实际相适应的情况，对不适应工作开展的制度条款及时做出调整，不断修订完善各类制度。

**1. 评估方法**

（1）调查法。可以采取调查问卷、测评考核等方式，征询部门及员工意见，以此评估制度执行效果。

（2）对照法。通过制度执行前后，工作开展情况的对照，评估制度执行是否取得实效。

（3）分析法。行政部门对制度执行情况进行综合分析，全面评估制度执行效果。

**2. 制度完善或废止**

制度实施效果评估处理如图4-10所示。卓有成效的制度，应当坚持执行，作为规范化管理体系的重要环节,需不断完善;制度效果欠佳甚至不适应当前工作开展,则应全面查找原因,对不适应客观情况的条款进行修订,对阻碍工作开展、落后、不合理的制度,应及时废止。

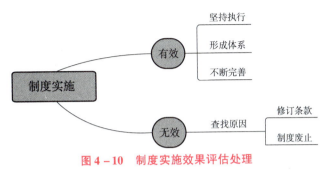

图4-10 制度实施效果评估处理

**知识拓展**

因实际情况需要废止的制度,应当由相关职能部门或行政部门提出并起草解释说明,提请主管领导审核后,交由领导管理层会签审议。审议通过废止的,机构负责人签署废止决定,由行政部门制定公告发布。

**拓展训练**

请结合所学,以小组为单位,共同制定一项养老机构工作制度。

# 项目五 养老机构的风险管理

**【知识目标】**

◇ 了解养老机构风险管理的意义
◇ 了解养老机构风险事故的特点及诱因
◇ 了解养老机构风险事故的管理原则
◇ 熟悉养老机构风险事故处理的措施
◇ 熟悉常见风险事故处置预案与流程

**【能力目标】**

◇ 能够树立养老机构风险管理意识
◇ 能够掌握常见养老机构风险管理的措施
◇ 能够掌握养老机构风险事故处理原则
◇ 能够掌握常见养老机构风险事故处置预案与流程

项目五 养老机构的风险管理

【思维导图】

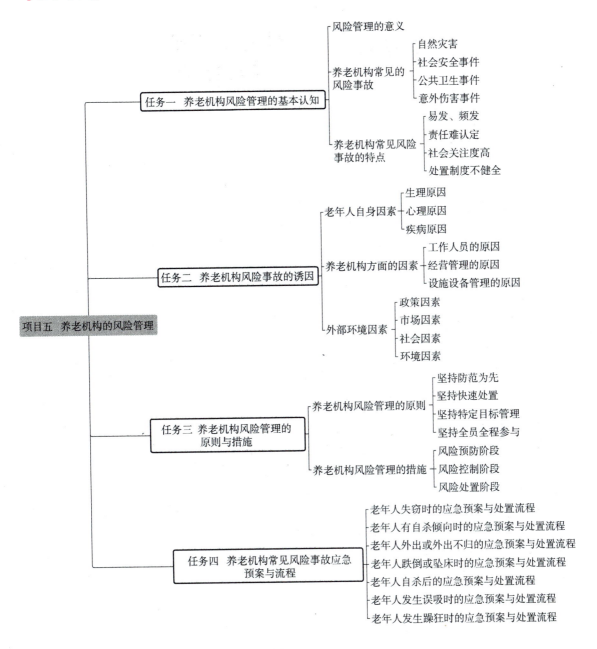

## 任务一　养老机构风险管理的基本认知

### 案例导入

郑州有一家设有150张床位的养老机构，开业近一年，入住老年人不足20人，第一年亏损300多万元。该机构地处市中心，人口规模、周边消费水平均适合开办养老机构，设施设备及环境属中档水平。这些条件对该机构开办成功是极为有利的。但是为什么会亏损呢？仔细分析发现，该机构为股东租房开办，为提高档次，他们不计成本，装修花费1 000多万元，房租每年125万元，如果再加上人力成本，每年的运营成本远远高于当地的其他养老机构。正常运营难以为继，决策的失误使原本信心满满的股东们陷入困局。

【思考】
导致该机构亏损的原因是什么？如何避免这种重大失误？

### 一、风险管理的意义

风险管理是社会组织或者个人通过风险识别、风险估测、风险评价，并在此基础上选择与优化组合各种风险管理技术，对潜在风险进行有效控制，妥善应对风险所致的后果，从而以最小的成本获得最大的安全保障。近年来，养老机构取得了长足发展，但仍处于不断摸索的阶段。虽然养老机构数量不断增加、规模持续扩大、服务水平不断提高、发展态势良好，但由于老年人的自身问题及机构管理不规范等致使各种事故、纠纷、意外伤害事件的发生频率也不断上升。运营风险已成为我国养老机构无法逃避的一道难题。如何强化养老机构的风险管理、规避事故风险是养老机构工作人员必须考虑的问题。

### 二、养老机构常见的风险事故

在《中华人民共和国突发事件应对法》中将突发事件归结为四种类型。

#### （一）自然灾害

自然灾害是指由于自然变化造成的人员伤亡、财产损失、社会失稳、资源破坏等的现象或一系列事件，包括气象灾害、洪水、地震、泥石流、飓风和海啸等。因其突发性、破坏性和难以预测性，往往会给社会带来难以挽回的损失。养老机构是社会的一部分，在自然环境受到破坏的地区，应采取必要的措施，减轻或避免自然灾害的危害。

### （二）社会安全事件

突发社会安全事件是指因人民内部矛盾而引发，或因人民内部矛盾处理不当而积累，最后爆发，由部分公众参与，有一定组织和目的，采取围堵党政机关、静坐请愿、阻塞交通、集会、聚众闹事、群体上访等行为，并对政府管理和社会秩序造成影响，甚至使社会在一定范围内陷入一定强度对峙状态的群体性事件。在养老机构中，常有个别老年人因心理原因，对他人心怀不满，心理问题得不到及时治疗或心理压力得不到释放，极易产生报复心理，他们可能会通过对他人或外界造成伤害来获得心理满足。这种现象若不给予足够重视，极易酿成安全事件，给机构带来严重后果。

### （三）公共卫生事件

突发公共卫生事件是指突然发生，造成或者可能造成社会公众健康严重损害的重大传染病疫情、群体性不明原因疾病、重大食物与职业中毒以及其他严重影响公众健康的事件。在养老机构中，老年人是疾病高发人群，他们身体虚弱，免疫能力差，容易感染疾病。所以避免公共卫生事件在养老机构的发生，必须列入重要议事日程。

### （四）意外伤害事件

意外伤害事件是指具有灾难性后果的事件，是在人们生产、生活过程中发生的，直接由人的生产或生活活动引发的，违反人们意志的，并且造成大量的人员伤亡、经济损失或环境污染的意外事件。在养老机构中，突发事件虽不像社会上的突发事件重大，但因为养老机构入住老年人身体和心理状态的特殊性，以及意外伤害事件的易发、频发性，使之成为影响养老机构收益、声誉和可持续发展不可忽视的因素。

养老机构意外伤害事件具有易发、频发、责任认定难、社会关注度高、处置制度不健全等特点。当前，养老机构易发、频发的意外伤害事件大致有骨折、走失、摔伤、烫伤、自杀、自伤、冲突、噎食、猝死等九类。有关资料显示，以上常见事故中摔伤、骨折所占比例最高，占60%以上。另外，虐待、谩骂等侵犯老年人权益的事故也时有发生，且易由此引起报复和纠纷等二次伤害事件。

## 三、养老机构常见风险事故的特点

### （一）易发、频发

入住养老机构的老年人随着年龄的增长，大多数身体机能下降和认知能力变得迟缓，且自身意外伤害事件的诱因多，再加上其他因素的影响，日常生活中存在着受到伤害的诸多风险因素，意外伤害事件呈上升趋势。例如，跌倒、摔伤事故，不仅限于在直接护理（入浴、排泄及移动等）过程中发生，老年人一个人行动时也有发生的可能。因老年人大多骨质疏松，弯腰，甚至咳嗽都有可能发生骨折。步行中跌倒或因座位不稳而跌倒，从轮椅和床边跌落等事件在日常生活中也时有发生。近年来，随着养老事业的快速发展，养老机构数量的大幅增长，各种伤害和纠纷等事件呈现易发、频发的特点。

### （二）责任难认定

养老机构照料服务是24小时不间断的，大量老年人集中居住在一个相对封闭的空间，管理服务稍有不慎，就可能出现伤害事件。服务过程及质量难以记录，再加上许多老年人年事已高，有些老年人患有阿尔茨海默病，行为能力和认知能力都已经衰退，双方举证都很困难，事故责任难以认定。

### （三）社会关注度高

常言道"人人都会老，家家有老人"。老年群体是一个很特殊的群体，一位老年人的事件不仅事关其本人，而且事关他的家属，甚至事关整个社会。在养老机构发生意外伤害事件时，社会、经济、道德、伦理、法律等多种因素交织，往往使事情复杂化，很容易引起社会的高度关注，致使养老机构处于被动的地位。再加上社会和媒体的炒作，也会给机构和事故评判者带来很大的压力，产生极大的社会影响。事件发生后，舆论导向往往更偏向于老年人及其家庭，事故责任认定过程中会在一定程度上产生道德绑架行为和舆论压力，给养老机构的形象造成损害，同时也给养老机构的经营带来一定风险。

### （四）处置制度不健全

在养老机构法律风险规避方面，国家相继推出了一系列法律法规来保障养老机构及机构使用者的权益。在养老机构硬件建设和软件管理方面，国家相继推出了国家、行业监管部门的标准规范要求。硬件标准有《老年人居住建筑设计规范》《城市道路和建筑物无障碍设计规范》《建筑设计防火规范》等；软件标准有《养老机构管理办法》《养老机构服务质量基本规范》《养老机构服务安全基本规范》《老年人能力评估》及《养老机构等级划分与评定》等。一般来说，养老机构从硬件建设、软件管理方面按照国家、行业标准要求来进行日常管理，服务标准、服务流程、护理记录都比较规范完善，相对来说抗风险能力会比较强。然而，受限于养老机构的高风险性及风险防范措施的匮乏性，要解决这一问题，最根本的还是国家要出台相应的老年人伤害事件处理办法和配套制度，从法律层面界定相关责任和义务；但是，目前国家层面这方面的法律规定还很不完善。

1. 突发事件分为哪几类？
2. 养老机构意外伤害事件的特点有哪些？

## 拓展训练

赵云成功应聘某养老机构院长助理一职。上班第一天院长让她先熟悉一下工作环境。她到老年人生活区和院子里转了一圈,发现指引性标识、安全警示标识和安全管理制度等存在明显缺失,也存在介护老年人单独活动的现象。她向院长汇报,院长说安全管理制度是有的,在制度建设汇编里,办公室宣传栏里也有一些。接着,院长安排赵云拟订一个风险管理方案。养老机构意外伤害事件近年呈易发、频发的态势,极大困扰着养老机构的发展,风险管理日益成为养老机构不可回避的重要课题。

假如你是赵云,应该如何做好这项工作?

## 任务二  养老机构风险事故的诱因

### 案例导入

84岁的王老太被子女送到一家养老院养老,约定的护理等级为全护理。一天,子女在探望王老太时发现她腿部受伤,当天将其送医救治,诊断为右胫骨骨折。然而此前养老院并未发现王老太骨折。住院1个月后,医院宣布王老太死亡。王老太的子女认为,王老太病逝是由养老院照顾不周造成的,遂将养老院诉至法院,索赔医疗费、丧葬费、死亡赔偿金、精神损害抚慰金等共计42万余元。

养老院方面称,王老太原本患有骨质疏松,右腿陈旧性骨折,轻微外力即可造成骨折。骨折系王老太自身不慎造成,养老院不存在过错。造成王老太死亡的原因系心脏骤停,骨折与死亡无关。

法院审理认为,王老太的护理等级为全护理,按照协议约定养老院应当对其履行看护职责。对骨折的原因,双方各执一词。现王老太已经去世,受伤原因根据现有证据无法判定。但是法院指出,王老太受伤后,养老院没有在第一时间通知家属,延误治疗时机,导致骨折时间难以判定,存在过错,且王老太的死亡诊断上记载了11项病因。最终,法院判决养老院赔偿王老太的三个子女经济损失2万元,驳回了他们的其他诉讼请求。

【思考】

你认为养老院冤枉吗?为什么?

养老机构是为老年人这一高危群体提供服务的专门机构。这里老年人集中，他们大多自我照顾能力弱，对风险的识别能力差，反应相对迟钝，这就导致养老机构成为发生意外伤害事故的高危场所。养老机构提供的养老服务本身就存在较大风险，再加上如果自身服务质量存在瑕疵和养老机构外部的诸多环境因素等，很容易引发意外事故。老年人在养老机构发生意外具有一定的必然性，但养老机构不能消极对待，应主动作为，研究风险管控措施。下面我们从三个方面探讨养老机构意外事故产生的原因。

## 一、老年人自身因素

### （一）生理原因

入住养老机构的老年人大多年龄偏大，生理年龄偏大导致的结果是身体器官机能的衰退，会出现耳聋眼花，腰弯背驼，言语迟钝，行动迟缓，视觉、听觉、嗅觉和皮肤的感知能力下降，体力、耐力、平衡能力和反应能力减退，对风险的识别能力变差。这些现实因素会直接影响老年人的安全，是引起老年人跌倒、坠床、误食、噎食、窒息、烫伤、走失等意外伤害事故的主要原因。

### （二）心理原因

人到老年，肌体各器官包括大脑在内，出现老化、功能减退是正常现象，症状表现如视力模糊、两耳失聪、行动不便、皮肤多皱、毛发变白或脱落、代谢下降、免疫功能低下等。这些老年人正常生理方面变化出现的同时，心理方面也会发生改变。老年人最常见的心理问题有抑郁、失落、孤独、偏激等，这些心理问题是一种隐形风险。老年人入住养老机构后，需要进行心理调适以适应新环境，但由于个人性格以及情绪调节能力的不同，会出现或加剧心理问题和精神问题发生的风险。同时，情商较低的老年人在与护理人员、管理人员和其他入住老年人较为频繁的互动中，容易因关系僵化、恶化甚至破裂而引发危险行为。对于一些介护老年人来说，每天躺在床上，不能随时下床，如果子女不常来看望，他们的精神世界会很空虚，容易患上抑郁症。一些严重心理问题的存在不仅会使老年人病情加重，而且容易导致意外事故的发生。养老机构里的自残、自杀、冲突、杀人等事故主要是由心理问题导致的。

### （三）疾病原因

养老机构入住的老年人，大多患有不同程度的慢性疾病，甚至多病共存。疾病不仅加速了老年人身体机能的衰退，同时还增加了老人身体的痛苦，影响老年人的生活品质。疾病的持续存在，随时可能引发意外事故。如高血压有可能导致心脑血管疾病，患有糖尿病的老年人突发低血糖可能导致摔倒，增加骨折的风险。

## 二、养老机构方面的因素

### （一）工作人员的原因

养老机构工作人员给老年人带来的风险来源于护理人员的服务质量存在问题，体现在其自身能力不够而给工作带来风险。养老机构护理人员大多学历水平较低、学习能力较弱,这种职业素养在服务质量提升上存在风险隐患。他们职业素养不高,风险识别意识、防范意识和管控意识淡薄,作为一线人员,与老年人朝夕相处,稍有疏忽即会引起意外伤害事故的发生。例如,不少老年人的意外伤害事故,都是由护理人员照顾不周、服务有瑕疵而导致的。

### (二)经营管理的原因

养老机构经营管理的风险主要表现在以下方面:一是养老机构由于前期选址、客户购买力及盈利模式定位等所带来的盈利风险;二是管理人员能力水平、工作流程与标准等顶层设计给养老机构带来的经营风险,具体表现为工作人员是否专业精干,工作流程是否标准,质量要求是否明确等,这些因素对养老机构的安全与风险管理有直接的影响;三是管理人员在实际工作过程中能否持续改善管理措施,包括养老服务的标准化、人性化、信息化和智能化等。这些因素都会对养老服务埋下隐患,成为风险的诱因。

### (三)设施设备管理的原因

养老机构设施设备管理的风险,是指适老化设施设备建设和使用等给养老机构带来的风险。这种风险出现的主要原因是养老机构在前期建设或改建过程中,没有充分考虑室内或室外适老化硬件设备的设计,适老化设施设备不完善、不规范、不配套。这不仅增加了事故风险,而且增加了后期改造成本。例如,紧急呼叫按钮位置不合理,入户门不是子母门,卫生间地面不防滑,房间灯光亮度不够,走廊不设扶手,指引性标识不清,警示性标识缺失等,这些都会成为意外伤害事故的诱因。养老机构设施设备问题是养老机构风险的硬伤,一旦因设施设备问题而对老年人造成伤害,责任主要由养老机构承担。

## 三、外部环境因素

养老机构外部环境风险主要指来自养老机构外部环境的威胁与挑战,即来自政策因素、市场因素、社会因素、环境因素等方面的风险。

### (一)政策因素

影响养老机构的政策因素主要包括人口政策、法律政策和优惠政策等方面。国家对人口政策的重大调整影响未来人口数量和年龄结构,老年人口、劳动力人口等变化会对养老机构发展产生不同程度的影响。例如,我国几十年的独生子女政策,加速了我国人口的老龄化进程,使我国的养老服务需求大幅增加,养老服务业步入快速发展的轨道。国家法律政策和政府对养老机构优惠政策(如税费、水电费用、土地使用、补贴等)的变化也会直接对养老机构的发展产生影响,优惠政策力度的减小或中止会增加养老机构的运营成本。

### (二) 市场因素

养老机构市场因素的风险来源于市场竞争和优胜劣汰，表现为同类竞争、公私竞争和其他养老方式竞争等。养老市场的竞争使养老机构的市场占有率面临重大挑战。

### (三) 社会因素

养老机构社会因素的风险来源于文化传统和社会心理，表现为社会习俗、社会认可和舆论导向等。社会因素影响老年人是否选择到养老机构养老，以及选择哪种养老机构等。

### (四) 环境因素

养老机构环境因素的风险来源于突发事件等不可控因素，突发事件主要表现为自然灾害、经济危机和社会动乱等。

1. 老年人自身的哪些因素容易导致意外事故的发生？
2. 养老机构本身导致老年人发生意外事故的因素有哪些？
3. 养老机构经营风险的外部环境因素有哪些？

### 拓展训练

老年人 A 和老年人 B 在某养老院打架。A 平时就会责骂其他老年人，因为 A 想回家，但是他的家属不能把他接回去，于是 A 经常在养老院发脾气，A 说他这样做养老院就不会留他了，他的家属就可以把他接回去了。养老院院长通知 A 的家属将 A 接回去，但是没有成功。一天中午 A 开始骂 B，B 原本就有些精神问题，后来两人争执起来。A 说："我一定要在养老院给我儿子挣几万。"（就是要讹诈养老院的意思，这话他以前也说过很多次）之后他故意跌倒将自己的胯骨摔裂（有监控视频为证），从此卧床不起。事情发生后，B 家属承担了 A 的医疗费用。后来 A 家属与 B 家属签订了协议，养老院做见证人。但是两个月后，A 家属要起诉养老院和 B 家属。

1. 这件事情养老院承担责任吗？
2. 养老院应怎样处理？
3. 养老院怎样做才能避免这类事故的再次发生？

## 任务三 养老机构风险管理的原则与措施

**案例导入**

2015年5月25日19时33分,某老年公寓发生特别重大火灾事故,造成39名入住老年人死亡、6人受伤,过火面积745.8 m²,直接经济损失达2 064.5万元的重大伤亡和严重后果。

这一事件报出后引起一片哗然,社会各界广泛关注。事发后的第一时间,经国务院批准,依法成立了由国家安全监管总局副局长孙某某任组长,国务院有关部门和某省人民政府负责人参加的事故调查组。

调查组对火灾原因进行了专案调查,要求工作组做好善后工作,照顾家属情绪,安抚家属,及时查明事故原因,依法追究相关人员的法律责任。工作组经过详细调查,将该事故认定为安全责任事故,相关责任人进入刑事诉讼程序。

法院经审理查明,该老年公寓严重违反有关法律法规建设和运营,管理不规范,这是造成火灾的主要原因。范某某作为公寓的法定代表人,无证违规扩建。该老年公寓内不能自理区的简易房就是范某某指使个体户冯某某用不合格材料建造的。范某某在施工过程中,使用不合格材料,存在严重的质量问题,使安全隐患长期存在。与此同时,相关的国家机关工作人员存在严重的失职,涉嫌滥用职权罪和玩忽职守罪,也被立案侦查,提起公诉。

2016年4月21日,该案在某县人民法院开庭审理。被告人亲属、被害人亲属代表,部分人大代表、政协委员、媒体,以及社会各界群众等300余人参与旁听。

2017年11月7日,法院对"5·25"特大火灾事故案件做出一审判决,老年公寓法人代表范某某等6名直接责任人及10名相关职务犯罪被告人分别被判处9年至2年6个月不等的刑罚并处罚金。

该老年公寓所在省民政厅党组书记、厅长,所在市市长等27人受到党纪、政纪处分。

【思考】

这一事件给我们带来了哪些启示?

该案例说明,养老机构的运营不仅风险系数高,而且一旦发生事故社会关注度极高。因此,养老机构的风险管理非常重要。

## 一、养老机构风险管理的原则

### （一）坚持防范为先

"凡事预则立，不预则废"，要从树立风险管理意识、建立风险管理体系、加强风险管理能力建设等方面入手，做好防范风险的统筹考虑。强化风险排查、风险研判和风险预警，加强对各种风险源、风险点的动态监测，及时发现并果断处置各种苗头性、倾向性问题，打好防范和抵御风险的有准备之战。

### （二）坚持快速处置

养老机构的意外伤害事故具有易发、频发的特点，因此，养老机构工作人员在为老年人提供专业照护服务的同时，要时刻有应对风险事故的准备。对随时可能发生和已经发生的伤害事故要第一时间做出反应，按应急预案和流程及时妥善处置，争取主动，以免因处置迟缓而错失良机，导致事态升级、矛盾恶化，给机构造成损失。

### （三）坚持特定目标管理

养老机构要重点培养员工的业务风险管理能力，就必须同时培养员工根据岗位对应的职责目标进行风险识别的能力。岗位职责目标不同，承担的风险点就不同，风险识别和风险管理的具体内容也会不同。养老机构应帮助员工对不同的对象或目标，设立风险识别及解决程序。

### （四）坚持全员全程参与

养老机构单靠管理人员管理风险是远远不够的，应当营造人人有责任、人人有能力对风险进行管理的氛围。全员全程参与就是将风险管理工作贯穿养老机构管理工作的全过程，深入每项工作和每个环节，织密风险管理网，杜绝风险隐患。

## 二、养老机构风险管理的措施

### （一）风险预防阶段

**1. 优化适老设计，改造硬件设施**

养老机构硬件设施的适老化设计、建设与改造是降低养老机构事故风险隐患的关键。在新建、改建和扩建养老机构过程中要严格遵循我国《老年人建筑设计规范》《社区老年人日间照料中心建设标准》《老年养护院建设标准》以及最新的《建筑设计防火规范》等建设规范，有条件的养老机构还可参照国际最新标准和要求进行建设。养老机构根据老年人生理和心理特点设计室外和室内的结构、布局和装修风格，要注重安全性、实用性和美观性。在原有机构改扩建过程中，应充分考虑与周边环境的融入性和结合性，做到有机互补、良性互动。

**2. 全面评估入住老年人，规范签订合同**

养老机构需要对入住老年人及其家庭进行全方位评估，依据国家或行业有关养老机构合同范本制定符合本机构实际的服务合同。对入住老年人的全面评估除了对老年人及其家庭的评估，还包括对老年人的身体状况、精神状态、经济状况、社会背景等的评估。全面评估既便于对老年人进行分级管理，也有助于预测风险。双方签订入住合同时，坚持依法、公平和客观的原则，合同内容应翔实、细致、周密，涵盖入住老年人和养老机构双方的责任、权利、义务、风险约定等条款，并随着老年人身体情况和养老需求变化更改合同约定内容和签订方式。

**3. 推行持证上岗，定期组织应急演练**

养老机构工作人员尤其是护理人员需要持证上岗，定期接受岗位技能培训，对高发性风险进行应急演练，从源头上提升服务质量。老年康复师、老年社会工作师、老年营养师等养老领域专业技术人员，需要经过一定时间的学习培训取得资格证书才能到养老机构工作。养老机构应加强对工作人员的安全教育，如用电、防烧烫伤、防火、防煤气中毒等安全常识教育，普及饮食安全知识、运动锻炼安全知识、生活起居安全知识、跌倒预防知识和慢性疾病防范及紧急自救知识。

## （二）风险控制阶段

**1. 制定个性化护理方案**

养老机构的风险控制是从制订合理的护理计划开始的。护理计划应根据事前对老年人的全面评估，在把握每位老年人的身心状况及精神状态的基础上，结合风险应对及事故防范策略制订。坚持按护理计划开展服务是风险控制阶段的第一步。

**2. 实时安全监控，定期排查隐患**

养老机构依托信息化、智能化技术建立"7×24"监护网络，重点对护理人员的安全意识和风险监测能力进行训练，定期排查日常服务中的安全隐患和事故风险。建立全天候巡视、照护和值班责任制，有条件的养老机构可引入智能化感应照护设备，在节省人工的同时还能提高服务质量。加强护理人员的应急处置培训，通过观察和交流，及时发现入住老年人的异常情况，提前预警，避免更大风险。同时为了防火、防水、防走失、防盗、防漏电、防食物和煤气中毒等，应定期开展安全隐患排查工作。

**3. 加强与老年人家属的沟通**

多数养老机构老年人的家属认为，可以放心地将日常生活护理委托给专业护理人员，但无论养老机构方面采取什么样的事故防范对策及改善对策，都无法保证零事故发生率。如果老年人家属和养老机构在风险认识上产生了偏差，一旦发生护理意外很有可能发展成很大的纠纷事故。为了避免在事故发生后产生纠纷，养老机构有必要同长期居住的老年人家属进行充分沟通，将老年人的身心状况及相关风险信息及时告知其家属。养老机构方面应向老年人家属说明老年人跌落、摔倒、误咽等事故的高风险性，以及虽然养老机构会尽其所能防范风险事故的发生，但仍存在潜在风险，应尽量得到家属的理解。例如，按照饮食、行走、夜间等场景的应对服务详细制定风险目录，以书面的形式转达家属，定期向家属说明老年人的护理计划及护理方向。这些努力能在很大程度上降低风险事故发生的可能性，减少事故纠纷。

**4. 推进医养结合，合理分担风险**

养老机构在医疗服务供给方面可选择内部设置、服务外包、合作共建等医养结合模式，在有效满足入住老年人医疗护理需求的同时，有效分担部分事故责任风险。医养结合的养老机构在医疗事故责任上，应当与入住老年人、老年人家属、医疗机构及医护人员等提前沟通、签订合同，明确在医疗护理纠纷过程中各方责任、事故处理流程、责任认定方法以及赔付标准等。

**5. 实行责任保险，有效转移风险**

养老机构应当与保险公司进行深度合作，普及养老机构责任保险，并推广老年人意外伤害险，以期有效转移和分担养老机构服务风险。

## （三）风险处置阶段

**1. 快速处置风险，依法追究责任**

在风险事件发生后，养老机构应当围绕风险事件快速反应、有效处置，最大限度厘清责任、处置风险。养老机构围绕风险事件建立"首问负责制"，以便快速响应，提升护理人员风险处置和控制能力，针对入住老年人常见风险进行标准化、流程化和科学化处置，保证应急管理人员第一时间采取充分合理的必要处置措施，如求助专业诊疗、急救等医疗服务，即拨打急救电话，联系公安消防部门，即拨打报警电话。养老机构对事故责任实行责任追究制，明确第一责任人、直接责任人和相关管理责任人。

**2. 做好来访接待**

来访接待是处理事故纠纷的一项重要工作。老年人及其家属来反映问题，应按归口原则指定一个部门负责接待，并坚持文明接待。引发意外事故的原因比较复杂，处理时政策性和科学性比较强，因此，服务接待人员应具有较高的政治素质，掌握相关政策法规，对问题有较强的分析能力，善于通过交谈掌握来访人员的真实动机和要求，因时制宜做好疏导工作，争取在来访接待过程中解决问题。

养老机构的事故纠纷有一定的特点和规律，应认真研究总结。例如，养老机构较常出现的纠纷是跌倒骨折、突发疾病死亡和自杀事件，由于家属没有思想准备，事故发生后，来访人员情绪激动，个别人甚至行为粗鲁，对养老机构工作人员进行谩骂，要求养老机构尽快查明老年人受伤或死亡的原因，并承认过错。接待这类来访人员要沉着、冷静，态度热情、诚恳，在对来访人员表示深切慰问的同时，要宣传有关政策，解释老年人受伤或死亡的内在原因，并指明解决问题的途径。

由于事故纠纷错综复杂，接待人员还应注意以下几个方面：

（1）比较重大的事故纠纷应该由部门负责人或院长等领导参与接待。在接待处理某一起事故纠纷时，接待人员要相对固定，以免新更换的接待人员对情况不熟，造成答复或解释前后不一致而引发新的纠纷。

（2）接待来访人员时要有耐心。让来访人员把要说的话全部说出来，并做好详细记录，取得来访人员的信任，不要轻易打断谈话。同时，可以通过来访人员的陈述了解纠纷的症结所在和需要解决的问题。事后，尽量收集与意外伤害事故有关的材料，为进一步调查提供依据。

（3）不要立即做出肯定答复。对来访人员提出的问题不要轻易表态，要经过核实后再解答，以免陷入被动。

（4）对一些比较激烈的事故纠纷，接待人员要有正面面对的勇气，以消除来访人员的猜疑，赢得信任，缓和紧张气氛。而对极个别动机不良、失去理智、有过激行为的来访人员，应有所防范，必要时与当地公安部门配合，以免事态恶化，造成不必要的损失。

### 3. 谨慎接待媒体调查

一些重大事故引起的纠纷常常会引起媒体的关注。对媒体的调查，养老机构应高度重视。一方面对媒体介入持肯定态度；另一方面，在事故原因尚未查清、做出定论之前，原则上谢绝采访，以免影响正常调查。为此，要求媒体调查必须经过正规途径，履行相关手续，并经过领导同意。所有接受采访调查的部门和工作人员要态度诚恳、实事求是、出言谨慎。

### 4. 依托调解仲裁，积极沟通协调

养老机构在接收老年人过程中，应当就潜在风险和责任与老年人家属进行充分沟通，并主动提及意外事故的处置方法。同时在日常活动中，应建立与老年人家属的常态沟通和联络机制，增强老年人家属对养老服务工作的信任、理解和支持。在风险事故发生后，养老机构应当发挥日常沟通和提前沟通的作用，充分借鉴医疗纠纷的调解机制，与老年人家属进行调解和仲裁。在调解和仲裁过程中，依托专业化、独立化、权威化的责任鉴定机构、调解机构、仲裁机构和咨询机构等，提供养老机构与老年人家属间的缓冲平台和交流通道，减少正面冲突。

### 5. 做好痕迹管理，应对法律诉讼

在养老机构和老年人家属无法通过沟通、调解达成协议时，应当积极准备应对法律诉讼。养老机构应对事故现场做好全面、详细的痕迹管理，为法律诉讼和责任判定提供有力证据。在痕迹管理过程中，养老机构要充分利用录音、录像、文字、照片等物证，并及时查找和核对服务记录，全方位记录和还原事故现场，吸取养老机构同类案件的应诉经验和教训，聘请专业律师就养老机构服务合同进行解读和辩护，尽可能降低养老机构在诉讼过程中面临的财产损失。

1. 养老机构风险管理的基本原则有哪些？
2. 养老机构风险管理的措施有哪些？

**拓展训练**

你与合伙人要开办一家养老机构,合伙人把风险管理的任务交给了你。请你结合实例,成立风险防控小组,做一个养老机构风险防控工作方案。

## 任务四 养老机构常见风险事故应急预案与流程

**案例导入**

徐奶奶因病瘫痪,由于其家属无暇照顾,将她送到了某养老院,徐奶奶的家人与该养老院的约定是全护理服务。某天晚上11点多,徐奶奶被一同院老年人划伤脸部,凌晨2点多才被送到医院,缝了七八针。入院后,住院及治疗的所有费用均由徐家支付,由于入住该养老院时,徐奶奶及其家属并未与该养老院签署相关合同和协议。报警后,警方说划伤人的老年人患有精神病且年事已高,不会追究其刑事责任。

【思考】

这起事故的诱因是什么?这起事故在应急处理方面有什么不妥?你认为应该怎样处理?

### 一、老年人失窃时的应急预案及处置流程

(1)发现失窃,保护现场;

(2)护理人员打电话通知安全管理部人员来现场处理,报告护理部主任,夜间或节假日报告机构值班人员;

(3)协助安全管理部人员开展调查工作;

(4)维持老年人房间的秩序,保证老年人护理安全;

(5)填写《治安事件报告记录表》,上报护理部。

老年人失窃时的处置流程如图5-1所示。

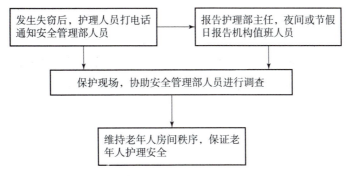

图 5-1 老年人失窃时的处置流程

## 二、老年人有自杀倾向时的应急预案与处置流程

（1）发现老年人有自杀倾向时，应立即向护理部主任、主管医生汇报；
（2）没收尖锐的物品，锁好门窗，防止意外发生；
（3）通知老年人家属，要求其24小时陪护，不得离开；
（4）做好交接班，同时多关心老年人，准确掌握老年人的心理状态；
（5）填写《伤害事件报告记录表》，上报护理部备案。
老年人有自杀倾向时的处置流程如图5-2所示。

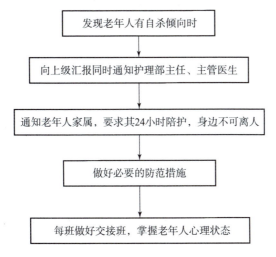

图 5-2 老年人有自杀倾向时的处置流程

## 三、老年人外出或外出不归的应急预案与处置流程

（1）通知护理部主任；
（2）通知安全管理部、护理部、医务处或机构值班人员（夜间或节假日）；
（3）及时与老年人家属联系，寻找老年人；

(4) 老年人回来后立即通知先前联系的有关部门；

(5) 若确属外出不归，需二人共同清理老年人物品，贵重物品、钱款需登记上交护理部主任保管；

(6) 做好各种记录并填写《其他意外负性事件报告记录表》。

老年人外出或外出不归的处置流程如图5-3所示。

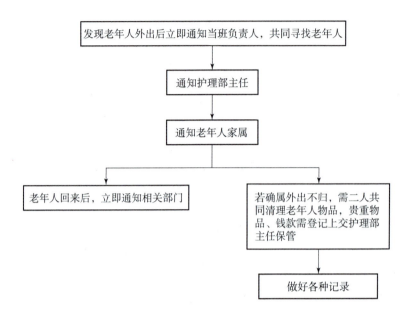

图5-3 老年人外出或外出不归的处置流程

## 四、老年人跌倒或坠床时的应急预案与处置流程

(1) 防护措施：检查房间设施，不断改进完善，杜绝安全隐患；

(2) 当老年人突然跌倒或坠床时，护理人员立即到老年人身边，检查老年人跌伤的情况，通知医生诊断老年人的神志、受伤部位、伤情程度、全身状况等，并初步判断跌伤的原因或病因；

(3) 对疑有骨折或肌肉、韧带损伤的老年人，根据跌伤的部位和伤情采取相应的搬运方法，将老年人抬至床上，必要时遵医嘱进行X光片检查及其他治疗；

(4) 当老年人跌伤头部或出现意识障碍等危及生命的情况时，应立即将老年人轻抬至床上或抢救室，严密观察其病情变化，注意瞳孔、神志、呼吸、血压等生命体征的变化，迅速采取相应的急救措施；

(5) 在受伤程度较轻时，可搀扶或用轮椅将受伤老年人送回房间，嘱其休息，安抚老年人，并测量血压、脉搏，根据病情做进一步的检查和治疗；

(6) 对皮肤出现瘀斑者进行局部冷敷；皮肤擦伤者用双氧水和生理盐水清洗伤口后，以无菌敷料包扎；出血较多或有伤口者先用无菌敷料压迫止血，再由医生酌情进行清创缝合；创面较大、伤口较深者遵医嘱注射破伤风针；

(7)加强巡视，及时观察采取措施后的效果，直到病情稳定；

(8)上报护理部或机构值班人员（夜间或节假日），并通知老年人家属；

(9)认真记录老年人跌倒或坠床的经过及抢救过程，填写《跌倒（坠床）事件报告记录表》，上报护理部。

老年人跌倒或坠床时的处置流程如图5-4所示。

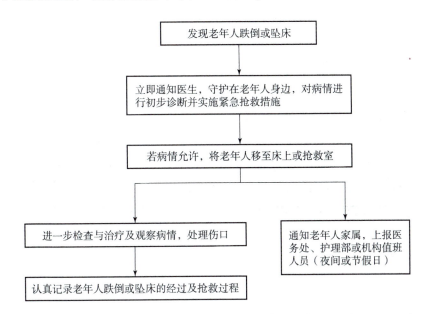

图5-4　老年人跌倒或坠床时的处置流程

## 五、老年人自杀后的应急预案与处置流程

(1)发现老年人自杀，应通知医生立即赶赴现场，看老年人是否有抢救的可能，若有则立即抢救；

(2)保护现场（房间及房间外现场），通知安全管理部；

(3)通知医务处、护理部或机构值班人员（夜间或节假日），听从领导安排处理；

(4)通知老年人家属，做好家属的安抚工作；

(5)配合机构领导及有关部门的调查工作；

(6)做好各种记录并填写《伤害事件报告记录表》，上报护理部；

(7)保证房间常规工作的正常进行。

老年人自杀后的处置流程如图5-5所示。

## 六、老年人发生误吸时的应急预案与处置流程

(1)入住老年人因误吸而病情发生变化时，护理人员要根据老年人具体情况进行抢救。当老年人神志清醒时，让老年人取站立身体前倾位，护理人员一手抱住老年人上腹

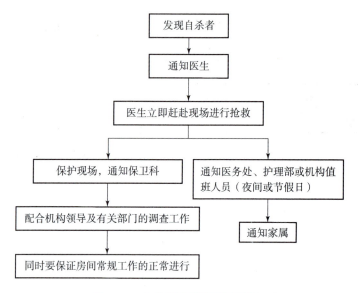

图 5-5 老人自杀后的处置流程

部,另一手拍背;当老年人处于昏迷状态时,让老年人取平卧位,头偏向一侧,护理人员按压腹部,同时用负压吸引器进行吸引,也可让老年人取俯卧位,护理人员为其拍背。在抢救过程中要观察误吸老年人的面色、呼吸、神志等情况,并请旁边的老年人或其家属帮助呼叫医护人员。

(2) 医护人员应迅速准备好负压吸引用品(吸引器、吸痰管、生理盐水、开口器、喉镜等),快速吸出口鼻及呼吸道内的异物。

(3) 老年人出现神志不清、呼吸心跳停止时,应立即进行胸外心脏按压、气管插管、人工呼吸、加压给氧、心电监护等抢救措施,遵医嘱给予抢救药物。

(4) 严密观察老年人生命体征、神志和瞳孔变化等情况,及时报告医生采取措施。

(5) 老年人病情好转,神志清醒,生命体征平稳后,及时清洁老年人口腔,整理床单,安抚老年人及其家属,做好心理疏导,并准确地记录抢救过程。

(6) 老年人病情完全平稳后,根据误吸的原因,制定有效的预防措施,尽可能地防止误吸再次发生。

老年人发生误吸时的处置流程如图 5-6 所示。

### 七、老年人发生躁狂时的应急预案与处置流程

(1) 防护措施:密切观察老年人病情变化,及时发现意外事件发生前的一些先兆表现,随时防护;

(2) 发现老年人发生躁狂时,及时疏散无关人员,避免伤及无辜,及时报告医生、上级主管部门及相关职能部门;

(3) 要设法将老年人与危险物品隔开,并加强危险品保管;

(4) 遵医嘱肌肉注射或静脉注射氯丙嗪;

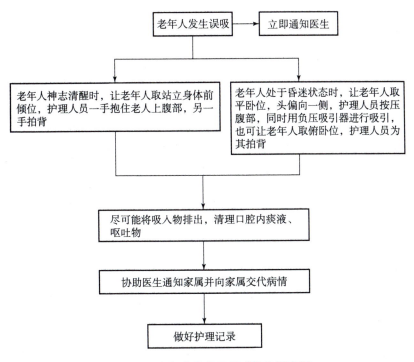

图 5-6 老年人发生误吸时的处置流程

（5）用安全方法约束老年人，约束时要注意老年人的精神躯体状态，并记录约束的时间和方法；

（6）对有一定理解能力的老年人，可以让有一定沟通经验的工作人员与之沟通，分散其注意力，然后采取果断措施；

（7）通知老年人家属，向家属交代病情，对有逃跑和自杀倾向者，需 24 小时陪伴；

（8）做好记录，备好抢救仪器和物品。

老年人发生躁狂时的处置流程如图 5-7 所示。

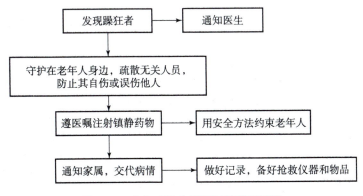

图 5-7 老年人发生躁狂时的处置流程

1. 你掌握本任务中常见意外事故的应急预案了吗?
2. 你能按规范流程处置本任务中提及的意外事故吗?

**拓展训练**

某养老机构的一位老年人突然自杀了,你作为该机构的管理人员,应快速成立一个应急工作小组。你是应急工作小组的负责人,请你模拟该事故的处理流程并列出工作内容。

# 项目六 养老机构的财务管理

## 【知识目标】

◇ 了解《中华人民共和国会计法》《养老机构会计制度》《养老机构财务制度》
◇ 了解会计监督的具体内容与要求
◇ 掌握养老机构财务管理的概念、性质
◇ 了解养老机构财务管理的内容
◇ 掌握养老机构经费管理的概念、内容、目标
◇ 熟练掌握养老机构经费管理的方法
◇ 了解养老机构物品管理的方法
◇ 熟悉养老机构物品管理的制度、原则
◇ 了解养老机构预算管理的内容、方法

## 【能力目标】

◇ 能够建立健全养老机构财务管理的各种规章制度
◇ 能够掌握成本核算、经济运行分析、资产管理等方法
◇ 熟练使用财务软件,掌握相关法律法规,及时提供财务报表和有关资料
◇ 能够建立健全养老机构会计监督的具体方案,并确保方案有效落实
◇ 熟练运用养老机构经费管理的相关知识判断养老机构的经费使用情况
◇ 熟练掌握养老机构经费管理制度,并运用到实践中
◇ 能够结合所学财务管理相关知识,灵活运用并指导养老机构财务管理工作

**【思维导图】**

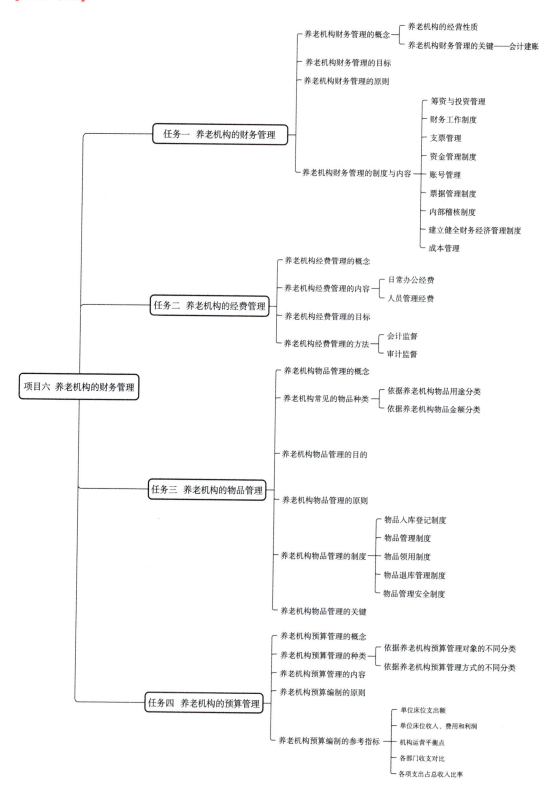

## 任务一 养老机构的财务管理

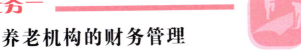

### 案例导入

李星是一名会计专业大学毕业生,刚刚应聘到某养老机构,从事财务方面的工作。由于该机构刚刚成立,财务人员不到位,李星经常既做会计工作又做出纳工作。虽然在学校系统学习了会计相关知识,但和实际工作相比,李星还是觉得有一定差距。李星所理解的会计就是做账,出纳就是收钱、出钱,但在实际工作中,则有着详细的分工,绝非简单的做账、收钱、出钱等。

【思考】
1. 会计的具体职责有哪些?
2. 财务管理人员能身兼多职吗?
3. 养老机构的财务管理都有哪些内容?

### 一、养老机构财务管理的概念

养老机构的财务管理是指养老机构在一定时期内,围绕机构整体目标,进行资产配置、融通及针对机构运营过程中的现金流量、利润分配进行管理的过程。

### 知识拓展

1. 资产配置:指根据投资需求将投资资金在不同资产类别之间进行分配,通常是将资产在低风险、低收益证券与高风险、高收益证券之间进行分配。
2. 现金流量:指投资项目在其整个寿命期内所发生的现金流出和现金流入的全部资金收付数量。
3. 利润分配:企业在一定时期(通常以年为单位)内对所实现的利润总额以及从联营单位分得的利润,按规定在国家与企业、企业与企业之间的分配。

#### (一)养老机构的经营性质

依据养老机构的所有权性质不同,财务管理会有不同要求。按其所有权及经营性质可分公办养老机构、公建民营养老机构以及民营养老机构。

**1. 公办养老机构**

这类养老机构属于纯福利性质，其经营模式是不以营利为目的，主要依靠政府或者企业提供的扶持来建设经营，主要是提供服务给经济收入低的孤寡老年人和"五保户"等。公益性养老机构仅需取得养老机构许可证就可以从事养老活动。

**2. 公办民营养老机构**

这类养老机构从所有权上属于政府，但是委托民营机构进行经营，也就是在市场经济不断发展条件下将养老机构所有权与经营权进行分离。这是目前国内相对较为普遍的养老机构经营模式，兼具福利性质和营利能力，通常具有政府或者慈善机构的背景。

**3. 民营养老机构**

这类养老机构主要是民间投资运营，民营养老机构需要获得民政部门的准许并办理营业执照。即使未经许可设立养老机构，也应由县级以上人民政府民政部门责令改正，而不是市场监督管理部门。

老年公寓是目前比较流行的一种养老机构模式。其服务对象往往涵盖各种人群，既包括具有生活自理能力仅需要提供基本生活服务的低龄老年人，也包括需要特殊医护服务的高龄老年人和残障老年人。老年公寓针对老年人提供生活护理服务、文化娱乐服务、医疗康复服务和心理咨询服务等。

**知识拓展**

1. 公办民营养老机构是指各级政府和公有制单位已经办成的公有制性质的养老机构，按照市场经济发展的要求进行改制、改组和创新，与政府的行政管理部门脱钩，交给民间组织或社会力量管理和运作，政府部门不再插手。经营方式可采用承包式、租赁式、合营式。

2. 公办养老机构收入完全依靠政府和赞助商，属于"民非"性质；公办民营养老机构属于公私合营，既有"民非"性质，又有企业性质。

3. 民办养老机构主要是靠入住老年人缴纳的服务费和政府补贴，属于政府扶持的服务型小企业。

当企业性质养老机构收到政府补贴时，借记银行存款，贷记营业外收入——补助，支付的时候，冲银行存款。

1. 什么叫"民非"？它有哪些要求？
2. 所有权与经营权是什么意思？

### （二）养老机构财务管理的关键——会计建账

**1. 养老机构会计科目**

无论是属于"民非"性质的养老机构，还是企业性质的养老机构，都有以下主要会计科目：现金、银行存款、其他应收款、存货、固定资产、累计折旧、其他应付款、政府补助收入、其他收入、捐赠收入、成本费用、经营支出、管理费用、经营结余、应交税金等。如果执行民间非营利组织会计制度，还要加上非限定性净资产和限定性净资产两个科目。养老机构的明细科目登记在不违背会计准则的前提下，可以下设办公费、差旅费、修理费、交通费、水电费等；存货可以按物品名称设置明细；应收或应付款可以按对象设置明细，也可按收入、支出、净资产设置几个账簿。养老机构生活开支明细如表6–1所示。

表6–1　养老机构生活开支明细

| 2020年 | | 摘要 | 单位 | 数量 | 单价 | 金额 | | | | | | | | 明细 | 备注 |
|---|---|---|---|---|---|---|---|---|---|---|---|---|---|---|---|
| 月 | 日 | | | | | 十万 | 万 | 千 | 百 | 十 | 元 | 角 | 分 | | |
|  |  |  |  |  |  |  |  |  |  |  |  |  |  |  |  |
|  |  |  |  |  |  |  |  |  |  |  |  |  |  |  |  |
|  |  |  |  |  |  |  |  |  |  |  |  |  |  |  |  |
|  |  |  |  |  |  |  |  |  |  |  |  |  |  |  |  |
|  |  |  |  |  |  |  |  |  |  |  |  |  |  |  |  |
|  |  |  |  |  |  |  |  |  |  |  |  |  |  |  |  |
| 合计金额 | | 人民币大写：＿＿佰＿＿拾＿＿万＿＿仟＿＿佰＿＿拾＿＿元＿＿角＿＿分　小写：￥＿＿＿＿＿＿＿＿ |||||||||||||||

**2. "民非"性质养老机构会计制度**

《民间非营利组织会计制度》明确规定：

（1）会计核算采用权责发生制。权责发生制较收付实现制更有助于民间非营利组织加强资产、负债的管理，提高民间非营利组织会计信息质量，增强其会计信息的有用性。

（2）计价使用历史成本和公允价值计价。养老机构因获取捐赠而带来资产增加可以采用公允价值，使用公允价值计价，可以获取特殊业务活动的准确计量。由于捐赠物资很可能不好估量历史成本，以历史成本计价就无法满足对资产计量的要求。

（3）设置净资产，没有所有者利益和利润。由于民间非营利组织资源提供者既不享有组织的所有权，也不取得经济回报，因而会计要素不包括所有者利益和利润，设置了净资产这一要素。

（4）设置费用要素。由于民间非营利组织采用权责发生制作为会计核算基础，因此设置了费用要素，而没有使用行政和事业单位的支出要素。

（5）免缴营业税、增值税、房产税、土地使用税和企业所得税。

**3. "民非"养老机构常见的会计科目**

"民非"养老机构常见的会计科目如表6－2所示。

表6－2 "民非"养老机构常见的会计科目

| 序号 | 编号 | 名称 | 序号 | 编号 | 名称 |
|---|---|---|---|---|---|
| | | 一、资产类（23个） | | | 二、负债类（12个） |
| 1 | 1001 | 现金 | 24 | 2101 | 短期借款 |
| 2 | 1002 | 银行存款 | 25 | 2201 | 应付票据 |
| 3 | 1009 | 其他货币资金 | 26 | 2202 | 应付账款 |
| 4 | 1101 | 短期投资 | 27 | 2203 | 预收账款 |
| 5 | 1102 | 短期投资跌价准备 | 28 | 2204 | 应付工资 |
| 6 | 1111 | 应收票据 | 29 | 2206 | 应交税金 |
| 7 | 1121 | 应收账款 | 30 | 2209 | 其他应付款 |
| 8 | 1122 | 其他应收款 | 31 | 2301 | 预提费用 |
| 9 | 1131 | 坏账准备 | 32 | 2401 | 预计负债 |
| 10 | 1141 | 预付账款 | 33 | 2501 | 长期借款 |
| 11 | 1201 | 存货 | 34 | 2502 | 长期应付款 |
| 12 | 1202 | 存货跌价准备 | 35 | 2601 | 受托代理负债 |
| 13 | 1301 | 待摊费用 | | | 三、净资产类（2个） |
| 14 | 1401 | 长期股权投资 | 36 | 3101 | 非限定性净资产 |
| 15 | 1402 | 长期债权投资 | 37 | 3102 | 限定性净资产 |
| 16 | 1421 | 长期投资减值准备 | | | 四、收入费用类（11个） |
| 17 | 1501 | 固定资产 | 38 | 4101 | 捐赠收入 |
| 18 | 1502 | 累计折旧 | 39 | 4201 | 会费收入 |
| 19 | 1505 | 在建工程 | 40 | 4301 | 提供服务收入 |
| 20 | 1506 | 文物文化资产 | 41 | 4401 | 政府补助收入 |
| 21 | 1509 | 固定资产清理 | 42 | 4501 | 商品销售收入 |
| 22 | 1601 | 无形资产 | 43 | 4601 | 投资收益 |
| 23 | 1701 | 受托代理资产 | 44 | 4901 | 其他收入 |
| | | | 45 | 5101 | 业务活动成本 |
| | | | 46 | 5201 | 管理费用 |
| | | | 47 | 5301 | 筹资费用 |
| | | | 48 | 5401 | 其他费用 |

**4. 民营养老机构会计规则**

（1）交企业所得税。营利性养老机构是要交企业所得税的，如果有利润，应当依照25%税率按季预缴企业所得税，年终汇算清缴。符合条件的小型微利企业，减按20%税率计算缴纳企业所得税。

> **知识拓展**
>
> 根据《中华人民共和国企业所得税法》《中华人民共和国企业所得税法实施条例》的规定，在中华人民共和国境内，企业和其他取得收入的组织（以下统称企业）为企业所得税的纳税人，依照本法的规定缴纳企业所得税。

（2）代扣代缴个人所得税。依据税收规定，员工工资收入超过5 000元的部分，依照3%~45%超额累进税率计算缴纳。

（3）免缴增值税、营业税。

（4）免税收入内容：接受其他单位或者个人捐赠的收入；除《中华人民共和国企业所得税法》第七条规定的财政拨款以外的其他政府补助收入，但不包括因政府购买服务取得的收入；按照省级以上民政、财政部门规定收取的会费；不征税收入和免税收入滋生的银行存款利息收入；财政部、国家税务总局规定的其他收入。

## 二、养老机构财务管理的目标

养老机构财务管理的目标如图6-1所示。

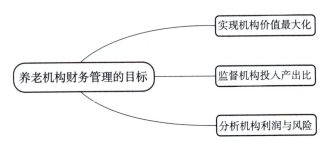

图6-1 养老机构财务管理的目标

> **知识拓展**
>
> 通常企业实行财务管理的目标是追求企业利润最大化，但随着管理学的不断深入与细化，越来越多的企业进行财务管理的目的不仅仅是追求利润最大化，企业进行投资，在追求资金效益的同时也会考虑社会效益、投入与产出关系，能否实现以小博大，实现企业价值最大化。

1. 投入产出比是衡量一个养老机构经营管理能力的重要指标。
2. 风险与利润成正比，风险越大，利润越大。

1. 利润最大化与价值最大化一样吗？
2. 为了追求养老机构利润最大化，是否可以想尽一切办法？

### 三、养老机构财务管理的原则

养老机构财务管理的原则如图6-2所示。

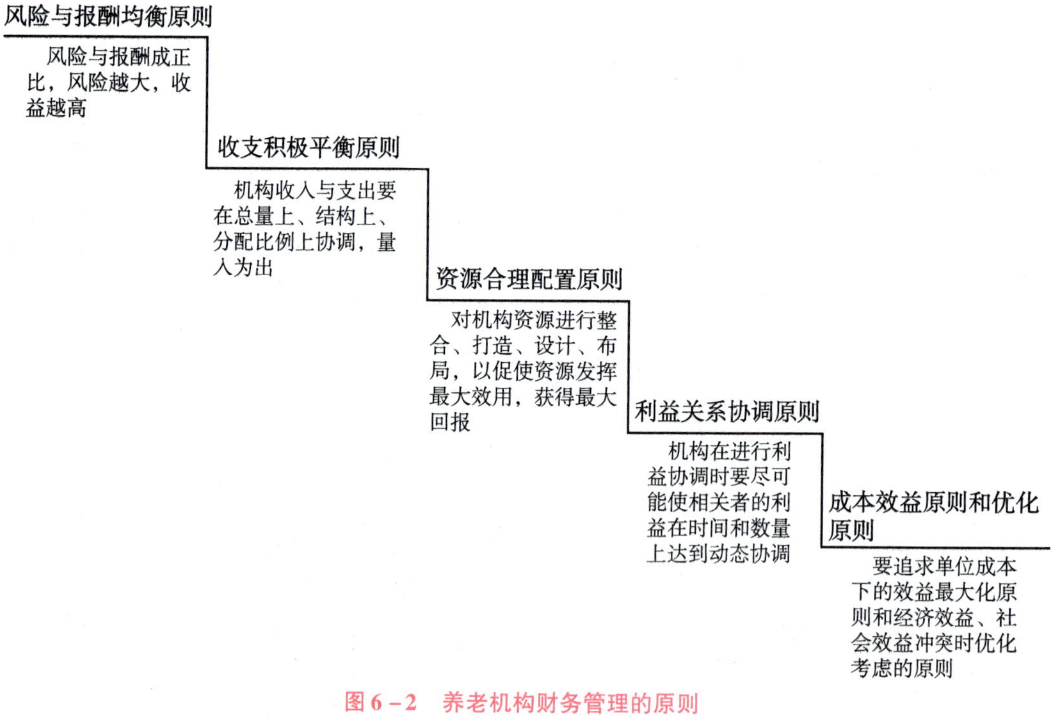

**风险与报酬均衡原则**
风险与报酬成正比，风险越大，收益越高

**收支积极平衡原则**
机构收入与支出要在总量上、结构上、分配比例上协调，量入为出

**资源合理配置原则**
对机构资源进行整合、打造、设计、布局，以促使资源发挥最大效用，获得最大回报

**利益关系协调原则**
机构在进行利益协调时要尽可能使相关者的利益在时间和数量上达到动态协调

**成本效益原则和优化原则**
要追求单位成本下的效益最大化原则和经济效益、社会效益冲突时优化考虑的原则

图6-2 养老机构财务管理的原则

经济效益和社会效益哪个更重要？

## 四、养老机构财务管理的制度与内容

### （一）筹资与投资管理

养老机构的筹资与投资主要是以获取现金并进行投资运营为目的而发生的现金流出。

筹资一般是指筹集资金。筹资要解决的问题是如何取得养老机构所需要的资金，包括向谁、在什么时候、筹集多少资金，以及可供机构选择的资金渠道。

公办养老机构由政府出资和管理，或者政府出资委托或聘用民营机构进行管理。民营养老机构在中国起步较晚，融资主要以投资方为主。民营养老机构多为中小企业，面临前期投入多、建设周期长、投资回报期长等诸多问题，再者，银行贷款审批较难，所以养老机构从银行获取贷款的筹资模式很难实现。

2014年国务院出台《关于加快发展现代保险服务业的若干意见》，文件指出"支持符合条件的保险机构投资养老产业，促进保险服务业与养老服务业融合发展"，从政策层面鼓励保险资金介入养老产业。同年银监会和证监会均出台相应的配套细则，为保险行业及证券资金进入养老产业奠定了相关的法律基础。

但保险行业或证券资金进入养老行业的目的是营利，因而要加强投资管理。进入养老机构的资金如果是以购买股份的形式提供的权益资金，机构不需要归还，筹资的风险小，但其期望的报酬率高；如果是以债权人的身份提供的，机构要按期归还，有一定的风险，但其要求的报酬率比权益资金低。

### （二）财务工作制度

**1. 财务工作制度要求**

（1）会计年度自公历1月1日起至12月31日止。

（2）会计凭证、会计账簿、会计报表和其他会计资料必须真实、准确、完整，符合会计制度规定。

（3）财务工作人员办理会计事项必须填制或取得原始凭证，并根据审核的原始凭证编制记账凭证。会计、出纳人员记账必须在记账凭证上签字。

（4）应当有专人定期进行财务清查，保障账簿记录与实物、款项相符。

（5）财务工作人员应根据账簿记录编制会计报表上报养老机构负责人，并报送有关部门。

（6）会计报表每月由会计编制，财务主管负责审核，上报一次。会计报表须经财务主管、养老机构负责人签名或盖章。

（7）财务工作人员对本机构的各项经济实行会计监督。对不真实、不合法的原始凭证，不予受理；对记载不准确、不完整的原始凭证，予以退回，要求更正和补充。

（8）财务工作人员发现账簿记录与实物、款项不符时，应及时向养老机构负责人报告，并请求查明原因，做出处理。财务工作人员对上述事项无权自行做出处理。

（9）财务工作应当建立内部稽核制度，并做好内部审核。

（10）出纳人员不得监管稽核、会计档案保管和收入、费用、债权和债务账目的登记工作，会计与出纳不得由同一人担任，应实行钱账分开。

**2. 财务工作人员交接班管理制度**

会计人员工作调动或离职，必须与接替人员办理交接手续，没有办理交接手续的不得离职，具体要求如下：

（1）会计人员离职前必须将本人所管的会计工作全部移交清楚，接替人员应认真接管移交的工作并继续办理移交未了的事项。

（2）会计人员办理移交手续前必须将已受理但尚未填制的会计凭证填制完毕；尚未登记的账目应登记完毕，并在最后一笔金额后加盖印章；整理应移交的各项资料，对未了事项写出书面材料。

（3）编制移交清单，列出移交的凭证，包括账表、公章、现金支票、文件、资料和其他物品。

（4）会计人员办理移交时，必须有监督交接人员负责监交，一般会计人员交接由财务主管监交，财务主管交接由养老机构负责人监交。

（5）移交人员要按照移交清单逐项移交，接替人员要逐项核对。现金、有价证券必须与账本余额一致；不一致时，移交人员要在规定期限内负责查清补齐。会计凭证、账本、报表和其他会计资料必须完整无缺，不得遗漏；若有短缺要查明原因，并在移交清单中注明，由移交人员负责。银行存款账户余额必须与银行对账单相符。各种财产物资和债券债务的明细账户要与总账有关余额核对相符。

（6）交接完毕盖章，移交清单应一式两份，交接双方各执一份留存。

（7）接替人员应继续使用移交账本，不得自行另立新账，以保持会计记录的连续性。

（8）会计人员临时离职或因病不能到职时，财务主管或养老机构负责人必须指定人员接替或代替。

**3. 财务报销流程**

养老机构财务报销流程如图6-3所示。

### （三）支票管理

凡在本地购买物品，支付劳务费、修理费、加工费及运费等项目的结算可使用支票。限额以上的开支用现金支票支付，限额以下的开支以现金方式支付。支票有效期为10天（签发日除外），到期日遇节假日顺延，签发支票必须用黑色签字笔。

借支票必须填制转账支票借用单，写明借款单位、用途、最大限额、预计报销时间和借款人等，由主管领导签字后，方能借支，否则财务部门不予办理。对无预算的项目，财务部门不予借支。

支票必须在7天内报销，超过7天因特殊原因不报销者应及时到财务部门说明情况，否则财务部门将停止对借款人的借款。

一律不准出租、出借支票或转让给其他单位和个人使用。支票原则上谁借谁报，不允

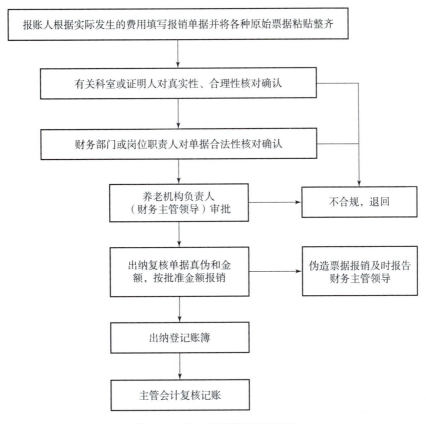

图6-3 养老机构财务报销流程

许代借代报,借支票人丢失支票,必须在当天通知财务部门,并按比例扣发奖金。

财务主管应定期或不定期地对借支票情况进行检查,出纳应于每周的星期五向财务主管领导通报账号存款情况,以便发现问题,及时采取处理措施。

### (四) 资金管理制度

**1. 资金管理分类及原则**

养老机构资金管理分类及原则如图6-4所示。

**2. 现金管理内容**

(1) 严格执行国务院颁发的《现金管理暂行条例》,加强现金使用管理。现金必须符合以下使用范围:支付员工工资及各项津贴,个人劳务报酬,根据国家及主管部门和机构规定发给个人的奖金及劳保福利,出差人员差旅费,转账结算起点以下的各种零星开支,需要支付现金的其他支出。

(2) 现金收付管理包括收入现金管理和支出现金管理。设置"现金日记账",出纳人员根据稽核过的收付款凭证办理现金收付,并按业务顺序逐笔登记"现金日记账",每日终了结出现金余额,并与库存现金实际数核对相符,现金收支必须做到日清月结。

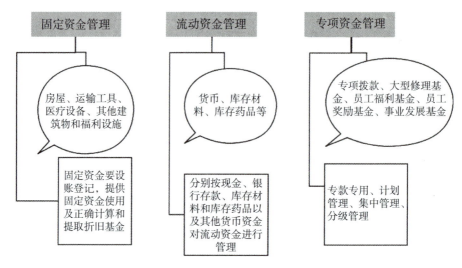

图6-4 养老机构资金管理分类及原则

（3）库存现金不得超过银行核定的限额。

（4）严禁以各种"白条"抵充库存现金，任何人不得虚报用途领取现金，不得挪用公款。

（5）转账结算起点以上的经济往来，必须用转账支票支付。

（6）机构大宗采购，不得用现金支付。

（7）现金提存必须用专车，由两名以上财务工作人员办理，存现金的车不能搭乘他人，不得绕道办理其他事情。

（8）库存现金不得两人同时保管，金库钥匙不得让第二人掌握，限额以上的现金必须及时存入银行，遇节假日，要对金库进行查封。

（9）财务主管要定期检查金库。

**3. 入住费用管理内容**

（1）住院处负责办理老年人入住、出院手续及老年人住院期间的缴费工作，应严格按照收费标准和收费管理制度收取老年人的床位费、护理费、伙食费、医护费和其他费用。

（2）每次收取费用要向老年人及其家属开具凭证，必要时打印详细收费清单。老年人对收费存有疑问时，要热情接待查询，逐项解释，不得拒绝，确因工作疏忽导致错误、重复收取费用时应及时纠正，并向老年人及其家属当面致歉。

（3）老年人逾期未缴费，要及时向老年人下发费用催缴单，督促老年人及其家属及时缴费。

（4）老年人出院、转院或去世，要及时为老年人及其家属办理结账业务；妥善处理老年人退款，凡退款者须持有关凭证，符合退款手续的，方可退款。

（5）开办老年人现金代保管业务的养老机构，接受现金要唱收唱付，收据项目要齐全，字迹清晰、准确无误。老年人支取现金，不论金额大小都要予以办理，并当面点清，不多收、不少收、不漏收。

（6）已建立信息化管理系统的养老机构，财务工作人员要及时将老年人入住和服务费用等信息录入信息化管理系统，以备老年人及其家属上网查询。

### （五）账号管理

养老机构银行账号均由财务部门归口管理，机构内其他独立账号都要接受财务部门的监督、检查和业务指导，严格按照规定的业务范围开展工作，并按时向财务主管领导上报财务报表。

### （六）票据管理制度

（1）财务部门必须加强票据管理，设专人保管，严格领用缴销手续，做好票据领销登记工作，必须使用登记簿。领用票据要按照编号顺序依次发放，不得中断跳号。

（2）财务部门使用的票据必须按照财政部门的有关规定，由财务部门统一申报印制或购买，统一保管，统一使用，其他任何部门不得擅自印制或向市场购买票据，不准以便条作为收据或结算单据。凡不按照票据管理规定使用票据的部门或个人，一切后果自负。

（3）在业务规定范围内使用的票据，不得擅自买卖、转让和代开票据，养老机构一切收款凭证必须加盖财务专用章。对作废票据必须将各联贴在存根上，注明作废机构，并加盖"作废"戳记。

（4）管理票证人员要认真做好各项收费及收费票据的稽核工作。复核收据存根应与各项收费日报表缴款金额相等，发现差错及时查明原因，认真处理，并有稽核记录本记录复核结果情况，明确责任。对回收的票据存根抽检率不低于20%。

### （七）内部稽核制度

（1）审核财务预算、计划指标项目是否齐全，编制依据是否可靠，计算是否正确，审核后发现不足应提出建议，以便完善计划与预算。

（2）审核实际发生的经济业务或财务收支是否符合现行法律法规和财务制度规定，监督岗位责任制及各项操作规程的执行情况，发现问题应及时反映、纠正或制止。

（3）审核会计凭证主要看内容是否真实合法，凭证附件是否有效或符合相关手续，凭证各项要素是否完整，印鉴及有关签章是否齐全，数字（包括大小写金额、日期）是否准确有效，会计科目分录使用是否正确等。养老机构会计记账凭证如图6-5所示。

（4）审核会计账簿、会计报表和其他会计资料的数字与内容是否真实准确，相互之间的对应关系是否一致，上下期数字与内容是否衔接，具体格式和内容是否符合现行法律法规及财务制度规定。

（5）审核各项财产物资的增减变动和结算情况，并与有关部门的账簿记录核对，确定账账、账实相符。如有不符应及时查明原因，提出整改措施。

（6）审核往来款项和其他应收应付票据的内容是否真实，数字是否准确，手续是否齐全。督促往来款项定期清理核对，如发现问题及时查明原因予以纠正。

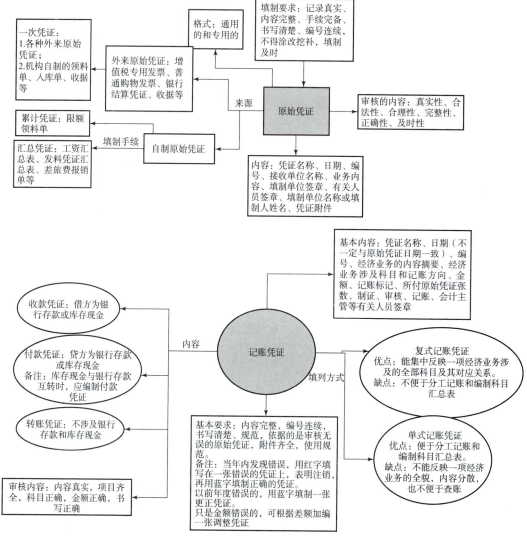

图6-5 养老机构会计记账凭证

（7）根据稽核工作掌握的情况，结合有关制度、操作规程和办法对会计核算中经常出现的问题提出合理化建议，不断增强自我约束和风险防范的能力。

**（八）建立健全财务经济管理制度**

利用财务管理软件或养老机构信息化管理系统进行管理，可以提高财务管理的科学性、准确性和有效性。现在越来越多的养老机构为了降低经营成本，采取财务外包的方式。财务外包是养老机构通过聘请专业的会计公司人员进行财务管理。这种方式既能让养老机构定期进行财务信息汇总，又能节约雇用财务工作人员的成本，也是一种可取的管理办法。

财务外包有没有风险?

### （九）成本管理

成本是指生产一种产品或提供一项服务所消耗的各项费用总和的货币表现。成本核算是分析和计算实际成本的过程。成本管理是通过对产品或服务成本进行分析、计算，找出较低成本的有效途径，并实施控制成本的管理。

> **知识拓展**
>
> 养老机构的成本包括总成本和单项成本。例如，经营一家拥有100张床位的养老机构每月或每年需要多少钱，这是总成本；新建一家拥有200张床位的养老机构实际投入了多少资金，这也是总成本（建造成本）。单项成本种类繁多，例如，不同等级的护理成本、每位入住老年人每月的伙食成本、医疗服务成本和行政管理成本等。成本甚至可以细分为每项具体的操作、服务项目，以及注射成本、换药成本和灌肠成本等。

**1. 养老机构常见成本**

（1）因使用房屋等建筑物而产生的成本，如养老机构所用房屋为自有，则成本为每年的房屋折旧费，如养老机构所用房屋为租用，则成本为年租金。无论自有还是租用，均为固定成本。房屋附属养老设备折旧，也计入此项。

（2）维修费。维修房屋、设备所发生的支出，为固定成本。

（3）暖气费，为固定成本。

（4）水电煤气费，为半变动成本。因其在总成本中所占比重不大，可全部视为固定成本。

（5）入住老年人餐饮费，只包括水电煤气人工费以外的采购成本，如购买粮油蔬菜等发生的成本。从成本性态来讲，这部分属于变动成本，养老机构一般根据一定标准控制此项支出，如有的养老院定为15元/（人·天）。

（6）员工工资。养老机构工作人员可分为三类：管理人员、厨师及卫生清洁人员、护理人员。其中，管理人员工资和厨师以及卫生清洁人员工资为固定成本，护理人员工资为变动成本。

**2. 成本管理的目的**

（1）为制定和修订产品与服务价格提供依据。

（2）寻找生产、服务和管理上存在的问题和漏洞，即找出降低成本的有效途径。其最终目的是提高养老机构的经济效益。

### 3. 成本管理的方法

养老机构成本管理的方法有六种，具体如图6-6所示。

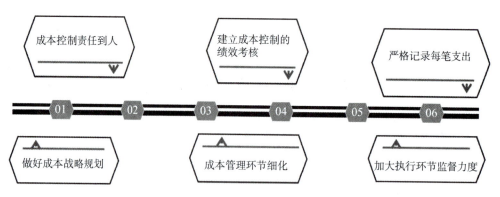

图6-6　养老机构成本管理的方法

> **知识拓展**
>
> 某民办养老机构拥有70张床位，上月实际入住56人，入住率80%，已产生和需要产生的费用如下，要求计算上月经营成本。
>
> 房屋月租费用：60 000元/12月=5 000元；设施折旧费用：60 000元×0.1（10%年折旧率）/12（月）=500元；伙食实际支出：15 650元（含56名老人和15名员工就餐支出）；水电、煤气、电话、电视实际支出：4 300元；其他接待、办公费支出：1 180元。
>
> 工资福利费用：①1名院长：4 000元；②2名管理人员（分别兼会计、出纳）：6 000元（3 000元/人×2人）；③1名厨师：3 000元；④5名护理人员：2 000元/人×5人=10 000元；⑤1名清洁工：2 000元。
>
> 合计：51 630元，即为上月经营成本。按实际入住56位老年人计算，平均每位老年人服务成本约为922元。实际每位老年人平均收费1 500元，该养老机构上月盈利32 370元，属于微利经营。
>
> 通过对本案例的成本核算分析，可以很清晰地看出该养老机构上月财务支出情况，进一步分析，可以发现其在服务和管理上存在的问题。第一，床位利用率虽已达到80%，做到了收支平衡，略有盈利，但仍有20%的利用空间，如果床位利用率上升10个百分点，则可增加收费10 500元，若达到100%入住，则可增加21 000元的收费；第二，上月水电、煤气、电话、电视收视费实际支出较高，平均每月每位老年人77元，存在一定的浪费。
>
> 下一阶段成本管理的重点：一提高床位利用率，力争达到100%入住；二是水电、煤气上仍有节约空间，应督促员工、入住老年人厉行节约。

**拓展训练**

请实地调查某养老机构的经费情况，撰写经费分析报告。

## 任务二 养老机构的经费管理

**案例导入**

王亮，某会计师事务所负责人。他应某养老机构负责人的邀请，核查该机构账目。结果他在核查中发现该机构的经费报销制度混乱，出现多头签字的现象，导致经费支出较多。

【思考】
1. 什么是经费？
2. 经费管理包含哪些内容？

### 一、养老机构经费管理的概念

养老机构经费管理是指针对养老机构的各项经费支出制定相关的管理规则。

**知识拓展**

1. 经费是指行政事业单位及一些民办非企业单位为完成工作任务和事业计划所需经常费用的统称。这类单位共同的特点是：不从事物质资料生产，没有独立、稳定的收入来源，即使有一部分收入也不足以弥补本身的业务支出。
2. 经营性自收自支事业单位的公用经费是生产成本和管理费用之和。

养老机构的经费按用途可以分为维持运营经费和发展经费。维持运营经费是指养老机构为了日常运转所需的各项费用支出，发展经费是为了养老机构的发展壮大经批准新增加的机构、人员或其他事业项目所需的经费。通常情况下养老机构少量工作人员的流失调整，不增设机构和不扩大事业项目的，不列入发展经费。

维持运营经费和发展经费哪个支出多更利于养老机构的发展？

## 二、养老机构经费管理的内容

### （一）日常办公经费

（1）各种宣传册、记录本和入住合同的打印费、印刷费和书报杂志费等；

（2）日常经费：水电煤气、有线电视、电话和网络等费用；

（3）维修（护）费：日常开支的固定资产（不包括车船等交通工具）修理和维护费用，网络信息系统运行与维护费用，以及按规定提取的修购基金，包括消防安全设备、电梯、空调、绿化、医疗设备、床铺等的维护保养费用；

（4）日常保洁费：保洁用品、生活垃圾处理、日常生活废弃物清运等费用；

（5）邮寄费：机构的信函、包裹、货物等物品的邮寄费等；

（6）物业管理费：养老机构的办公用房、员工宿舍等应由机构承担的物业管理费，包括综合治理、绿化、卫生等方面的支出；

（7）交通费：养老机构车船等各类交通工具的租用费、维修费、过路费、保险费、安全奖励费等；

（8）差旅费：养老机构工作人员因公出差的住宿费、交通费、伙食补助费、杂费及人员调动补助等；

（9）租赁费：租赁办公用房、宿舍、入住老年人住房以及其他设备的租赁成本；

（10）会议费：会议场地租用费、伙食补助费以及文件资料的印刷费等；

（11）培训费：各类培训支出，如护理人员的因公培训费等；

（12）专用材料费：养老机构为完成其服务活动，但不纳入固定资产管理范围的专用材料和一般护理设备支出等；

（13）设备购置费：用于购置并按财务管理制度规定纳入固定资产核算范围的办公家具和办公设备的支出等；

（14）其他商品和服务支出：以上未包括的日常公用支出。

### （二）人员管理经费

（1）人员管理经费涉及养老机构工作人员的工资、津贴、奖金、福利费、社会保障费等。

（2）通常情况下，养老机构对不属于机构供给范围的个人经费不准支付；人员经费中由单位缴纳的基本医疗保险费、住房公积金、企事业单位职工医疗补助和基本养老保险费等要按有关规定执行属地政策。

（3）基本工资。养老机构管理人员的职务工资和级别工资、护理人员的技术等级工资与岗位工资等。

（4）津贴。养老机构在基本工资之外按规定支付的津贴。

（5）社会保障费。养老机构为工作人员缴纳的医疗保险、养老保险、失业保险等社会保障费。

（6）对个人和家庭的补助支出。住房公积金：养老机构按属地管理政策所缴纳的住房公积金；其他：独生子女补贴，工作人员探亲路费；抚恤和生活补助：遗属抚恤金，因公负伤住院疗养期间的伙食补助。

## 三、养老机构经费管理的目标

养老机构经费管理的目标如图6-7所示。

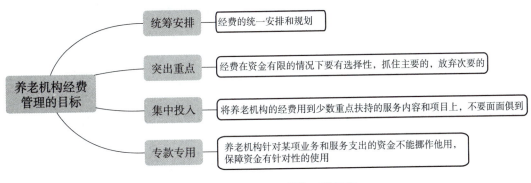

图6-7 养老机构经费管理的目标

## 四、养老机构经费管理的方法

### （一）会计监督

《中华人民共和国会计法》规定，各单位的会计机构、会计人员对本单位实行会计监督：

（1）会计机构、会计人员对不真实、不合法的原始凭证，不予受理；

（2）会计人员发现账簿记录与实物、款物不符的，应按照有关规定处理，无权自行处理；

（3）会计人员对违反国家财政制度、财务制度规定的收支，不予办理；对单位行政领导人坚持办理的，会计机构、会计人员可以执行，同时需向上级主管单位行政领导人书面报告，请求处理，并报送审计机关。

### (二) 审计监督

**1. 审计的任务**

我国审计的基本任务，就是要为发展社会主义市场经济，为加强国民经济宏观调控、微观搞活服务。

**2. 审计的职能**

养老机构审计职能如图6-8所示。

- 审核检查会计有关资料的真实性、正确性、完整性、公允性；
- 审查、评价财政预算、财务计算、经营决策方案的制定和执行情况；
- 审核检查经济活动的合法性、合理性、有效性，揭露其中的犯罪活动，披露浪费、低效、无效行为；
- 审查评价内部控制制度的健全性和有效性，促进经营管理水平的提高；
- 审查鉴证有关经济效益和经济活动，为信息需要者提供服务

图6-8 养老机构审计职能

**3. 审计的分类**

依据审计主体不同可分为国家审计、社会审计和内部审计，如图6-9所示。

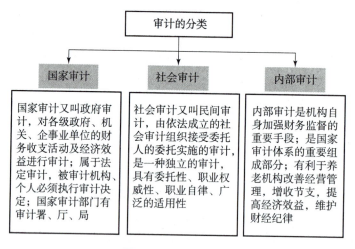

图6-9 审计的分类

**4. 审计的作用**

（1）审查会计账目、纠正错误、揭发弊端；

（2）担负着向社会提供客观公允会计报表的任务；

（3）促进资源有效使用，提高生产和工作效益，讲求经济效果。

**5. 审计的流程**

养老机构审计的流程如图 6-10 所示。

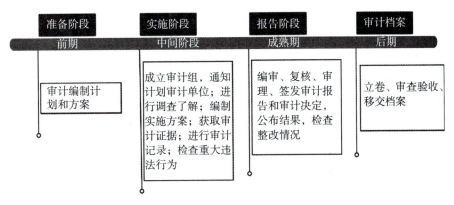

图 6-10　养老机构审计的流程

**6. 审计的内容**

（1）审计建筑情况：是否根据老年人生活需要进行设计，养老机构房屋最好为砖混结构的平房院落或三层以下楼房；室内地面是否选用防滑材料，地面是否平整，台阶、楼梯、扶手等设计是否考虑老年人生活安全的需要；房屋建筑是否采用易燃、易碎、化纤及散发有害有毒气味的建筑、装饰材料；是否设有医务、学习、娱乐、健身等配套设施。

（2）审计收支内容和资产负债情况：封存养老机构账目，了解养老机构收费情况、资金收入情况、资金支出情况、结余以及负债情况、现金留存情况、现金使用率、政府扶持情况、是否收取赞助费等，并通过收支明细分析养老机构盈亏原因。

（3）审计经营状况：养老机构入住老年人数量、居住面积、床位等；养老机构是否具备为老年人提供日常服务所必需的居住用房和辅助用房；居住用房使用面积每间是否小于 10 m$^2$，每床位使用面积是否小于 5 m$^2$。

（4）审计后期管理情况。人员配备情况：工作岗位设置是否按需设岗，工作人员（含管理和护理人员）与机构供养对象比例是否低于 1∶10；护理情况：是否按照《养老机构管理办法》第十八条规定执行；食堂情况：是否按照《养老机构管理办法》第十九条规定执行；安全保卫工作：是否按照《养老机构管理办法》第二十条规定执行；医疗保障工作：是否按照《养老机构管理办法》第二十七、二十九条规定执行。

（5）审计落实情况。是否严格落实国家、地方在养老服务行业的相关政策。

养老机构审计详细流程如图 6-11 所示。

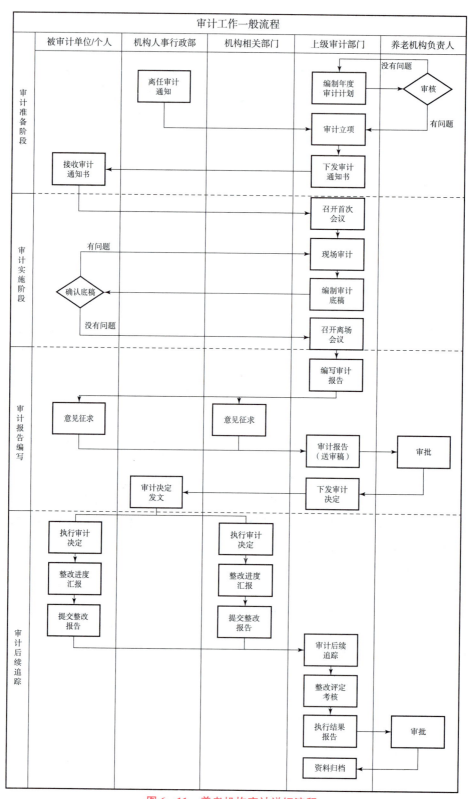

图 6-11 养老机构审计详细流程

### 知识拓展

1. 了解国家针对社会福利院、敬老院、养老院、老年公寓等养老机构企业所得税、养老服务收入营业税，以及养老机构自用房产、土地、车船的房产税、城镇土地使用税和车船使用税等的减免规定。

2. 了解政府主办和特许经营的供水、供电、供气、通信、有线（数字）电视等经营单位为养老机构提供优质服务和优惠收费的具体内容。

3. 了解对养老机构建设用地优先划拨的规定，了解鼓励企事业单位、个人兴办养老机构的规定。

### 拓展训练

某民办非营利性养老机构于2008年成立，该机构成立后曾多次依照国家相关规定向国税部门申请所得税减免，但始终未予批准。2013年年底其申请才获准，但其已缴纳的1~3季度企业所得税仍未得到退还。另外养老机构本可以享受用水优惠政策，即按民用价格1.85元/吨计量，但是，该养老机构由于远离市区，用水依靠临近的山村通过水泵提供，成本较高，需按5元/吨支付。除此之外，养老机构本可以享受用气优惠政策，即按民用价格2.25元/立方米计量，但该养老机构被要求按企业用价3.20元/立方米计量。有关部门已经批准对市区一般家庭用户实行交两年有线电视费即赠送有线电视机顶盒的规定，但该养老机构却要以400元/台的价格进行购买。

1. 该养老机构所交的水、电、气费是否符合国家规定？
2. 该养老机构所交税费能否申请退款？
3. 该养老机构和其他机构相比有哪些不同？

## 任务三 养老机构的物品管理

### 案例导入

李靖是某养老机构的财务工作人员，在做年度财务报表时她发现，2020年下半年食堂费用和老年人医疗服务费用的支出明显超出往年，与上半年相比支出也明显加大。2020年机构入住的老年人数量并没有明显增加，而且她也没有听说相关物品有涨价的情况。于是她决定向主管财务的领导反映自己的疑惑，希望机构能围绕物品管理制定更明晰的措施。

【思考】
1. 物品和商品是一个概念吗？
2. 物品管理是什么意思？
3. 物品管理有什么作用？

## 一、养老机构物品管理的概念

养老机构的物品是指养老机构为了维持机构运营需要的各种物资和商品，包括管理环节、后勤领域、服务领域、老年人入住等所有需要机构提供的用以机构运转和提供服务的日常用品。

> **知识拓展**
>
> 1. 物品：泛指各种东西，是生产、办公、生活领域常用的一个概念，也泛指经济活动中涉及实体流动的物质资料。通常情况下，物品往往指有形的商品。
> 2. 物品管理：针对东西的使用途径和使用量等进行的约束与规定。

1. 物品、物资、设备三者是否相同？
2. 物品与商品有何区别？

## 二、养老机构常见的物品种类

### （一）依据养老机构物品用途分类

**1. 办公物品**

（1）文件档案管理类：文件夹、票据夹、档案盒、资料册、档案袋、文件套、名片盒（册）、拉链袋、卡片袋、文件柜、资料架、文件篮、图纸夹。

（2）办公用品：办公桌椅、订书机、剪刀、票夹、削笔刀、胶棒、胶水、胶带、胶带座、计算器、笔筒、台历架、会议牌、无线装订本、活页本、便利贴、便笺纸（盒）、会议记录本、计算机、笔记本、闪盘、移动硬盘、录音笔、插线板、电池、打印机等。

（3）会议、活动、书写用品：水写笔、圆珠笔、铅笔、台笔、白板笔、水彩笔、橡皮、修正液、修正带、墨水笔芯、软笔、蜡笔（油画棒）、毛笔、话筒、耳麦等。

（4）财务用品：账本（账册）、无碳复写票据、凭证（单据）、复写纸、印台（印油）、支票夹、专用印章、印章箱、手提金库、号码机、保险箱等。

**2. 入住老年人的生活、娱乐物品**

（1）居住房间应配备便于穿脱的衣服、鞋子、轮椅、成人纸尿裤、桌椅、电视机、粗杆笔、单人床、床头柜、衣柜、衣架、毛巾架、毯子、褥子、被子、床单、被罩、枕芯、枕套、枕巾、时钟、梳妆镜、洗脸盆、热水瓶、痰盂、废纸桶、床头牌、呼叫装置等。

介助、介护老人的床头应安装呼叫铃。

（2）洗漱间应配备安装在墙上的便池、坐便器、卫生纸、卫生纸专用夹、废纸桶、淋浴器、坐浴盆、防滑的浴池垫和淋浴垫、浴室温度计、换气扇等。

（3）饭厅应配备餐桌、加木柄的餐具、座椅、钟表、公告栏、废纸桶、窗帘、消毒柜、洗漱池、防蝇设备等。

（4）娱乐、健身、服务、活动室应配备沙发、健身球、弹力拉簧、围棋、象棋、跳棋、麻将、纸牌、图书、报刊、电视机以及理发用品、洗衣用品等。

**3. 专业医学物品**

（1）常用医学服务用品有理疗仪、血压仪、听诊器、助听器、套扣夹、方便读数的温度计、辅助步行工具、舒缓疲劳的揉捏椅、计算机和移动电话、带有防滑和按摩功能的浴盆、坐便器、气血循环机、各种智能化服务设备等。

（2）特殊服务物品有爱心活动室、针灸推拿室、药房、康复训练室、社工活动室等配备的物品设备等。

**4. 机构运营的设施物品**

养老机构内的供水供电设备、电器设备、煤气设备、消防自动报警系统、烟感报警装备、供热设备、防暑空调、通信系统、排污设施、视频监控系统、智能巡更系统、公共广播系统、绿植花卉、清洁装备、维护装备等。

### （二）依据养老机构物品金额分类

**1. 低价易耗品**

低价易耗品指单位价值低于50元的各类物品，如笔记本、档案袋、水写笔、胶带、成人纸尿裤、卫生纸、毛巾、餐厅每日购买的蔬菜等。这类物品虽然价值低，但是日常用量大，使用频繁，长期损耗不容小觑。

**2. 中低价易耗品**

中低价易耗品指单位价值在50～2 000元的不需要经常购买的物品，包括打印机、电话、呼叫装置、办公桌椅、沙发、茶几、文件柜等。

**3. 固定资产**

固定资产指单位价值超过2 000元，使用寿命通常在1年以上的各类物品，包括电视机、空调以及大型娱乐健身设备、烟感报警装备和消防自动报警系统等。

## 三、养老机构物品管理的目的

养老机构物品管理的目的如图 6-12 所示。

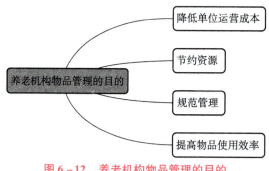

图 6-12　养老机构物品管理的目的

## 四、养老机构物品管理的原则

养老机构物品管理的原则如图 6-13 所示。

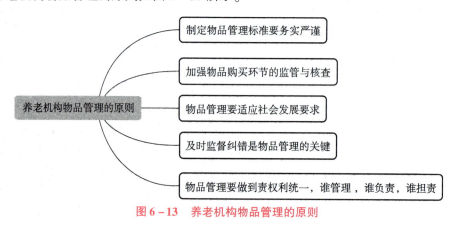

图 6-13　养老机构物品管理的原则

## 五、养老机构物品管理的制度

### （一）物品入库登记制度

（1）所有购买的物品都要由仓库管理人员一一核对入库，标注物品名称、数量、质量状况，由负责购买的人员签字，方可入库。

（2）物品入库经费报销在实行"三对照"后方可报销。卖方签字说明所卖物品的价格、数量，仓库管理人员入库验收签字，购买人员签字。

（3）未经养老机构负责人或部门主管批准而采购的物品一律不允许验收入库。

（4）与原审批的购买预算不符及购买清单上不包括的物品不允许验收入库。

（5）继续使用而没有办理入库登记的应现场核对，补填"入库单"。

### （二）物品管理制度

（1）所有入库物品必须严格按不同类别、性能、特点和用途进行分类和分区码放，保证仓库物品整洁、数量准确、规格清晰、摆放位置定位准确。

（2）仓库管理人员做好日常验收、盘点，常用或每日有变动的物品要随时盘点，若发现误差须及时找出原因并更正。

（3）库存信息及时呈报，须对数量、文字、表格仔细核对，确保报表数据的准确性和可靠性。

### （三）物品领用制度

（1）仓库管理人员凭领料人的领料单如实发放，领料单必须有部门主管或分管领导签字。

（2）仓库管理人员发放物品要遵循"先进先出"的仓库管理原则。

（3）对于急需使用又没有库存的物品，仓库管理人员应及时通知使用者，使用者按要求填写请购单，经上级主管批准后交采购人员及时采购。

（4）不办理领用手续的一律不许从仓库领用物品，领用物品时只能由仓库管理人员进入仓库拿取，其他人在外等候，不许进入仓库随意乱拿乱翻。

（5）以旧换新的物品一律遵循"交旧领新"的原则。

### （四）物品退库管理制度

（1）由于计划改变导致领用数量超出实际使用量时，应及时退库并办理退库手续。

（2）不能使用或者出现意外导致物品损坏需要重新领取时，仓库管理人员要办理退库，填写"物品报修作废单"然后才能退库登记。

### （五）物品管理安全制度

（1）做好仓库的安全防范工作，合理摆放消防器具，仓库内及仓库四周5米内属于禁烟区，任何人员不准吸烟，违者一次罚款100元。非仓库管理人员未经许可禁止进入仓库，不听劝告者给予经济处罚。

（2）做好仓库物品的安全保护工作。根据材料的性能合理放置各类材料，防止材料变形、变质、受潮等现象发生；对于变质且有危险的物品要及时处理并上报机构相关管理人员。

## 六、养老机构物品管理的关键

养老机构物品管理的关键如图6-14所示。

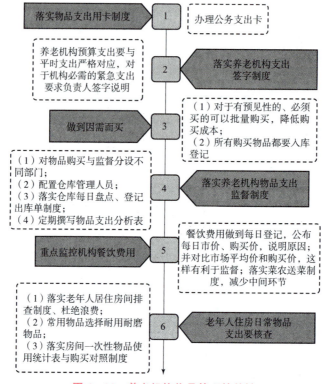

图 6-14 养老机构物品管理的关键

### 拓展训练

请实地探查养老机构物品管理的规则，并指出其存在的漏洞。

## 任务四 养老机构的预算管理

### 案例导入

汇馨养老机构属于公办养老机构，最近上级派人进行财务审计核查。审计人员发现该机构的财务预算与实际支出严重不符，要求该机构财务管理人员及负责人提交书面说明。

【思考】

1. 什么是预算管理？
2. 养老机构的财务预算重要吗？
3. 如何做好养老机构的预算管理？

## 一、养老机构预算管理的概念

养老机构预算管理是指养老机构在战略目标的指导下,对未来的业务活动和财务行为进行全面的预测、分析和监控,将实际完成情况与预算目标不断进行对照和分析,引导机构及时改善和调整,促使机构管理更加有效,最大限度地实现战略目标。

> **知识拓展**
>
> 1. 预算:又叫利润计划,是财政管理术语,一个预算就是一种定量计划,用来帮助协调和控制给定时期内资源的获得、配置和使用。
> 2. 预算期限:预算要考虑实施的时间范围,比如,1年、6个月、3个月等。

## 二、养老机构预算管理的种类

### (一)依据养老机构预算管理对象的不同分类

**1. 损益预算**

损益预算是养老机构围绕预算期内利润目标及其构成要素进行财务安排,涉及机构从入住老年人获取的收入预算、机构运营与提供服务需要的成本支出预算、投资收益预算、财务费用预算、营业外收支预算。

**2. 资本性收支预算**

资本性收支预算是养老机构结合其预算期内的各项长期投资和支出进行的财务安排,包括资本性收入预算和资本性支出预算。

资本性收支的含义是什么?

**3. 现金流量预算**

现金流量预算是指养老机构在一个给定的时间段(通常是1个月内),按时间顺序发生的对收入和开支的总的预测。

## (二) 依据养老机构预算管理方式的不同分类

常用的养老机构财务预算管理方式可分为全额预算管理、差额预算管理和自收自支管理，如图 6-15 所示。

图 6-15　养老机构预算管理方式

**1. 全额预算管理**

全额预算管理又叫全面预算管理，是指企业的收入和支出全部纳入预算。全面预算管理是全过程、全方位、全员参与的综合性管理系统，主要针对公办养老机构。

**2. 差额预算管理**

差额预算管理指企业的收入扣除支出后，不足部分由预算拨款，将收支差额列入拨款预算，主要针对公办民营和部分公办养老机构。

**3. 自收自支管理**

自收自支管理指企业收入不上缴，其支出预算也不拨款，以其收入按指定用途用于相应的支出，结余不上缴，差额不补助，只求收支平衡。这种管理方式有利于鼓励养老机构自立自强，有利于调动工作人员的积极性，有利于提高经济效益，主要针对民营养老机构。

> **知识拓展**
>
> 财务预算的管理方式是指总预算对单位预算资金缴拨等管理上所采用的不同方式，由于各养老机构归属不同，经费开支渠道不同，在资金的管理方式上也应有所不同。

通常养老机构会采取哪种预算管理方式？

## 三、养老机构预算管理的内容

通常情况下各养老机构都会采用全额预算管理方式,以杜绝预算环节的浪费。全额预算管理体系如图 6-16 所示。

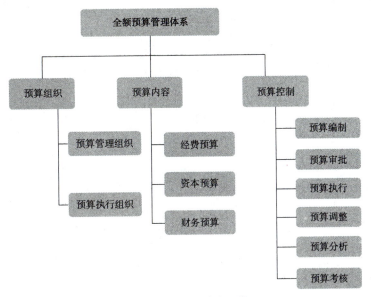

图 6-16 全额预算管理体系

> **知识拓展**
>
> 1. 预算编制:可以看成是将企业的各种利益整合成一个各方都同意的计划,并在试图达到目标的过程中,说明计划是可行的。
> 2. 预算审批:预算的编制情况要获得企业负责人、董事会的认可和签字,是预算的必经程序和关键环节,没有审批就不能执行,而预算的签字认可过程就是预算审批。
> 3. 预算执行:编制好的预算获得认可并允许参照实施的过程就是预算执行。
> 4. 预算调整:指预算执行过程中因实际情况发生重大变化,需要改变原预算安排的行为。
> 5. 预算分析:指在预算正式确定和下达之前对预算指标进行的分析调整工作,也就是在预算执行前所进行的预算分析工作,这一环节有别于预算差异分析。

养老机构财务预算报销流程如图 6-17 所示。

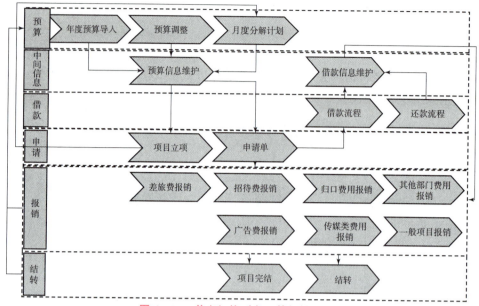

图 6-17　养老机构财务预算报销流程

## 四、养老机构预算编制的原则

养老机构预算管理的首要任务就是编制好财务预算，编制预算的过程可以充分考虑机构目标和服务方向，机构预算管理能否有效实施，是否有利于机构充分挖掘与合理利用一切人力、物力和财力，从而获得最大的经济效益。编制财务预算是一件严肃的工作，应按照国家相关规定，结合机构实际进行编制。财务预算编制过程应该遵循以下原则：

（1）必须根据上级下达的任务和计划，以及人员编制和各项开支标准的定额，并结合上年度的预算执行情况，预算分析下半年或年度的收支状况，遵循"先自下而上、后自上而下"的原则，按照不同的管理方式进行编制。

（2）预算编制要合理设定指标，防止指标宽松和指标有效性差的情况出现。预算是为后面的执行环节提供指导和标准的，如果制定的预算标准过于宽泛就失去了执行的意义，预算编制越精准，越能有效地指导执行环节，越能督促机构对资金的合理使用，充分发挥资金效能，做到少花钱、多办事，充分提高预算资金的使用效率。

（3）财务预算的编制要科学、合理、务实，要及时与预算执行部门沟通，掌握预算执行环节的具体情况。预算指标无论编得过高还是过低，都会影响执行部门的积极性，所以计划的编制要强调科学与合理，做到以收定支，积极稳健，加强财务风险控制。

（4）在编制预算时要考虑效益优先原则，实现总量平衡，进行全面预算管理。预算编制过程本身就是对机构资金使用进行的一个宏观、总体的部署安排，因而必须坚持效益优先原则，最大限度发挥资金的作用，做到少花钱、多办事，实现机构效益的最大化。

（5）预算编制要做到责权统一原则，可以设立责任追究和承担制度，督促预算编制和执行的真实有效、务实可行，进而更好地指导机构发展。

## 五、养老机构预算编制的参考指标

### (一) 单位床位支出额

单位床位支出额又叫每平方米投资额,养老机构可以借助市场调研或行业咨询来了解不同装修档次、标准对应的支出情况,也可以综合考虑机构投入、改造和固定资产等硬件设施的总投入平均到单位床位,计算单位床位支出额。

单位床位支出额受地域、经济形势和养老机构档次等的影响。

### (二) 单位床位收入、费用和利润

将养老机构全部收入、费用和利润除以机构床位总数,可以计算出单位床位收入、费用和利润。养老机构的收入主要依赖入住率,计算出机构单位床位收入就可以大致估算出机构收入。上述所指是一家标准型的养老机构,不包括从养老机构运营本身延伸出来的其他周边收入,以及房地产开发性社区的房屋租售收入等。

养老机构收入是否等于机构单位床位收入乘以机构床位?

### (三) 机构运营平衡点

养老机构通过计算单位床位支出额和单位床位收入,可以计算出要入住多少老年人才能维持机构正常运营,这也是机构能够长期运营下去的重要参照指标。

依照目前养老机构大致运营状况可以得出,一个机构如果能有70%~80%入住率,就可以产生利润。机构床位数的多少会直接导致单位床位成本的不同。

### (四) 各部门收支对比

依据养老机构运营情况,以部门为单位进行收支核算,这样有利于对各部门运营效率进行充分考核。通常情况下,养老机构收入主要依托床位收入,因而床位费、服务费和医疗费应该放在一起考虑。而餐饮部门是机构运营的辅助部门,其运营要考虑的因素包括本部门的材料费、能源费、人员工资以及餐饮设施投入总和,收支平衡,略有结余即可。有一些部门没有任何收入,其运营成本就要转嫁到机构主营业务部门。例如,管理人员的工资要和护理人员的工资一起核算到机构服务支出中,而机构服务收入则是收取入住老年人的服务费和护理费,二者汇总折算成单位入住老年人的服务成本,也应持平或略有盈余。

而机构投入运营的各种智能养老设备、床位费和理疗设备,可以以平均折旧或者提前折旧的方式计算到固定资产折旧和租金等成本中。

## （五）各项支出占总收入比率

将各项支出与总收入相除，即可得出各项支出占总收入比率。通过支出与收入的占比可以分析机构的经营状况，分析投资收益性，指导机构合理投资。

**拓展训练**

某养老机构准备加大投资力度，以拓展多项业务，需要向上级母公司提交预算申请，但是机构负责人不太清楚需要增加多少预算，于是决定逐一进行核对，最后汇总上报。

请模拟制作养老机构预算编制，并提交预算编制报告。

# 项目七 养老机构的健康管理

【知识目标】

◇ 理解健康管理的意义
◇ 了解健康管理的目标
◇ 熟悉健康管理的流程
◇ 了解老年人的心理需求和健康标准
◇ 了解老年人心理健康服务的方法
◇ 了解老年人康复服务质量管控的方法
◇ 了解老年人健康教育的注意事项

【能力目标】

◇ 能够培养健康管理意识
◇ 能够具体落实健康管理工作
◇ 掌握老年人心理特点和心理健康服务方法
◇ 掌握老年人康复服务质量的控制措施
◇ 掌握老年人健康教育的基本方法

【思维导图】

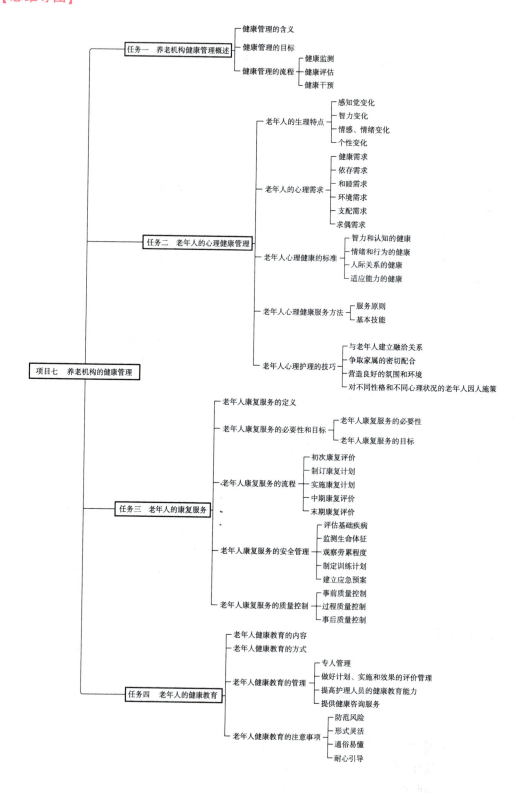

## 任务一 养老机构健康管理概述

### 案例导入

孙奶奶辛辛苦苦奋斗一辈子，终于可以安享晚年了。她讲究生活品质，注重健康管理，选择入住一家高端养老院。入院时她一再提出，要将她的健康管理工作做好。

【思考】

如果你作为该高端养老院健康管理的负责人，拟从哪些方面为老年人提供健康管理服务？

### 一、健康管理的含义

世界卫生组织（WHO）指出，健康应该是"生理、心理、社会适应和道德方面的完好状态"。老年人健康管理是根据老年人的生理、心理特点和健康状况，通过健康检测、健康评估、健康干预等方式，对老年人个人或群体进行健康服务的过程。养老机构的老年人是一个特殊群体，对健康管理有着特殊要求。因此，在养老机构中开展老年人健康管理服务有着重要的意义。

> **知识拓展**
>
> 健康管理新理念：WHO制定了新的健康标准，即"五快"和"三良好"。
>
> "五快"是用于衡量机体健康的标准，包括食得快、便得快、睡得快、说得快、行得快。
>
> "三良好"是用以衡量精神健康的标准，包括良好的个性、良好的处世能力、良好的人际关系。

### 二、健康管理的目标

养老机构健康管理的目标主要包括以下4个方面：

(1) 注重健康的维护，预防疾病和意外事故的发生；

(2) 给予心理支持，减少或避免心理上的伤害；

(3) 提高生活自理能力；
(4) 进行健康指导，提高生活质量。

## 三、健康管理的流程

健康管理是一个循环往复的过程。健康管理的过程包括健康监测、健康评估和健康干预三个环节。

### （一）健康监测

健康监测，即收集服务对象个人健康信息，这是持续实施健康管理的前提和基础。健康监测是以现代健康理念和中医"治未病"思想为指导，运用医学等科学方法，对个体或群体的健康状况和影响健康的危险因素进行全面监测。一方面，为健康评估和健康干预的实施提供依据；另一方面，将健康监测有关数据及时反映给卫生机构和卫生服务人员，能够为疾病预防控制提供依据。

### （二）健康评估

健康评估，即预测各种疾病发生的危险性，这是实施健康管理的根本保证。健康评估是在健康监测或体检的基础上，对个人的健康状况及未来患病和死亡危险性的量化评估，也是对老年人进行健康风险管理的基础和关键。健康评估属于疾病的初级预防，在疾病尚未出现时评估危险因素对疾病的影响，可通过建立健康的生活方式预防疾病的发生或减缓疾病的发生。其必要性表现在以下3个方面：
(1) 无任何病症的人群可能处于有潜在病症的发展中；
(2) 导致健康风险的因素是可以被检查出来的；
(3) 有些风险因素是可以被消除或控制的，从而防止或减缓病情的发展，防止或推迟患病或死亡的发生。

### （三）健康干预

健康干预，即帮助服务对象采取行动控制危险因素，是实施健康管理的最终目标。养老机构的工作人员，结合体检报告，通过生活方式调查、健康自测调查、各种亚健康检测等途径，汇总健康信息，综合评估健康状况，分析影响健康的因素，捕捉健康风险，最后，就像医生开处方一样，出具量身定制的健康管理方案。方案涉及营养计划、运动计划、心态调适、睡眠呵护、环境改造等方面，旨在优化生活方式，达到"治未病"的目的。健康管理工作人员在结合个体状况做出健康管理调理方案的同时，还要全程指导并监测服务对象逐步养成良好的生活习惯，达到防病、治病和提高生活质量的目的。

整个服务过程，通过上述三个环节的不断循环运行，减少或降低危险因素的个数和级别，保持低风险水平，让生命保持健康的状态。

1. 健康管理的含义是什么?
2. 健康管理的目标包括哪些内容?
3. 健康管理的流程是什么?

**拓展训练**

分小组讨论健康管理的意义，谈谈自己平时是如何做健康管理的。

## 任务二 老年人的心理健康管理

**案例导入**

李奶奶气呼呼地走进房间，大声说："气死我了！这些不孝之子！"停顿一下，李奶奶又愤愤不平地说："凭什么我不能说话？我孙女从小到大都没吃过她妈妈一口奶，她妈妈当年说要保持体型，都是我和她爷爷一手带大的，现在要上小学了，说带走就带走，也不和我们商量。我那没出息的儿子，我还没死呢，就这样对我，以后还不知怎么样呢！"

A："李奶奶，您犯不上发这么大火。"

B："小孙女被直接带走这件事让您很不理解。"

C："儿媳的行为对您缺乏尊重，您觉得生气也很正常。"

D："小孙女要上学，从您生活中离开了，您一时很难适应，情绪难免有些失控。"

E："您是个好奶奶，小孙女突然被带走让您措手不及，您感到委屈和不平，您说对不对？"

【思考】

1. 用共情技术设身处地以李奶奶的角色感受这几种不同的回答方式，比较其中的不同。
2. 共情和同情是否相同？为什么？
3. 共情是否为无条件地同意对方？为什么？

## 一、老年人的生理特点

老年阶段与个体的其他生命阶段相比，人体各组织器官的老化迅速而显著。感觉器官的衰退、认知功能的下降和情绪行为的异常，决定着老年人心理功能变化的方向和速度。

### （一）感知觉变化

老年人神经系统尤其是大脑的退化和机能障碍，首先引起感觉和知觉能力逐渐衰退。在视觉方面，随着年龄增长，瞳孔逐渐变小，晶体透明度变低，出现视力减退的现象。老年人的视力水平在60岁以后急剧衰退，近距离视力比远距离视力衰退得更为明显。

听力方面，一般来说50岁后听力下降明显，有的甚至发生老年性耳聋。老年性耳聋患者一般低音听不见，高音不爱听。老年人对声音的辨别能力减弱，对快而结构复杂的语句分辨不清。老年人交谈时喜慢怕快，喜安静怕嘈杂。

味觉方面，由于舌头表面变得光滑，味蕾数目明显减少，特别是对甜和咸的两种反应更迟钝，因此老年人往往会抱怨食物食之无味。嗅觉细胞更新变慢，嗅觉和味觉同步变老，使老年人对食物散发的香气感受性变差。

老年人的皮肤感觉逐渐老化。老年人的眼角膜与鼻部的触觉降低比较明显，所以很多老年人对流眼泪或流鼻涕毫无知觉。老年人的痛觉比较迟钝。在温度感觉方面，对低温的感觉变得迟钝，因此，很多老年人在室温低时也不觉得冷，容易受凉。

老年人的机体觉、平衡觉、运动觉也相应下降，因此老年人往往走路不稳，容易因失去平衡而跌倒。

### （二）智力变化

一般认为，晶态智力（词汇、知识经验等）在成年后仍会随年龄增长而增长，直到70岁以后才出现显著的减退；液态智力（记忆力、注意力、推理能力等）则在成年早期达到高峰后即开始缓慢下降，进入老年阶段衰退开始加快。老年化过程中智力减退并不是全面性的，概念学习和解决问题等思维能力有所衰退，但思维的广阔性、深刻性等却由于老年人的知识经验比较丰富，而比青少年强。一系列研究发现，老年人的智力还具有很大的可塑性。

老年人记忆老化有以下特点：记忆速度明显减慢，短时记忆衰退明显，远事记忆良好，近事记忆不佳。例如，对年轻时发生的事记忆犹新，对老年后发生的事遗忘较快；机械记忆明显减退，理解记忆保持良好。

### （三）情感、情绪变化

老年人由于各自的人生经历、文化背景、生活环境、个性特征和行为需求存在差异，其情绪状态也会不同。老年人的情感、情绪状态呈现新的特点：关切自身健康状况的情绪活动增加，尤其是老年女性，怀疑自己患病和有失眠现象的显著多于男性；对自己的情绪表现和情感流露更倾向于控制，老年人在生活中常常会掩饰自己的真实情感，如遇喜事不再欢呼雀跃，遇悲伤之事也不易痛哭流涕，消极悲观的情绪开始逐渐占据上风。老年人的负面情绪有以下特点：

**1. 衰老感与怀旧感同现**

衰老感使老年人易受消极自我暗示的影响，会加剧大脑功能的衰老甚至病变。怀旧感是指个体面对老年期的处境而产生的对年轻时代或故人、故物怀念和留念的一种心理体验。大部分老年人都有这种心理体验，但过分怀旧会让老年人心绪忧伤、悲观失望，从而影响老年人的身心健康。

**2. 空虚感与孤独感共生**

老年人可自由支配的空闲时间多了，若没有新的内容来充实，会感到百无聊赖。空虚感是一种消极情绪，容易引起老年人失眠、不安，对周围的事物丧失兴趣。老年人因为社交频率降低，交往圈子变小，容易产生离群后的空虚感，或因遭受丧偶等强烈刺激而沉默寡言。孤独感是老年人常见的一种消极情绪，严重的孤独感易导致人格障碍。

**3. 焦虑感与抑郁感相伴**

老年人角色转换频繁，有些老年人因不适应新角色或不能及时退出旧角色而引起角色冲突，产生焦虑感。抑郁使老年人对周围的一切不感兴趣，常出现莫名的烦恼和不快。

### （四）个性变化

在变老过程中，老年人的人格仍保持较高的稳定性和持续性，改变相对较小。老年人的人格特征改变趋向于固执保守、缺乏变通，趋向于自卑多疑、褊狭善妒，趋向于适应性差、依赖性强，趋向于不满现实、追忆过去。

## 二、老年人的心理需求

关注老年人的心理特征变化，探寻老年人的各种心理需求，并及时提供针对性的心理服务和社会支持，可以使老年人的不良认知得以改善，负性情绪得以宣泄。老年人的心理需求具有不同于其他年龄群体的特点，具有其独特的内涵。老年人的心理需求包括以下几点：

### （一）健康需求

身体功能相对完整，远离病痛，行动自由。

### （二）依存需求

依存需求包括物质生活和精神关爱的需求，主要表现为对生活的保障与安宁的需求。其中，养老保障、患病就医、社会治安以及合法权益受侵犯等问题是老年人最为关注的。

### （三）和睦需求

老年人希望家庭和睦。老年人活动范围变小，对家庭内部交流的需求更加突出。

### （四）环境需求

老年人一般喜欢安静舒适的环境。

### （五）支配需求

老年人可能会失去原来对生活和家庭事务的支配权，但他们希望从家庭和社会中获得更多精神上的关怀，他们对尊重的需求并未减退，仍然希望具有一定的自主权，过自信、自主、自立的老年生活。老年人仍然有很强的参与社会活动、融入各种团体的需求，以满足其爱与归属的需求。

### （六）求偶需求

老年人对爱情的需求并不比年轻人少，只是他们用老年人特有的更深沉的依恋方式取代了年轻人的轰轰烈烈。"年轻夫妻老来伴"，老年夫妻都健在，生活上相依为命，互相照应体贴，若丧偶会使老年人因对未来丧失信心而陷入空虚、孤独、抑郁之中，因为子女的照顾并不能替代两性的亲密关系。

## 三、老年人心理健康的标准

老年人的幸福和生活质量不仅取决于他们的身体健康水平，很大程度上还取决于他们的心理健康水平。心理健康是指个体内部心理过程和谐一致，与外部环境适应良好的稳定心理状态。世界卫生组织给心理健康提出了"三良"标准：良好的个性、良好的处世能力、良好的人际关系。我国著名心理学家许淑莲将老年人心理健康的标准概括为：性格健全，开朗乐观；善于调适，社会适应良好，能应对应激事件；有一定社交能力，人际关系和谐。

综合国内外对老年人心理健康标准的研究成果，结合我国老年人的整体情况，老年人心理健康标准可以从以下几点界定：

### （一）智力和认知的健康

智力处于正常水平之上及认知功能保持相对完整，是老年人进行生产活动的基本心理保障，同时也是老年人心理健康的首要标准。老年人的认知功能完整，体现在感知觉功能、信息储存与提取功能、逻辑分析能力、语言及非语言沟通功能、日常生活所必需的自我照料能力的完整等方面。老年人的智力正常，体现在对内外事物的观察力、注意力、记忆力、想象力和思维能力均保持在同年龄群体的一般水准方面。

### （二）情绪和行为的健康

良好而稳定的情绪是心理健康的重要标志。心理健康水准较高的老年人，能保持愉快、乐观、稳定的情绪，拥有较高的情绪管理能力，并能够按照社会公共准则来约束自己。

### （三）人际关系的健康

人际互动中的成就和挫折对人的心理健康的影响较为明显。老年人积极参与社会交往，自发维护家庭内部人际关系的良性互动是和谐融洽的人际关系的表现。

### （四）适应能力的健康

老年人需要面对离退休、子女离开、身体疾病和经济问题等生活事件带来的压力和变化。如何面对全新的生存环境，适应新的生活方式，是老年人面对的现实问题。适应能力强的老年人会积极面对变化，乐于接受社会信息，主动学习新的技能，并依据社会变化及时调整自身行为。

> 养老机构要以整体护理观为指导，不仅要关注老年人的身体情况，还要关注老年人的心理和社会需求，坚决改变"一张床"和"三顿饭"的养老模式，体现精神养老、文化养老、健康养老、快乐养老的现代养老理念。

## 四、老年人心理健康服务方法

### （一）服务原则

**1. 以人为本的原则**

老年人心理服务工作的根本目标是"助人自助"。对老年人的尊重、理解和支持帮助，是充分相信老年人有发挥自己潜能的能力，引导老年人更好地处理自身的心理困扰，在多维的人际交往中乐观、满足地度过黄昏人生。

**2. 满足需要为首的原则**

心理学中的"需要"指的是人类对内外环境的客观需求在自己头脑中的反映。如果需要长期得不到满足，极有可能产生一系列的身心不良反应，甚至心理问题。老年人心理的健康管理是在科学认识老年人的心理特征和变化的基础上，对老年人的内心需要层面加以积极关注，通过持续有效地深入沟通了解其迫切需求，再根据实际情况制订切实可行的计划。

**3. 量力而行的原则**

现有的老年心理研究和服务机构，服务水平参差不齐。在现有情况下，应积极了解老年群体的心理需求，利用现有条件，争取以最小的投入，实现效能最大化。

### (二) 基本技能

**1. 倾听**

倾听是心理工作的首要实用技能。倾听技术的理论核心是尊重对方，鼓励对方勇敢而自由地表达内心真实的感受。在收集资料和信息的同时，良好的倾听有利于营造良好的沟通氛围，帮助找到安全感和共鸣点，建立有建设性的人际互动关系。

倾听的环境应安静、清洁、柔和。倾听时身体应前倾，面向对方，以表达对老年人的尊重、诚意和关注。

倾听过程中不能有不耐烦的表现，也不要轻易打断老年人，对老年人的观点要保持中立，不按照自己的价值观评判是非。

**2. 摄入性访谈**

谈话是人类沟通的首要方式，是日常交流信息的便捷手段。精准、简洁而有效的会谈能力，是人类极具"艺术性"的能力之一。心理学中的会谈方法有很多，有摄入性访谈、治疗性访谈、咨询性访谈、危机干预访谈等。各种访谈功能不一，在老年人心理服务工作中，最为常用的是摄入性访谈，下面对摄入性访谈做简要说明。

(1) 摄入性访谈的原则。访谈过程中"听"重于"说"，应让老年人自由谈论困扰，随时表现出关注和兴趣，保持非评判性态度，在访谈过程中，避免先入为主，常用"您的心情我能理解"等言语。

(2) 摄入性访谈的内容。完整的访谈会涉及很多内容，目前公认的是桑德伯格制定的访谈提纲，主要包括 16 个方面的内容：一般资料、来诊原因和愿望、生活现状、家庭观念、早年记忆、成长经历、身体状况、教育培训、工作经历、娱乐情况、性心理相关、婚姻与家庭、社会交际、自我评价、生活中的转折和选择、对未来的态度。

(3) 摄入性访谈的提问模式。封闭式提问：提出问题的答案有唯一性，范围较小而且有局限性。提问词常用"是不是""对不对""要不要"等，让老年人按照指定的思路回答。开放式提问：提出答案比较开放的问题，对回答的问题不严格限制，提问词常用"是什么""为什么"等，问题宽松，可减少双方心理距离。

**3. 共情**

共情是指人类个体深入他人的主观世界，切实体会他人真实感受的能力，并对他人的情感做出恰当反应。共情是具有建设性意义的互动手段。在老年人心理服务工作中，需要以共情为手段深入老年人的内心世界，并为实施影响而建立良好的人际关系。缺乏共情理念和手段的心理服务，会让老年人感受到冰冷、机械和漠然，从而导致老年人中止谈话或转换到其他不相关的谈话方向；缺乏共情理念和技术的心理服务，会阻止老年人认识自我、完善自我，难以调动老年人自身资源来摆脱困境，难以完成对现实问题的处理。

共情没有完整固定的流程，但在操作过程中应注意以下事项：

(1) 注意"设身处地"的感受模式。应以老年人的视角来看待事物，最大可能地接近对方的情境体验。

(2) 检验"通情达理"的认知模式。需要不时提醒自己，是否在需要的时机表达了合适的共情。

（3）注意"因人而异"的灵活表达。在表达共情时避免言语的含糊不清。根据老年人的实际情况和反应动态调整共情的实施，把握共情表达的时机和程度。

（4）提防"角色经验"的干扰。在向老年人表达共情时，要避免既定的专业人员这一社会角色的干扰，全身心地体会老年人的内心感受。

#### 4. 接纳

心理工作者强调无条件的接纳，也就是说，面对任何工作对象都相对恒定地、非批判性地加以对待，在服务过程中不能受自己已有价值观左右而持有强烈感情色彩的态度。无条件接纳的工作要求包括以下几方面：

（1）心理准备。要调整好心理状态，不能因为遇到了与自己价值观冲突的谈话而导致反应过度，从而引起老年人的不快和怀疑。

（2）适度回应。在适当的时候，给予表情等非语言行为的回应，一方面鼓励老年人继续表达，另一方面也可以在一定程度上释放自己在接纳方面的紧张情绪。

（3）补偿机制。在沟通过程中，有可能让老年人感觉自己被冒犯或被评判。出现这种情况，要诚实面对，坦率承认自己工作经验的不足，争取得到老年人的谅解继续合作。

（4）注意事项。接纳老年群体要注意了解时代背景的差异，了解老年人生活的现状、现实困难和心理需求，以老年人的利益和切身感受为基准。

> 老年心理学是研究老年人心理活动特点和规律的科学。老年人心理健康管理服务扎根于对人的不同发展阶段的心理特征变化规律的掌握和认识。老年人心理健康存在着诸多现实困扰，有的虽然未发展成疾病状态，却已损害老年人的幸福感和各项社会功能。因此，老年人心理健康管理十分必要。

## 五、老年人心理护理的技巧

### （一）与老年人建立融洽关系

良好的关系是心理护理取得成效的关键。与老年人建立良好的关系，尊重老年人，了解老年人的需要，并尽可能给予满足。

护理人员在日常工作中应礼貌对待每位老年人，走近老年人，尽量使用幽默形象的语言，消除老年人对自己的陌生感。通过生活中的小细节，如嘘寒问暖、拉拉手、盖被子、倒水喂饭等来拉近距离，对老年人提出的合理问题不厌其烦地进行解释，直到老年人满意。对老年人要做到言必行、行必果。护理人员采集化验标本等需要老年人配合时应先做好沟通，征得老年人的同意，不做有损老年人利益或让老年人感到敌视、反感的事情。护理人员通过真心、细心、耐心、用心、爱心取得老年人的信任，了解老年人的个性及思考问题的方式，用热情的态度、积极的行为拉近与老年人的距离，同时也要学会控制情绪，以一种健康乐观的精神面貌去感染老年人，做到微笑服务，在老年人心中树立可亲可信的形象，使老年人有心事时愿意主动倾诉。护理人员上班时到老年人房间一一问好，下班时与老年人婉言道别，老年人遇到困难时主动提供帮助，利用生活的点点滴滴感化老年人。

### （二）争取家属的密切配合

老年人一般都希望子女经常来探望，尤其是患病的老年人更需要子女的安慰和支持。有些老年人会因子女不来探望而发脾气，甚至装病。护理人员应细心观察老年人的心理状态，了解老年人的所思所想，及时与家属取得联系，提醒家属多来看望。对丧偶或无子女的老年人，护理人员应鼓励周围的人共同关心体贴老年人，消除老年人的孤独感、失落感。

### （三）营造良好的氛围和环境

环境的好坏直接影响老年人的心理健康与否，优美舒适的生活环境更有利于老年人的身心健康。护理人员除了为老年人创造安静、舒适、清洁的居住环境，也应尽量为老年人实现八个"老有"，即"老有所养、老有所乐、老有所医、老有所修、老有所交、老有所思、老有所学、老有所为"，为老年人创造良好的氛围和条件。护理人员在日常护理中，应指导老年人时刻保持乐观的生活态度，多方面培养生活乐趣。工作人员应该集思广益，为老年人开展形式多样、内容丰富的适宜老年人的活动，如定期组织老年人学习心理、保健等知识，提高老年人的自我调节能力；鼓励老年人参加故事会、书画展、下棋比赛、合唱等集体活动；创造机会让老年人充分展示他们辉煌的过去，以此来教育和激励年轻的工作人员，让老年人感受自己身上的传统美德在年轻一代身上的延续，充分体现自我价值；增进交流，使老年人和睦相处，预防因孤独寂寞而产生悲观情绪。

### （四）对不同性格和不同心理状况的老年人因人施策

老年人一般情绪波动较大，易紧张和激动，性格较敏感，遇事易怒。在护理老年人时应尽量使用鼓励性、劝说性、安慰性及礼貌性语言，避免使用伤害性、指令性语言，综合运用解释、安慰、支持、疏导等多种心理疗法。

1. 老年人的心理需求有哪些？
2. 老年人心理健康的标准是什么？
3. 老年人心理健康服务的原则是什么？
4. 老年人心理健康服务的方法有哪些？
5. 对你来说，接纳技术的难度是什么？如何真正做到无条件接纳？
6. 以身边的老年人为例，运用常见的心理健康服务方法为其提供服务。

**拓展训练**

2~5人为一小组,以身边的老年人为服务对象,尝试用倾听、共情、摄入性访谈这几种常见的心理健康服务方法,为其提供服务,体验效果如何。

## 任务三 老年人的康复服务

**案例导入**

某男性老年人,78岁,吸烟50多年,轻微活动(如如厕、洗手、吃饭)后气短明显,基本每天会咳嗽,痰不容易咳出。

【思考】

该老年人适合做哪些康复训练?

该老年人有明显的肺部和气管方面的问题,活动耐力差,痰不容易咳出,针对这些症状,适宜的康复训练如下:

1. 健康教育,戒烟。
2. 叩背排痰。
3. 呼吸训练。
4. 咳嗽训练。
5. 步行训练。

### 一、老年人康复服务的定义

老年人康复服务是指养老机构的工作人员,根据老年人的康复需求和特点,为老年人提供康复咨询、康复教育指导、康复训练、康复护理、生活辅助器具佩戴等康复服务的总称。

养老机构老年人普遍呈年老体衰、多病共存的特点。研究表明,我国养老机构老年人患慢性疾病率高,常见慢性疾病包括高血压、糖尿病、心脑血管疾病、慢性支气管炎、颈腰椎病、阿尔兹海默病等，常常是多病共存。常见疾病中的心脑血管疾病、阿尔兹海默病、骨折、糖尿病、慢性支气管炎等，日常生活活动能力（ADL）丧失率比较高，有不少处于失能或半失能状态。随着我国社会经济的持续发展，社会福利的不断改善，老年人对改善生活质量的需求不断增加，养老机构急需开展老年康复服务项目，这对改善老年人机体功能状况和提高晚年生活品质及减轻社会医疗负担具有重要意义。

## 二、老年人康复服务的必要性和目标

### （一）老年人康复服务的必要性

**1. 疾病急性期**

疾病急性期，尽早开展康复治疗服务，可预防相关并发症。

**2. 疾病恢复期**

疾病恢复期，即使某些疾病已造成残疾，亦可采用综合康复服务措施，帮助老年人发挥其自身潜能，从而改变无功能生命状态，降低残疾程度。

**3. 疾病后期**

疾病后期，康复服务可以提高老年人的社会适应能力。

### （二）老年人康复服务的目标

**1. 提高生活自理能力**

随着年龄增长，老年人身体功能不断衰退，活动减少，更加依赖家属，重者卧床不起，长期住在医院或护理机构等。因而，老年人康复服务的一个主要目标就是尽可能提高老年人的生活自理能力，让老年人能够照顾自己的生活，既维护老年人的尊严，又减轻家庭和社会的负担。

**2. 提高生活质量**

生活质量是老年人对社会环境、生活环境和自身生活满意度的主观感受。老年人康复服务是消除客观障碍与不良因素，为良好主观感受创造条件的重要手段。通过各种康复治疗手段，促进老年人身体与心理功能的恢复，推动社会对老年人的接纳和包容，提高老年人的生活质量。

**3. 预防老年残疾和残障**

康复预防是康复医学的重要环节。由于残疾会带来沉重的负担，所以人们越来越重视残疾的预防；尤其是对老年人来说，做好残疾和残障的预防工作具有重要意义。

## 三、老年人康复服务的流程

### (一) 初次康复评价

为老年人开展康复服务前,康复师、康复护士和康复护理人员需要对老年人身体功能的现状、面临的康复问题、康复目标和措施、注意事项等进行评估,通过康复评价会交流各自领域的评估情况,最后进行综合评价。

### (二) 制订康复计划

养老机构专业康复人员,需要根据康复评价会的结果,制订详细的老年人康复计划和具体的实施方案。

### (三) 实施康复计划

各专业康复人员根据老年人的病情、自理程度、服务内容、康复措施和目标,分别在康复治疗区或养护区开展康复服务活动。

### (四) 中期康复评价

养老机构在老年人康复计划实施后,各专业康复人员需要根据老年人的功能训练情况,定期对老年人进行康复评估,了解康复服务的效果、内容和措施是否合适,明确仍然存在和新出现的康复问题以及下一步的工作计划。

### (五) 末期康复评价

老年人结束康复服务前需要进行末期康复评价和指导。老年人在完成康复训练的目标后或因故停止康复服务时,各专业康复人员都需要对前期康复服务的情况进行总结,明确取得的效果和仍存在的问题,以及提供老年人今后需要的康复活动和日常生活建议,并对老年人本人、家属和相关人员进行必要指导。

## 四、老年人康复服务的安全管理

老年人生理功能下降导致其耐力差、心肺功能下降、心理承受能力下降,并伴发老年疾病,给老年人康复服务带来很多不确定性和危险性,这需要养老机构在提供老年人康复服务时要学会掌控风险,做好安全防范措施,尽量做到零风险。

### (一) 评估基础疾病

心肺系统的疾病直接影响着老年人的心肺功能,心肺功能的良好与否直接决定了老年人能否进行康复训练及训练强度的大小。为有明显心肺疾病的老年人提供康复服务前,各专业康复人员必须对老年人进行心肺功能评估,符合条件的才能给予相应的康复训练;而对不伴有心肺疾病的老年人,在训练前亦需详细询问病史、日常生活中的体力与耐受程度,评估老年人对运动量的大概承受能力。此外，还应注意患有糖尿病的老年人，要了解他们的认知情况和心理状态，评估他们对训练的掌控能力和依从性。各专业康复人员在提供康复服务前，应全盘掌握上述情况，并将对老年人进行的风险评估写入评估表与训练计划。

### （二）监测生命体征

主要的监测指标有血压、心率、脉搏、呼吸频率。对有基础疾病的老年人，在康复训练开始前、康复训练中间休息时间和康复训练后，要监测血压和心率，了解康复训练前后老年人的心脏功能状况。对血压控制良好的老年人，训练前、训练中如果血压升高超过平时基础血压20毫米汞柱，则停止康复训练；对血压控制不良的患有高血压的老年人，原则上应禁止进行康复训练；对患有糖尿病的老年人，在康复训练后出现头晕、无力、出虚汗等现象，要注意监测血糖，防止发生低血糖引起生命危险。

### （三）观察劳累程度

注意观察老年人的表情和训练承受能力。康复训练时，各专业康复人员应注意观察老年人的表情，当出现脸色煞白、表情痛苦、大汗淋漓或面部潮红的现象时，应及时终止康复训练，让老年人静卧休息，检测血压、心率等生命体征。训练后，应询问老年人的劳累程度，让老年人为自己训练项目的强度打分，老年人认为强度中等偏上的训练项目，各专业康复人员应对其适当调整，以中等偏下强度的训练项目为主。

### （四）制订训练计划

在对老年人进行基础疾病和运动能力的评估后，按照循序渐进的原则，制订合理的训练计划，选择合适的训练项目和内容。

### （五）建立应急预案

养老机构的康复服务部门必须建立详细的老年人安全保障应急预案，对老年人康复过程中可能出现的风险，如心脑血管意外、呼吸障碍、高血压、低血糖等进行备案。应急预案内容包括出现的紧急情况、对紧急情况的判断、紧急应对措施、责任人员和责任部门等。在应急措施方面，要普及基本的急救知识，配备基本的应急设施，建立应急绿色通道，包括车辆、人员、联络通道等，做到遇到突发紧急情况时临危不乱、应对自如。

## 五、老年人康复服务的质量控制

康复服务的质量控制是保证老年人康复服务效果的重要途径。老年人康复服务质量控制，建议由康复服务管理部门负责实施，并在社区医疗康复服务中心和养老机构里建立康复服务质量监督小组。老年人康复服务质量控制可采取事前质量控制、过程质量控制和事后质量控制的管理方式。

### （一）事前质量控制

事前质量控制包括建立老年人康复服务管理制度和服务规范、建立老年人康复服务流程和评估要求、制定康复服务质量控制标准、明确康复服务人员的岗位职责、建立合理的康复人员准入制度等。事前质量控制管理可以有效地防范老年人康复服务过程中的普遍性问题及保证老年人康复服务的规范和质量。

### （二）过程质量控制

过程质量控制包括严格执行各项服务规范和要求，对康复服务进行评价和对服务环节定期进行自查和督查，对发现的问题做好记录和分析并找出解决方案。通过对康复服务过程的质量控制，可以及时发现老年人康复过程中出现的问题，及时调整康复服务计划，解决出现的问题，提高老年人康复服务的效率。

### （三）事后质量控制

事后质量控制包括对康复服务工作进行总结评价，对康复服务对象进行满意度调查，对康复服务工作的优秀个人进行表彰和奖励。通过事后质量控制，可以更好地评估老年人康复服务的效果，发现康复服务的亮点和问题，从而更好地完善老年人康复服务的制度和流程，为进一步提高和改善老年人康复服务工作提供保证。

1. 老年人康复服务的意义是什么？
2. 简述老年人康复服务的目标和原则。
3. 老年人康复服务安全管理的内容有哪些？
4. 老年人康复服务质量管理的方式有哪些？

结合实际，为一位老年人制订一份康复训练计划。

## 任务四　老年人的健康教育

**案例导入**

某位男性老年人，65岁，老伴健在，患有高血压5年，喜吃咸食，不能规律用药，不爱活动，对高血压相关知识不了解。

**【思考】**
根据上述案例，你认为该男性老年人的生活习惯存在什么问题？应该如何对其进行健康教育？

## 一、老年人健康教育的内容

老年人健康教育的主要内容有老年人运动与饮食指导，老年常见病发病危险因素及预防知识，老年人重要器官功能的常见退行性变化与防护，老年人常见意外损伤与自护，老年人常见慢性病的自我管理和老年人心理健康维护等。

## 二、老年人健康教育的方式

老年人健康教育的方式有个别辅导、集体讲座、实践、技能培训或应用图片、视频、宣传栏、图书资料等开展宣传教育。老年人的健康教育应根据老年人的记忆特点，采用生动活泼、老年人共同参与的形式开展，使教育内容内化为老年人自身的意识和行为，同时也可以发挥部分老年人的榜样作用，提高健康教育的效果。

## 三、老年人健康教育的管理

### （一）专人管理

根据老年人的健康状况与需求，需有相对固定人员负责制订计划和组织实施，确保健康教育的效果。

### （二）做好计划、实施和效果的评价管理

健康教育应有总体计划与阶段目标，有具体实施的过程和实施效果的测评记录。健康教育管理工作人员应根据养老机构总体情况和年度计划，明确阶段性目标，组织不同层面的健康教育活动，制定相应的测评表，对有关健康教育活动的效果进行测评，及时反馈信息，做好健康教育质量管理。

### （三）提高护理人员的健康教育能力

加强护理人员的岗位培训和继续教育，提升护理人员的素质，在实际工作中培养健康教育的骨干力量，使健康教育工作贯穿于日常的照护工作中。

### （四）提供健康咨询服务

可由医护人员或养老机构内专业的护理人员定期为老年人提供咨询服务，护理人员

帮助老年人建立获得自身健康信息、倾诉身心需求的渠道，提高老年人的自护能力。

## 四、老年人健康教育的注意事项

### （一）防范风险

在老年人健康管理中，应特别注意预防各类意外事件的发生，如跌倒、心脑血管意外等。同时也应加强安全教育，增强老年人的安全意识。

### （二）形式灵活

应根据老年人的记忆特点，采用生动活泼、老年人共同参与的形式，可以发挥部分老年人的榜样作用，提高健康教育的效果。

### （三）通俗易懂

使用老年人能够理解的语言或非语言形式进行沟通。运用简单、明了、易懂的语言与老年人交流，也可运用肢体语言，如手势、写字等方式。

### （四）耐心引导

很多患有慢性疾病的老年人同时伴有认知障碍和沟通障碍，对此工作人员应细致耐心地体贴老年人，用诚恳的态度赢得他们的信任，增加他们的安全感，使他们建立战胜疾病的信心。

---

**知识拓展**

**"5125"是什么？**

如果你想拥有健康生活，那就得熟记这四个数字。日前，国家卫生计生委、中国健康教育中心等启动"中国健康知识传播激励计划"的子项目"乐享健康生活"，倡导谐音为"我要爱我"的"5125"健康理念——每天给自己留5分钟发呆时间；每天运动1小时、掌握1项运动技巧、加入1个运动社群；每天摄入12种以上食物，每周摄入25种以上食物，做到膳食多样化。

"每天给自己留5分钟发呆时间"，乍一看到这条建议时，相信很多人会诧异，不过，杭州市第七人民医院精神心理疾病早期干预科的王奕权博士却认为这是十分合理且有必要的。王奕权说，当前上班族的生活和工作压力大，亚健康、失眠、易怒等问题非常普遍，有的甚至因没能及时排解而发展为更严重的抑郁症、焦虑症等精神心理疾病。而人在发呆的时候，意识活动减弱，处于清醒而放松的状态，是一种很好的精神调节方式。

1. 如何做好老年人健康教育？
2. 老年人健康教育工作的注意事项有哪些？

**拓展训练**

以小组为单位，自选一个题目，每人 10 分钟，模拟为老年人上一堂健康教育课，小组成员对每个人的讲解进行点评。

# 参 考 文 献

[1] 陈卓颐. 实用养老机构管理 [M]. 天津：天津大学出版社，2009.
[2] 李健，石晓燕. 养老机构经营与管理 [M]. 南京：南京大学出版社，2019.
[3] 贾素平. 养老机构管理与运营实务 [M]. 天津：天津大学出版社，2013.
[4] 杨根来. 养老机构经营与管理 [M]. 北京：机械工业出版社，2019.
[5] 冯晓丽，李建军. 老年人康复服务指南 [M]. 北京：中国社会出版社，2015.
[6] 汤慧敏. 养老机构服务质量控制实用手册 [M]. 上海：上海科技教育出版社，2019.
[7] 周悦，崔炜. 养老机构风险管理的路径探析：国内外比较的视角 [J]. 中共福建省委党校学报，2017 (12)：67 – 75.
[8] 周扬，季宣. 中国民办养老机构运营风险及规避 [J]. 东北财经大学学报，2019 (2)：59 – 66.
[9] 黎民. 公共管理学 [M]. 北京：高等教育出版社，2010.
[10] 余明阳. 公共关系学 [M]. 北京：北京师范大学出版社，2008.
[11] 韩力. 我国人口老龄化现状及成因分析 [N]. 中国经济时报，2014 – 04 – 09.
[12] 胡毅伟，杨淑萍，李文政，等. 石河子市老年人生活现状调查与研究 [J]. 安徽农学通报，2011 (17)：12 – 14.
[13] 杨光辉. 中国人口老龄化与产业结构调整的统计研究 [D]. 厦门：厦门大学，2006.
[14] 李玲. 老龄化背景下我国农村养老模式的新探索 [J]. 长春工业大学学报，2011 (6)：53 – 55.
[15] SAATY T L. The Analytical Hierarchy Process [M]. New York：McGrawHill，1980.
[16] 李伟，艾伦，胡又农. 教育装备更新决策分析 [J]. 中国教育技术装备，2007 (4)：3 – 5.
[17] 宋晶光，丁勇. 工程项目采购管理研究 [J]. 安徽建筑工业学院学报（自然科学版），2008 (16)：85 – 88.
[18] LANDETA J. Current Validity of the Delphi Method in Social Sciences [J]. Technological Forecasting and Social Chang，2006，73 (6)：467 – 482.
[19] 王先云. 基于非概率方法的结构全寿命总费用评估 [D]. 大连：大连理工大学，2007.
[20] 鄢鹏，张超. 层次分析法在投资策略中的应用 [J]. 商业时代，2009 (1)：76 – 85.
[21] 张天琪. 物业环境管理 [M]. 北京：中国人民大学出版社，2018.
[22] 张呈琼. 人力资源管理概论 [M]. 杭州：浙江大学出版社，2010.
[23] 赵飞宇. 物业设备维护与管理 [M]. 北京：中国人民大学出版社，2018.
[24] 余源鹏. 物业环境管理：绿化保洁培训与管理手册 [M]. 北京：机械工业出版

社，2014.
[25] 许虹，李冬梅. 养老机构管理 [M]. 杭州：浙江大学出版社，2015.
[26] 唐雄山，方军. 现代管理学原理 [M]. 北京：中国铁道出版社，2015.
[27] 辛士祥，葛书环. 人力资源管理 [M]. 北京：航空工业出版社，2008.
[28] 注册物业管理师执行资格考试命题研究中心. 物业管理实务 [M]. 北京：中国经济出版社，2014.
[29] 林芝. 对养老机构内部组织机构设置的理解 [J]. 财讯，2016（14）：54.
[30] 邹一飞. 新时代养老服务供给模式创新研究 [J]. 中国民政，2019（18）：36-38.
[31] 刘美霞. 老年住宅开发和经营模式 [M]. 北京：中国建筑工业出版社，2008.
[32] 中国建筑设计研究院. 老年人居住建筑设计标准 [M]. 北京：中国建筑工业出版社，2016.
[33] 哈尔滨工业大学. 老年人照料设施建筑设计标准 [M]. 北京：中国建筑工业出版社，2018.
[34] 中国建筑设计研究院. 住宅设计规范 [M]. 北京：中国建筑工业出版社，2011.
[35] 南京市规划设计研究院. 城镇老年人设施规划规范 [M]. 北京：中国计划出版社，2007.
[36] 北京市建筑设计研究院. 无障碍设计规范 [M]. 北京：中国建筑工业出版社，2012.
[37] 哈尔滨建筑大学. 老年人建筑设计规范 [M]. 北京：中国建筑工业出版社，1999.
[38] 财团法人，高龄者住宅财团. 老年住宅设计手册 [M]. 北京：中国建筑工业出版社，2011.
[39] 周燕珉，程晓青，林菊英，等. 老年住宅 [M]. 北京：中国建筑工业出版社，2011.
[40] 民政部规划财务司. 老年养护院建设标准 [M]. 北京：中国计划出版社，2010.
[41] 北京市勘察设计与测绘管理办公室. 绿色建筑设计标准 [M]. 北京：中国建筑工业出版社，2012.
[42] 中国建筑科学研究院. 建筑工程施工质量验收统一标准 [M]. 北京：中国建筑工业出版社，2013.
[43] 建筑施工手册编委员. 建筑施工手册 [M]. 5版. 北京：中国建筑工业出版社，2012.
[44] 国家市场监督管理总局，中国国家标准化管理委员会. 养老机构等级划分与评定 [S]. 北京：中国标准出版社，2019.